O que faz o psicanalista

Antonio Quinet

O que faz o psicanalista

Ato, semblante e interpretação

Copyright © 2025 by Antonio Quinet

Grafia atualizada segundo o Acordo Ortográfico da Língua Portuguesa de 1990, que entrou em vigor no Brasil em 2009.

Capa
Bloco Gráfico

Imagem de capa
Sem título, 2024, de Ana Luiza Alvares. Nanquim sobre papel, 16 × 18 cm.

Preparação
Silvia Massimini Felix

Revisão
Natália Mori
Valquíria Della Pozza

Dados Internacionais de Catalogação na Publicação (CIP)
(Câmara Brasileira do Livro, SP, Brasil)

Quinet, Antonio
    O que faz o psicanalista : Ato, semblante e interpretação / Antonio Quinet. — 1ª ed. — Rio de Janeiro : Zahar, 2025.

  ISBN 978-65-5979-228-3

    1. Comportamento humano – Análise 2. Comportamento humano – Aspectos psicológicos 3. Psicanálise 4. Psicanálise – Aspectos psicológicos 5. Psicanalistas I. Título.

25-273145   CDD-150.195

Índice para catálogo sistemático:
1. Psicanálise : Psicologia   150.195

Aline Graziele Benitez – Bibliotecária – CRB-1/3129

Todos os direitos desta edição reservados à
EDITORA SCHWARCZ S.A.
Praça Floriano, 19, sala 3001 — Cinelândia
20031-050 — Rio de Janeiro — RJ
Telefone: (21) 3993-7510
www.companhiadasletras.com.br
www.blogdacompanhia.com.br
facebook.com/editorazahar
instagram.com/editorazahar
x.com/editorazahar

A PALAVRA

a palavra áspera   extrai o sangue da alma
a palavra diáspora   empresta ao vento suas ações
de cócoras   pronta para o salto
a palavra espora   toca a vida ao futuro
a palavra nêspera   trêmula, deliciosa
íntegra   não se entrega ao conflito
istmo   equilibrista comunicante
íntima   toca o espírito com a ideia
ínfima   nunca passa despercebida
enferma   traz em si a própria cura
esfera   a volta ao mundo em um segundo
estéril   pior ainda não fica
a palavra ferida   tem a força de um tesouro
ácida   sacode as interjeições
tácita   mantém aceso o silêncio
aflita   não tem nervo, nem remédio
a palavra fome   sem nome, come
a palavra homem   poeira no tempo
a palavra palavra   promessa instantânea

Pedro Lage

Sumário

Apresentação 11

Preâmbulo: TNT! 17
  Eutykhia e *agalma* | TNT: *Tauma* na *Tykhe* | TNT: *Tykhe* Neurose
  Traumática | TNT: Trauma Neurose de Transferência

PARTE I **O teatro do semblante** 25

Lição 1. Ato, discurso e semblante 27
  Uma prática do ato | Agente e semblante | As verdades

Lição 2. Semblante e verdade 38
  A simulação | O que faz o sujeito histérico? | Histerização do discurso

Lição 3. Semblante, verdade e real 44
  Semblante e interpretação | O efeito do real | Andanças da verdade

Lição 4. A análise: Uma *acting cure* 55
  O pacto social | *Acting cure* | Mise en scène

Lição 5. Atos dentro e fora do semblante 67
  O ato e dizer | Atos fora do semblante | Semblante e "como se"

Lição 6. Os meteoros e o trovão 76
  Descartes e o semblante | O Nome-do-Pai | Melancolia

Lição 7. O céu do quadro-negro 82
  O semblante na natureza | A performance | O semblante do sintoma

Lição 8. Não há análise sem semblante   90

O semblante exposto | Lacan, um clown | Interpretar não sem o semblante

Lição 9. O semblante no cinema   101

Temos um papa! | *L'Appolonide*

Lição 10. A histeria e a cena   109

A grande imitadora | Em cena | Teatro: Sublimação da histeria

Lição 11. O *acting out*   122

O caso do "Homem dos Miolos Frescos" | O teatro do *acting* | Comer, plagiar, castrar

Lição 12. A interpretação teatral   135

Interpretar, citar, atuar | O sistema Stanislavski | O inconsciente do ator em cena

Lição 13. O semblante de objeto *a* do analista   148

Pare-ser | O ser que se furta | Representar o lixo

PARTE II A arte da interpretação   155

Lição 14. A ética da interpretação   157

A resposta do analista | Promessa de felicidade? | O inconsciente ético

Lição 15. Tática, técnica e ética   168

O analista intérprete | Política da falta-a-ser | Desejo e demanda

Lição 16. Os princípios e o poder da palavra   180

Princípios éticos e técnicos | O silêncio | A alusão e a psicose

Lição 17. A direção do tratamento   188

O analista e o oráculo | Transferência | Tradução

Lição 18. A instância da poesia no inconsciente 196
A razão freudiana | A barreira à significação | As propriedades
do significante

Lição 19. Viajando na poesia 209
Poatassaz | Passando pela vida | A repetição poética

Lição 20. Pontuação, significação e metáfora 217
Arbre, barra, erva | A centelha poética | A polifonia e a interpretação

Lição 21. Booz e o efeito de sujeito 229
Booz revisitado | O feixe e o carvalho | Nome próprio

Lição 22. O transporte de gozo 237
Metáforas | O transporte de gozo

Lição 23. O avesso e o enigma 244
A Terra é azul | Entre enigma e citação | O Analista-Esfinge

Lição 24. A partitura da interpretação 254
Ritmo | Pausa | Música

Lição 25. Lalíngua: Lacan e Saussure 260
A pátria da lalíngua | O lá-lá-lá | Retorno a Saussure

Lição 26. Inconsciente: Saber sobre lalíngua 270
Do grupo ao sujeito | Afetos enigmáticos

Lição 27. A música de lalíngua 277
Falaland | O *fort-da* reinventado | Música em palavras

Lição 28. Sintoma, letra e lalíngua 287
Sintoma letra | Sintoma cifra | A letra umbigo

Lição 29. Equívoco e inconsciente 293
Lalíngua fundamental | Estilo e o final da análise |
Inconsciente equívoco

Lição 30. Modalidades do equívoco   300

Homofonia e inconsciente equívoco | Equívoco gramatical |
Equívoco lógico: O paradoxo

Lição 31. Poesia, a medida do homem   311

Entre o céu e a terra | Os erros de Édipo | Faltou poesia

Notas   319
Referências bibliográficas   331

Apresentação

ESTE LIVRO É SOBRE o que faz o psicanalista em sua clínica na direção do tratamento psicanalítico com sujeitos que venham lhe demandar uma análise. Não é um livro sobre o que faz de alguém um psicanalista. O que faz o psicanalista como tal é sua própria análise: eis a + 1 condição para o psicanalista dar início à análise de um sujeito. Pretendo retomar aqui o fio da técnica analítica iniciada há mais de trinta anos em *As 4 + 1 condições da análise*, em que abordei a entrada em análise, para lhe dar continuidade agora investigando o fazer do analista durante o tratamento analítico. Este livro, diferentemente dos meus anteriores, não partiu de meus escritos e sim de minha fala em seminários, cuja transcrição foi revisada, corrigida e bastante ampliada e atualizada. Se o leitor achar o formato deste livro parecido com o dos seminários de Lacan, transcritos e editados em lições, não é mera coincidência. Foi uma inspiração.

Nossa orientação segue a clássica tríade tática + estratégia + política que Lacan desenvolve no texto "A direção do tratamento e os princípios de seu poder", de 1958, no qual ele aborda a técnica psicanalítica a partir da função da fala no campo da linguagem.

Para Lacan a análise é como uma guerra — a tríade tática + estratégia + política ele toma emprestada de Carl von Clausewitz em seu livro *Da guerra*. Nesse compêndio, a guerra está intimamente articulada com os três elementos. Ela é definida como "um verdadeiro instrumento político, uma continuação da atividade política, uma realização da mesma por outros meios".[1] Em suma, a guerra é a política feita com outros meios. E o objetivo da guerra é "desarmar o inimigo".[2] A análise é como uma guerra e o inimigo é a neurose — a análise é a guerra contra a neurose. Ela visa desarmar o sintoma neurótico, pois o recalque é a arma contra o desejo. E como o analista faz isso? Quais as armas do analista?

Como na guerra, o analista tem que usar uma tática e uma estratégia. A guerra descrita por Clausewitz se desenvolve com uma série de combates corpo a corpo num campo de batalha. Na análise, o tratamento se dá numa série de sessões corpo a corpo no consultório ou online. Cada sessão corresponde a um combate. "A direção da guerra é a preparação e a condução do combate", diz Clausewitz, e a direção do tratamento analítico é a preparação e a condução de cada sessão. O combate

> está composto de um número mais ou menos grande de atos isolados, cada um completo em si mesmo, que chamamos de encontros [...] e que formam novas unidades. Surgem a partir disso duas atividades diferentes: preparar e conduzir individualmente esses encontros isolados e combiná-los uns com os outros para alcançar o objetivo da guerra. A primeira é chamada de tática e a segunda, de estratégia.[3]

A tática corresponde ao que se faz a cada encontro, ou seja, a cada sessão de análise. A estratégia é a construção da direção do tratamento ao longo das sessões. "Se deixamos para a tática a tarefa de desferir o golpe", diz Clausewitz, "o encontro propriamente dito, consideramos a estratégia como a arte de usar com habilidade os meios para isso." A guerra é uma arte. E a análise? A análise é uma guerra, como muitas vezes sentimos. Mas a análise é também uma arte, como muitas vezes também sentimos. Há sessões que são verdadeiras epifanias. Poesia pura. Um espetáculo teatral.

A tática corresponde ao que o analista faz em cada sessão — é na tática que Lacan situa a interpretação. E a estratégia? É o conjunto de "preparativos para o encontro junto com as medidas que se relacionam com os mesmos."[4] Assim, para o analista se preparar para as sessões, ele tem que traçar uma estratégia para a condução daquela análise. Como? Precisa construir o caso clínico para localizar-se em relação à transferência daquele analisante específico, perceber os sintomas e fantasias dele e, aí sim, montar uma estratégia dentro da qual vai usar sua arma e desferir seu

Apresentação

golpe: a interpretação. A estratégia do analista, diz Lacan, está na manobra da transferência.

Entra aqui o papel da supervisão à qual o analista pode recorrer para melhor se situar. Como ele o faz? Ora, não há clínica sem construção, sem formalização do caso — a partir daí ele será capaz de traçar sua estratégia. Isso é fundamental para a condução da análise e sua direção, pois é sempre bom lembrar que quem dirige o tratamento não é o analisante, mas o analista. Não se trata de o analista dirigir o analisante e sim a análise, pois o analista tem que abdicar de seu poder (que a transferência lhe confere) e dar todo poder à palavra do analisante. Abdicar de seu poder sim, mas não abdicar da direção do tratamento e de sustentar a tríade tática + estratégia + política da psicanálise.

Desse modo, no que concerne ao tratamento analítico, segundo Lacan em 1958, a interpretação é a tática, o manejo da transferência é a estratégia e a política é a da falta-a-ser. É essa política que orienta a direção do tratamento e é ela que deve pautar o manejo da transferência, que por sua vez orienta a tática da interpretação.

COM A INTRODUÇÃO DO campo do gozo, há um deslocamento da referência de Lacan, e aí vejo uma outra tríade: a tática do ato, a estratégia dos semblantes e a política do mais-de-gozar.[5] A partir de 1969-70, com o livro 17 do Seminário, Lacan propõe o campo do gozo, que é um campo estruturado pelos discursos como laços sociais, os quais são "discursos sem palavras", pois prescindem da palavra para operarem, mas não da linguagem (como desenvolvo em meu livro *Psicose e laço social*). É nesse campo, chamado por ele de "campo lacaniano", que se insere o discurso do analista. Essa indicação de que o discurso como laço social dispensa palavras nos aponta a relevância do ato que funda cada discurso.

Por isso sugiro pensarmos a estratégia, a tática e a política no campo do gozo. Na medida em que Lacan constrói o campo do gozo, o que interessará a ele é o efeito da linguagem quando nada é dito, e, no entanto, ocorre laço social. E este enquadra o gozo de tal forma que se torna possível convivermos uns com os outros sem nos matarmos, pois somos obrigados a renunciar às pulsões. Se a civilização exige a renúncia pulsional é porque há algo da própria civilização que utiliza a linguagem para enquadrar o gozo determinado e estruturado pelos laços sociais. É o que Lacan chama de "discurso sem palavras".

Faremos neste livro uma atualização da tríade tática + estratégia + política aplicando-a ao campo do gozo e aos seus discursos desenvolvidos por Lacan a partir dos anos 1970. Passaremos, portanto, de "função e campo da fala e da linguagem" para "função e campo do ato e do gozo" para repensar a técnica psicanalítica.

A interpretação, no campo do gozo, é a palavra que tem o status de ato. O ato, no entanto, não precisa ser acompanhado de fala alguma. Interpretação é o que o analista diz, sabendo que o fazer do analista vai mais além do que ele fala, pois há atos sem palavras. No corte, o analista não precisa dizer nada. Ele pode se levantar, assinalar de alguma forma que a sessão acabou sem falar nada. A interpretação, como corte, é um ato de linguagem que equivale a uma pontuação. Cortar uma sessão pode ter diversos sentidos — um sentido conclusivo, um sentido suspensivo, um sentido enigmático. Se formos comparar com a pontuação, o corte pode ser como uma vírgula, anunciando que aquilo terá uma sequência; pode equivaler a dois-pontos, fazendo o analisante especificar o que disse; pode vir como um ponto de exclamação ou de interrogação ou ponto-final. Assim, a interpretação no campo do gozo é a que faz ato, ela se encontra dentro da tática do ato. A liberdade do ato do analista é grande, assim como é grande a sua liberdade de escolher as palavras de sua interpretação. Mas o analista é menos livre na estratégia dos semblantes e menos livre ainda na política do mais-de-gozar.

Lacan introduz o conceito de semblante para mostrar que qualquer laço social depende não do que a pessoa seja — chefe, professor ou analista —, e sim do exercício de um papel representado por alguém para outra pessoa, como um ator que se dirige a um espectador. Será a partir dessa representação teatral, que não é falsa pois é sustentada por uma verdade, que o analista vai "fazer semblante" e daí manejar a transferência. A partir da construção do caso que está atendendo e sua formalização é que ele vai

Apresentação

traçar sua "estratégia dos semblantes". É ela que vai guiá-lo na direção do tratamento — a sucessão das sessões — e dar o enquadramento de seus atos e interpretações. Mas semblante de quê? Não é semblante de pai nem de mãe ou avó, ou seja, não se trata de fazer semblante dos personagens que representaram o Outro para o sujeito. É como semblante de objeto *a* que o analista exerce sua tática: corta, interpreta e faz ato.

A posição de semblante de objeto *a* da estratégia está vinculada à política no campo do gozo: política do mais-de-gozar. Se em 1958 a referência política é a falta (o falo negativado – φ), no campo do gozo a referência da política do analista é o objeto *a* em suas duas versões: a de causa de desejo e a de mais-de-gozar, esta última referida ao objeto *a* no campo do gozo a partir da mais-valia de Marx, desenvolvida no Seminário 17.

Aqui, da mesma forma, a liberdade do ato como tática deve se submeter à estratégia dos semblantes e esta, à política que é a política do mais-de-gozar. Não quer dizer que o analista seja esse mais-de-gozar para o analisante, mas é como seu semblante, seu papel no manejo da transferência. É da posição de semblante de objeto *a* que ele interpreta e faz ato, mas também é daí que silencia, que banca o dejeto, o resto, o indizível, o real fora do significante. É no teatro dos semblantes que o analista exerce sua arte da interpretação.

Minha perspectiva sobre o fazer do psicanalista me é fornecida pela arte. Extraio essa orientação do próprio ensino de Lacan, o qual eu poderia resumir dizendo que vai do matema ao poema. Com o inconsciente como um saber sobre lalíngua, a língua particular de cada um, mergulhamos na poesia que nos estrutura e no poema que cada um é, e na interpretação como poética. Como poetas habitamos essa terra, sem sermos jamais poetas o suficiente, pois estamos sempre com a régua curta para medir o ser — a poesia é a medida do homem.[6]

A condução de uma análise é a própria arte do psicanalista em seu ato analítico como um ato *poiético*, uma ação de criação, de invenção. Cada ato analítico deve ser elevado à dignidade de um ato artístico, inédito, novo, surpreendente. Esse ato é da ordem do semblante, uma representação teatral. E a interpretação, para que funcione, precisa ser poética. O teatro e a poesia serão aqui nossos parceiros para abordarmos a arte do psicanalista na direção do tratamento.

Deixo aqui registrados meus agradecimentos a Lucia Seixas, que deu o primeiro formato editorial ao livro a partir de lições de seminários meus na década de 2010 na sede de Formações Clínicas do Rio de Janeiro; a Luciene Costa, pelo estabelecimento das notas e buscas das referências; e a José Maurício Loures, pela primeira leitura do livro, observações e o entusiasmo por sua publicação. O texto falado dos seminários foi transcrito em sua maior parte por Ana Maria Magalhães, a quem também agradeço.

Preâmbulo: TNT!

No INÍCIO DA ANÁLISE É a transferência. Ela não depende do analista e, no entanto, sem ela não há análise que possa ser iniciada. A transferência parte daquele que poderá vir a ser um analisante. A análise tem como precondição a emergência de um amor que se endereça ao saber — lugar em que o candidato a analisante situa o analista. É a partir da transferência do sofredor que busca um tratamento pela palavra para seu sofrimento que o analista faz o seu fazer: o ato analítico com sua tática, sua estratégia e sua política na condução de uma análise.

Em seu seminário sobre a transferência, Lacan nos propõe um mito para o amor: uma mão se estende em direção a uma fruta, a uma flor, a uma brasa que de repente se inflama e, nesse movimento de atingir o objeto, dele desponta uma outra mão, e sua mão se fecha na plenitude da fruta, na abertura da flor e na explosão de mão incandescente.[1] Eis o amor! É o amor que surge na transferência como um grito de incêndio que se ergue durante uma representação teatral,[2] conforme nos diz Freud.

A transferência é como dinamite, TNT, trinitroglicerina em forma de afeto que sustentará a análise, a qual, ao ser levada adiante, provocará grandes abalos no edifício neurótico alicerçado pelos significantes alienantes, fantasias e repetições. A transferência comparece nos três registros psíquicos: no imaginário, do corpo a corpo, na relação a-a' do semelhante com o semelhante do estágio do espelho; no simbólico, ao situar o analista no lugar do Outro, promovendo a associação livre com o desfilar dos significantes (como aparece no matema da transferência descrito por Lacan em sua "Proposição de 9 de outubro sobre o analista da Escola"); no registro do real em que o analista está no lugar de semblante do objeto a, objeto causa de desejo, condensador de gozo, que denota o encontro com o real do sexo promovendo a presença do analista e a *tykhe*, a manifestação do encontro sempre faltoso, traumático, fascinante, cativante, angustiante e causa da transferência e motor da análise.

Eutykhia e *agalma*

A transferência é explosiva porque é, na sua essência, o encontro com o real do sexo: *tykhe*, como Lacan o define no Seminário 11. É desse encontro que Breuer se furta e com o qual Freud se confronta inventando a psicanálise, para dar conta desse real em jogo do sexo que se atualiza na relação com o analista.

Não há análise que não se inicie com uma *eutykhia*, que significa em grego um "bom encontro", um "encontro afortunado". É um achado! Mesmo que o sujeito esteja procurando um analista, esse encontro se dá como que por acaso, uma sorte, a boa fortuna. *Achei finalmente um analista!* Tal como o encontro que ocorre entre Sócrates e Alcibíades, o qual, segundo Lacan, só mostra a lucidez no amor. O que cativa Alcibíades em Sócrates[3] é o objeto *a*, o *agalma*, que é "um mais-de-gozar em liberdade e de consumo mais rápido".[4]

É esse objeto precioso, *agalma*, que Alcibíades vislumbrou em Sócrates ao compará-lo com *silenus*, que é um sátiro e também uma caixa utilizada para se colocar presentes. Por fora sua aparência é horrível, mas dentro dela há objetos inestimáveis, *agalmata* (plural de *agalma*). O *agalma*, objeto causa de seu desejo, é objeto causa da transferência, ao mesmo tempo cativante, causa de desejo e fascinação, e também objeto de seu cativeiro, que promove o que se chama de dependência do analisante em relação ao analista. Sobre esses objetos maravilhosos, Alcibíades diz: "Tão divinos pareciam eles, com uma beleza tão completa e tão extraordinária, que eu só tinha que fazer tão imediatamente o que Sócrates me mandasse fazer". O jugo do sujeito ao outro da transferência é determinado por esse objeto encontrado no Outro do amor como que por acaso, num achado, que é maravilhoso, mas também é um objeto tirânico, que a análise em seu final deixa cair.

Preâmbulo

O aspecto de "achado" se encontra no próprio texto de *O banquete* de Platão. Depois de ver esses *agalmata*, Alcibíades conta um episódio no qual conseguiu por sorte ficar a sós com Sócrates, e tenta então seduzi-lo para receber os *agalmata*. Diz ele: "Julgando que Sócrates estava interessado na minha beleza, considerei um achado e um maravilhoso lance da fortuna, como se estivesse ao meu alcance, depois de aquiescer a Sócrates, ouvir tudo o que ele sabia". Sua esperança era receber os objetos preciosos sob forma de saber nesse encontro promovido pela maravilhosa boa fortuna — a *eutykhia*, esse bom encontro.

TNT: *Tauma* na *Tykhe*

A transferência só ocorre quando há localização no Outro, a quem endereço minha demanda, desse objeto precioso que causa o meu desejo, o que é correlativo à emergência do sujeito suposto saber. O encontro com o significante qualquer do lado do analista que se articulará com o significante da transferência, como está escrito no matema da transferência, só é possível porque há essa delegação ao Outro do objeto que causa o meu desejo. É o efeito desse encontro, desse achado, que é a produção do sujeito suposto saber, sendo o analisante como tal afetado pelo amor.

A *tykhe* é a ordem da causa acidental, como nos diz Aristóteles,[5] mas se ela é indeterminada e não sabemos quando vai ocorrer, por outro lado não ocorre de qualquer maneira. Ela é a expressão do encontro com o objeto agalmático, o objeto *a* causa de desejo. A expressão *taumaston eutykhema*, que conjuga *tauma* e *eutykhia*, do próprio discurso de Alcibíades, nos traz mais revelações. *Tauma* é o termo que Platão utilizará para definir o desencadeamento da filosofia e que Aristóteles utilizará em sua *Metafísica*. É o *tauma* — que pode ser traduzido por admiração, espanto, perplexidade — que, segundo Platão, desperta a especulação do filósofo. A partir do espanto diante de algo é que começamos a pensar, que começamos a nos interrogar, a filosofar. *Tauma* é um efeito, um efeito no sujeito diante de uma aporia, uma dificuldade do pensamento, um obstáculo à reminiscência no sentido platoniano, ou seja, aquilo para o que não encontramos respostas em nossa memória, aquilo sobre o qual não havíamos pensado antes, aquilo de que não temos registro. O *tauma* é aquilo que nos faz pensar. Ele está na origem da filosofia. Ele provoca a pergunta, ou seja, corresponde à emergência de uma questão (em grego, *erotema*). Em psicanálise podemos associar o *tauma* à questão sobre o desejo, que se manifesta no sujeito ao se interrogar sobre o desejo do Outro. De onde eu vim? Qual o meu lugar no desejo do Outro? Essa é a pergunta fundamental do ser desejante que é o homem, habitante da linguagem, o fala-a-ser. Eis, segundo Freud, o enigma da esfinge, ao qual nós, pequenos édipos, estamos submetidos[6] e o qual somos impelidos a decifrar. Assim, o encontro "taumático" com o analista provoca no analisante em potencial o desejo de saber.

TNT significa, portanto, *tauma na tykhe*. A *tykhe* é, em suma, quando se dá um encontro com o *agalma* produzindo no sujeito um efeito "taumático". Esse "encontro tíquico" pode ter a conotação de bom ou mau encontro. Seu efeito é o sujeito "taumatizado", mas se a análise se desencadeia é porque houve um bom encontro, uma *eutykhia*. Caso tenha sido um mau encontro, uma *distykhia*, o sujeito não ficará com aquele analista.

TNT: *Tykhe* Neurose Traumática

Por estrutura, o encontro com o real do sexo é em sua essência *distykhia*, um mau encontro que Freud depreendeu com o conceito de trauma. O real do sexo é traumático para o falante.

O encontro com o sexo não é da ordem da complementariedade, ele está mais para um desencontro, ou melhor, um encontro que marca desde o início que não há relação sexual em que um complemente o outro. O primeiro encontro com o sexo é marcado pela indiferença, pela aversão ou pelo nojo, no caso da histeria, e por um excesso de gozo, na neurose obsessiva. É a menos ou a mais. Esse descompasso se repete no neurótico: é sempre cedo demais ou tarde demais, nunca é chegada a hora. Esse primeiro encontro deixa efetivamente suas marcas significantes que orientam

Preâmbulo

toda a rede em torno dele. São os significantes dessa marca que compulsivamente se repetem com seu *automaton*, na tentativa do aparelho psíquico de dar conta de um encontro descompassado. E isso é traumático.

Lacan identifica o conceito freudiano da compulsão à repetição com a própria insistência da cadeia significante — eis o *automaton* da repetição. Há um automatismo da cadeia em repetir os mesmos significantes, como que por acaso, e cuja indeterminação Freud mostra ser falsa. Nomes e números ditos ao acaso só confirmam que o acaso é regido pelas leis do inconsciente, metáfora e metonímia.

É essa determinação do acaso constituída pela repetição significante o que se chama de destino de cada um, dando margem ao desenvolvimento das hermenêuticas: ver nos astros, nos números, na íris etc. o automatismo do destino. Se o destino do sujeito é sempre o destino do Outro, oriundo do Outro, calcado no lugar do Outro é porque esse Outro é inconsciente, e, sendo ele sujeito, como nos ensina Freud, é responsável pelo seu destino, destino esse que ocorre como que por acaso. É o que ele depreende a partir da neurose do destino, no amante cujos casos amorosos, como diz em "Além do princípio do prazer", atravessam sempre as mesmas etapas e conduzem sempre ao mesmo final, ou na mulher que se casou sucessivamente com três maridos, cada um deles adoecendo logo depois, sendo todos cuidados por ela no leito de morte. A repetição do mesmo, de um mesmo enredo, traz no seu bojo a repetição de um desencontro que não obedece ao princípio do prazer e pelo qual o sujeito é responsável. Ao lado da repetição significante, o *automaton*, existe a repetição traumática do encontro faltoso com o real do sexo, a *tykhe*.

A descoberta da determinação simbólica do inconsciente é o que permite dizer que o acaso é da ordem do automatismo da repetição e que ele sela o "destino" do sujeito, ou seja, aquilo que o faz estar destinado a repetir, a passar pelos mesmos caminhos, pelos mesmos circuitos, e a repisar os mesmos significantes como pegadas indeléveis na areia. Se esse destino é da ordem do *automaton*, a escolha do sujeito é da ordem do gozo. O real de toda forma de *tykhe*, sorte ou azar, é o que na repetição retorna sempre ao mesmo lugar.

É essa mesma estrutura que Freud depreendeu na neurose traumática. Os sonhos dos traumatizados levam o sujeito sem cessar à situação do seu acidente, da qual desperta com um pavor renovado, diz Freud.

TNT: *Tykhe* Neurose Traumática. O que se revela aqui é o trauma que em sua teoria Freud desdobra em dois tempos: o primeiro encontro com o sexo e sua ressignificação a posteriori como trauma propriamente dito, no momento do complexo do Édipo, a partir do qual o desencontro é encenado com aqueles que ocupam o lugar do Outro para o sujeito, como pai e mãe. É a castração, portanto, a posteriori, que confere o valor de trauma ao encontro com o sexo. O destino do complexo de Édipo é soçobrar, mas sua sobra retorna no sintoma quando a neurose se desencadeia. Os quatro tipos de desencadeamento da neurose elencados por Freud no seu texto de 1912[7] apresentam o mesmo denominador comum: a confrontação com uma realidade desvela a impotência do sujeito em relação à impossibilidade de resposta diante da exigência da satisfação libidinal, ou seja, o desencadeador da neurose é uma *tykhe* que reatualiza o trauma, trauma do falante que Lacan resume por "Não há relação sexual". Quando o sintoma, como formação de compromisso, fracassa — em sua função de tamponar a inexistência da relação sexual —, é aí que o sujeito pode vir a procurar um analista.

O sujeito repete na transferência a decepção, a humilhação, o desdém da parte do Outro, a futilidade da esperança da satisfação. Trata-se do descompasso entre exigência pulsional e a impossibilidade do gozo. É a *tykhe* como traumática que promove o desencadeamento da neurose de transferência, onde se repete o desencontro com o significante que diria o verdadeiro sobre o verdadeiro.

TNT: Trauma Neurose de Transferência

Se o que inaugura o vínculo analítico é a *eutykhia*, o bom encontro, promovida pela localização do analista como o Outro de objeto de gozo, é aí mesmo que se descortina a neurose de transferência, definida por Freud no seu texto de 1914[8] como a repetição em ato em oposição à rememoração.

No encontro com o analista há o encontro com um significante qualquer (da ordem do *automaton*) que o analisante destaca na pessoa do analista. Mas nesse lugar ocorre também o encontro tíquico que situa o analista no lugar de objeto *a*, e daí emerge o gozo sempre desadaptado, caracterizado como traumático. Assim como na neurose traumática, na neurose de transferência o sujeito é fixado ao traumatismo, fixação desvelada em sua fantasia. É na transferência que o sujeito repete o que lhe é opaco de seu destino, opacidade esta que é própria resistência à significação. O problema técnico para o analista é que o paciente, diz Freud, não pode escapar a essa compulsão à repetição que consiste em agir ao invés de recordar, agir esse que se repete compulsivamente. A transferência é a repetição no vínculo com o analista sob a forma de agir constante. Trata-se de uma reprodução de um fragmento da vida real.

E qual a direção do tratamento analítico proposto por Freud em relação à repetição? Em primeiro lugar, diz ele, colocar rédeas na transferência, ou seja, Freud busca essa repetição, a *tykhe*, a repetição do trauma, no âmago da relação amorosa (amor que demanda amor) que o analisante estabelece com o analista. Em segundo lugar, transformar a compulsão do paciente em motivo de recordação. Como? Pela manobra da transferência, diz ele.

Trata-se, em suma, de promover a *tykhe* para forçar a significantização do gozo que existe na repetição do trauma, nos atos do analisando, fazer passar do gozo ao significante — processo que é sustentado pelo amor de transferência, o qual enquadra na relação com o analista o reviver da experiência do desencontro com o real, como repetição do impossível, que implica gozo, efracção, excesso do qual o sujeito não dá conta.

Esse gozo repetido está para além do princípio do prazer, mas para escamoteá-lo o sujeito utiliza uma estratégia. É essa estratégia do analisante que está presente no *automoton* do amor de transferência. O que faz o neurótico na neurose de transferência? Transforma o analista num lugar, num hábitat onde ele se sente em casa.

Em termos de estrutura, podemos nos perguntar onde é que o sujeito se sente em casa: na rememoração. O analista será situado nesse lugar de um solar de amor, e com seu amor o analisante escamoteia a falta do Outro, tampona o furo do Outro, para não se deparar com a questão sobre o enigma do desejo. Diante do desejo enigmático do Outro, o analisante se pergunta: "Pode ele me perder?". E para não fazer surgir esse espectro, ele se oferece como objeto de seu amor, seu objeto precioso, transformando-se de amador em coisa amada.

Como isso se dá na histeria e na neurose obsessiva? A histérica, em sua estratégia, acentua a demanda de amor para escamotear o desejo, fazendo então aparecer a demanda do ser. Como é que ela procura se fazer objeto de amor? Primeiro ela dá o que tem: flores, presentes, poesias para não dar o que tem, não o seu amor, mas a sua castração, tudo menos isso. Em segundo lugar, ela provoca a falta do Outro, se recusa a falar, se faz de desentendida, provoca elaboração do saber só para mostrar a impotência do analista. Em terceiro lugar, ela arma peças para o analista cair. No caso do analista homem ela quer saber se ele é macho e, se for mulher, se é mesmo mulher. Assim a histérica, para se fazer amar, dá, provoca, arma e fura.

E a estratégia do obsessivo? Como aparece no próprio "Psicologia da vida amorosa", ele acentua a clivagem entre a demanda e o desejo para mostrar as suas impossibilidades. Ele se fará então um analisante aplicado para obter o amor do analista, anulando seu desejo. Ele faz assim um apelo ao Outro do analista, às regras, à lei, ao contrato etc. Transfere o amor ao analista no lugar do Outro, porque o analista, sendo um Outro do amor, escamoteará o que é o Outro para o obsessivo: um Outro gozador, sem lei, um ditador tal como aparece no mito de Freud do pai da horda primitiva. O obsessivo então banca o objeto do amor para não ser objeto de tirania.

TNT: Trauma Neurose de Transferência. A estratégia do amor de transferência é transformar o amor e passar de amador à coisa amada para não ter mais o que desejar. É assim que ele vai se instalar no ser do Outro para, com o *automaton* do amor, escamotear a *tykhe* do trauma. Se a tendência do analisando é se instalar no *automaton* do retorno dos significantes, a política do analista com sua tática e estratégia é visar a *tykhe*, reproduzindo assim os acidentes que criam a vida, fazendo com que cada sessão seja elevada à dignidade de um encontro, de um encontro com o real.

PARTE I

O teatro do semblante

Lição 1. Ato, discurso e semblante

PARA ABORDARMOS O QUE FAZ o analista, partiremos do conceito de ato referenciado a um discurso como laço social no campo do gozo. Com a proposta da clínica dos discursos, Lacan efetivamente conceitualiza o que chamou antes de "ato analítico". Com os quatro discursos, ele propõe o campo do gozo, o que é uma reviravolta, pois não estamos mais na função da fala e no campo da linguagem, e sim no campo do gozo em que se inclui a linguagem, mas não inclui necessariamente a fala, pois os discursos, como laços sociais, são discursos sem fala, sem palavras.

Uma prática do ato

Lacan já não dá mais prioridade à fala do analista, e sim a seu ato como promotor do discurso do analista, pois o que o analista diz ou faz não se resume à interpretação falada. A interpretação analítica é sempre da ordem da fala. O ato analítico prescinde da fala. Ambos estão no campo da linguagem. Ao abordá-la no campo do gozo, toda interpretação, para ser analítica, tem o status de ato analítico que visa o gozo que se expressa na enunciação do sujeito analisante.

Levantar-se da cadeira, abrir a porta, tossir podem ser *atos* analíticos, assim como as mais diversas palavras podem ser uma interpretação e, quando não, às vezes são tomadas pelo analisante como tal. Geralmente, tudo que o analista faz é tomado como uma interpretação, inclusive o silêncio. Precisamos entender que, quando estamos trabalhando os discursos, lidamos com algo paradoxal, pois quando falamos em discurso pensamos logo em narrativa, na fala, na palavra, e o conceito de discurso não é dessa ordem.

No livro 18 do Seminário, *De um discurso que não fosse semblante*,[1] o próprio Lacan muitas vezes emprega a palavra "discurso" não apenas como laço social. O que aprendemos em Lacan é que discurso é igual a laço social, só que "discurso", no senso comum, é aquilo que se fala sobre alguma coisa. O que muda radicalmente na perspectiva do campo do gozo na clínica é que não é apenas a palavra, e sim a tática do ato que se articula com a função dos discursos, e não é à toa que logo depois em seu ensino Lacan introduz o conceito de semblante.

O lugar de agente do discurso é também definido por Lacan como dominante: é o que domina um discurso, é "o elemento focal de uma obra de arte".[2] Ele governa, determina e transforma todos os outros elementos. É um elemento linguístico específico que domina a obra em sua totalidade, age de forma imperativa, irrecusável, exercendo diretamente a sua influência sobre os outros elementos.

Lacan dá o exemplo do verso. Dependendo do lugar e da época, o verso pode ter como dominante a rima, em outra ocasião ele pode ter como dominante não ter rima alguma, ser irregular. Isso é a dominante de uma obra de arte. É aquilo que dá não só a tônica, como também a característica de um discurso. Então, a dominante é o lugar do agente que qualifica aquele discurso como laço social como tal e que influencia todos os elementos.

No discurso do mestre, ou discurso do mestre/senhor (como se convencionou traduzir para o português o *discours du maître* de Lacan), o Poder (S_1) organiza e influencia todos os elementos, como governar, mandar e chefiar. No discurso do universitário (como se convencionou traduzir para o português o *discours de l'Universitaire* de Lacan, no sentido de professor

Lição 1. Ato, discurso e semblante

universitário) é o Saber (S_2) que domina tudo. No discurso do histérico, ou da histérica, é o próprio sujeito (S) que domina o laço social. Podemos interpretar de várias maneiras quem é esse sujeito dividido no matema do discurso do histérico. Lacan em alguns momentos diz: é o sintoma, porque todo sintoma manifesta a divisão do sujeito, o desejo e seu recalque, consciente/inconsciente etc. Então o sintoma, ou o sujeito do desejo, domina todos os elementos desse laço social, a começar pelo elemento dominador que é o mestre. No discurso do analista, o objeto *a* é quem domina. Então, o que caracteriza cada laço social é esse elemento que está no lugar da dominante. Veremos, resumidamente, o que nos interessa nessas definições:

- S_1 é o significante do poder que organiza todos os elementos no discurso do mestre/senhor;
- S_2 é o significante do saber que comanda o discurso universitário/professor;
- O sintoma equivale ao sujeito dividido que está no comando do discurso do histérico/histérica:
- O objeto *a* é o objeto fora do significante do qual o analista faz o semblante para dirigir o tratamento no discurso do analista.

O que faz com que, na nossa sociedade, determinados laços sociais sejam os laços da dominação nos quais os significantes comandam? E quais são? Onde o significante comanda? No discurso do mestre e no discurso do universitário, quem comanda respectivamente são o Poder e o Saber. Nos outros discursos (do histérico e do analista), o significante não comanda. No discurso do histérico o sujeito barrado (S), o sujeito que não está no significante, é o significante riscado, pulado da cadeia. Você está falando e, de repente, continua a falar e pula algo. Nesse pulo do vazio está o sujeito, tanto que Lacan chama o sujeito de "o significante pulado da cadeia". Lá onde o significante tropeça está o sujeito. Assim, no discurso do histérico quem comanda é esse elemento que é mais falta-a-ser do que ser. E no discurso do analista é o objeto *a*, sem substância, que comanda causando o desejo — é o motor da análise, dejeto do simbólico.

Onde há dominação em termos de laço social é o significante quem governa. Desse modo, temos os discursos da dominação. No entanto, o discurso do analista é o avesso do discurso do mestre, e o discurso do histérico é o avesso do discurso do universitário, isto é, são os avessos da dominação. Inclusive os elementos todos estão no seu avesso:

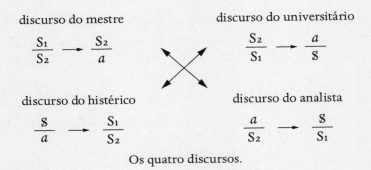

Os quatro discursos.

Lugares no matema do discurso como laço social:

$$\frac{[semblante]}{[verdade]} \longrightarrow \frac{[gozo]}{[mais-de-gozar]}$$

Agente e semblante

É no lugar do agente que Lacan situa o semblante. Nesse lugar ninguém está como ser, e sim como parecer. Ao apontar o lugar dominante como um semblante para os discursos, Lacan mostra, rasga o véu do ser, pois ninguém é o universitário, ninguém é o mestre, ninguém é o histérico, ninguém é o objeto. Mas quem ocupa esse lugar com seu ato está ali como semblante, faz de conta de mestre/senhor, professor etc.

Lacan diz que denominou o seminário como "De um discurso que não fosse semblante" para que todos perguntassem: qual é esse discurso? E ele demonstra que não há discurso que não seja do semblante. Não há laço social que não se estabeleça a partir de um faz de conta, uma representação no sentido teatral, um papel, um personagem, enfim, a partir de

Lição 1. Ato, discurso e semblante

um simulacro. Como se muda de discurso? Mudando-se o semblante do agente desse laço social. Por exemplo, você no lugar de agente passa do papel do patrão para o papel do professor, e assim você muda do discurso do mestre para o discurso do universitário.

O conceito de semblante obedece à mesma lógica do conceito de sujeito, o qual não tem uma identidade própria. O sujeito só é representado por um significante para outro significante, totalmente provisório, transitório, efêmero, fugaz. Da mesma forma, o semblante aponta um *acting*, uma performatividade, um estado de representação de determinado papel.

Lacan diz que quando ele está falando num seminário se coloca no lugar do analisante, ou seja, quando ele ensina, está fazendo semblante de histérico. O analisante fala como o histérico, expõe sua divisão subjetiva presente em seus sintomas, suas queixas, suas insatisfações, formações do inconsciente, para que o analista produza um saber. Só que não! O analista não responde do lugar do mestre do histérico: ele vira o jogo e atua como semblante de objeto *a*, colocando em cena o discurso do analista. Mas o que significa Lacan dizer que ensina como analisante?

Podemos interpretar de duas formas. Primeira: trata-se de uma afirmação do tipo "Eu sou o sujeito dividido e ofereço o papel de mestre para o outro, aquele que me escuta, meu público, para que ele, sim, produza um saber, e não eu". Em suma, você pode dar uma aula histerizando a audiência fazendo o aluno trabalhar. Quando faço uma pergunta, vocês ficam pensando na resposta e produzem um saber. Você pode ensinar a partir do discurso histérico, fazendo semblante de que não sabe, e passar a produção de saber para o aluno. Segunda: "Estou aqui no lugar do analisante porque eu estou sendo causado pelo meu desejo de saber e estou na produção de significantes mestres, que na verdade são meus". É claro que há uma provocação nisso. Em todo ato social no qual o sujeito provoca e leva o outro a fazer alguma coisa, seja desejar ou produzir saber, estamos no discurso do histérico.

Se não é falando que eu entro num discurso, então o que caracteriza a entrada no discurso e até mesmo a permanência nele? É o ato que faz um discurso funcionar como tal. Por exemplo, quando digo "Cale a boca, não quero ser interrompido", o que causa um constrangimento, estou dando uma ordem. Mas posso também não falar nada e dar um soco na mesa. É por meio de um ato de comando, da natureza que for, que faço existir o discurso do mestre. A partir do campo do gozo entramos na função do ato, e o responsável por esse ato é aquele sujeito que ocupa o lugar do agente. Há várias formas de governar, de educar, de provocar o desejo e de ser analista. Você tem efetivamente que bancar, fazer semblante, pois não existe *O analista*: você o é ali naquela ocasião em que banca o objeto *a*, ou seja, faz semblante dele para um sujeito no processo analítico. Não existe fazer semblante de analista — isso é uma palhaçada —, o que o discurso do analista impõe é que o analista faça semblante de objeto *a*.

Só sabemos se um ato realmente aconteceu a partir de seu efeito, porque eu posso mandar e ninguém obedecer — aí não é então um ato, pois não faz laço. O ato liga, no sentido de ligação, é agir como, é fazer o que se espera que o outro faça, por isso só se sabe que o ato é analítico se o analisante produziu alguma coisa. Uma interpretação não o é por si, ela só é uma interpretação se provoca ondas de associações, ou seja, se for da ordem de um ato. O que faz o discurso é o ato. Portanto, o que faz um analista é seu ato.

O discurso como laço social é sempre um a um. Freud, em *Psicologia das massas e análise do eu* (1921), fala que a relação do liderado com o líder é um a um. Cada liderado da massa tem uma relação com o líder, mas é possível coletivizar um laço a partir da identificação dos liderados entre si. Mas todo praticante de uma religião tem uma relação especialíssima com o guia religioso, é pessoal, é um a um, e isso é muito importante. O sujeito do coletivo é o mesmo sujeito do individual, então é um a um. Assim, a psicologia das massas é composta pelos laços sociais que os liderados têm com o líder. É a coletivização dos laços que leva à massa.

O que Lacan na verdade mostra com a teoria do semblante é que, por trás de um sintoma, por trás do objeto *a*, por trás do saber e por trás do poder há sempre alguém que está bancando aquela função. Em cada laço social existirá sempre algo diferente que o singulariza, ou seja, a forma como será encarnado o poder, o saber, pois há ali um sujeito que faz o ato com seu estilo no ato de ensinar, de governar, e também no de analisar —

Lição 1. Ato, discurso e semblante

Freud colocou isso como profissões impossíveis. E Lacan acrescenta mais duas: fazer desejar e fazer consumir (discurso do capitalista).

$$(\text{discurso do capitalista}) \quad \Big\downarrow \frac{\$}{S_1} \quad \times \quad \frac{S_2}{a} \Big\downarrow \quad \text{Lugar como se fosse semblante}$$

$$\Big\downarrow \frac{\text{Consumidor}}{\text{Capital}} \quad \times \quad \frac{\text{Tecnociência}}{\text{Mercadoria (\textit{gadgets})}} \Big\downarrow$$

A única coisa de que temos certeza no discurso do capitalista é que a mercadoria é um semblante de objeto de desejo, pois fica no lugar deste, como se fosse o objeto *a* para as pessoas. Então, todo mundo fica desejando ter aquele sapato da moda, o último laptop etc. O discurso do capitalista não pode nem ser considerado um laço social, pois não faz laço social de uma pessoa com outra. O laço social que o discurso do capitalista promove é o da mercadoria com o consumidor. É só o que interessa.

Segundo Lacan, o objeto *a* é a mais-valia para o gozo do capitalista, só que diferentemente do que Marx propôs, a tendência de uma sociedade como a nossa, cujo laço dominante é o discurso do capitalista, é fazer desaparecer a grande figura do capitalista e tudo virar capital anônimo. É o efeito borboleta: quando a bolsa de valores do Japão cai bruscamente, estoura uma crise econômica mundial. A relação, digamos, do operário com o capitalista, desenvolvida por Marx, não é muito o que está acontecendo. A figura do capitalista tende a desaparecer; restará esse grande capital como um monstro sem cabeça que não tem controle nenhum. É o capital sem pessoa, então o capital não é encarnado por ninguém, é o significante mestre da nossa sociedade dominada pelo discurso capitalista. "Todos operários" — é o diagnóstico de Lacan. O capital financia a tecnociência produtora da mercadoria que se apresenta como o objeto causa de desejo do consumidor.

Para se pensar a clínica do ato sustentado por um semblante no lugar de agente do discurso é importante estudarmos o que é o semblante. É um simulacro, mas não é uma mentirinha, o semblante tem que ter uma relação com uma verdade, mas é uma determinada verdade, que está escamoteada mas não deixa de estar ali. O semblante, para funcionar como agente do laço social no tempo de um ato, tem que estar sustentado por uma verdade.

As verdades

Precisamos elaborar e entender que o fato de se estar no semblante, nesse simulacro, não faz dispensar a verdade. No ato há um simulacro sustentado por uma verdade, e que não é uma verdade qualquer, mas a que define aquele ato. Não se pode fazer papagaiada no consultório pensando que se está fazendo um ato porque não está, tem que haver uma verdade em jogo. No final dos *Escritos*, no texto "A ciência e a verdade", Lacan identifica a verdade com a castração. Ele toma Freud, principalmente os textos sobre a divisão do sujeito e o fetichismo, e mostra que a verdade está nesse NÃO do "não-do-pênis" (*pas de pénis*) que se coloca para ambos os sexos, pois ambos estão submetidos à castração. Por isso o falo é negativado para o ser falante, não importa se este tem ou não o pênis. A confrontação com a castração é para todo mundo. Se não tem para o outro, também não tem para mim, então estou ferrado, seja eu homem ou mulher. Esse "nada de pênis" transfere o "não" para o saber, tendo como resultado o "não saber",[3] mostrando que o saber é castrado, furado também. Lacan diz que as fórmulas do recalque são: "Não quero nem saber", "Não quero saber nada disso" e "Eu não quero saber nada de castração". A verdade está nesse buraco, nesse furo. Lacan leu o último texto de Freud, "A divisão do sujeito", de 1938, traduzido por "A clivagem do ego", onde ele chegou a esse furo chamado castração. A verdade é furada e ela se chama castração.

No discurso do analista, para que exista ato, para o analista bancar o objeto *a*, fazer seu semblante, sua encenação, ele precisa estar sustentado numa verdade. Não é a sua verdade como sujeito. É a verdade do saber analítico, que podemos resumir em castração. Podemos falar de outra forma: não há laço social sem sustentação numa verdade, que no caso do

Lição 1. Ato, discurso e semblante

discurso do analista inclui a castração. De outra forma ainda: não existe *A verdade*. Sem a castração da verdade como toda, a verdade-castração, não há laço analítico. Pois o Outro é furado, não há o saber total; há o saber da castração, o saber que o analista adquiriu de sua análise e o saber que ele está adquirindo da análise do analisante. Então, não é um ato gratuito; aliás, nenhum ato o é. Qualquer ato que constitua um discurso que efetivamente faça laço social se sustenta numa verdade — mesmo que Lacan diga que no ato o analista está no "eu-não-penso", ou seja, ele não está em seu ato como sujeito.

A minha verdade como analista aqui neste discurso existe porque eu me sustento no saber textual dos autores que fundamentam a psicanálise (Freud e Lacan) para poder falar sobre o que falo. Assim como tenho uma referência que eu coloco como uma verdade para mim quando estou ensinando. A verdade daquele que faz de conta de professor/universitário é baseada num autor ao qual ele se atém como verdadeiro.

A verdade no campo dos laços sociais é um lugar, e não um conteúdo específico que vai variando de laço em laço social. O que será constituído como verdadeiro naquele laço é o que você põe no lugar da verdade. Todo semblante se apoia numa determinada verdade: semblante/verdade. A verdade do semblante que o sintoma faz no discurso da histérica é aquilo que o sujeito traz como sua forma de gozar, é o objeto de gozo que sustenta o sintoma. É a sua verdade que está ali. O gozo é o objeto mais-de-gozar, o olhar, a voz, o seio, os excrementos, os objetos estão ali no lugar da verdade a ponto de o sujeito se colocar como o representante do objeto para o outro.

Lacan, num determinado momento, diz que o discurso do inconsciente é o discurso do mestre no qual o lugar da verdade é ocupado pelo sujeito ($). Porque estou aqui falando e, de repente, eu tropeço, tropeço como sujeito dividido entre dois significantes, e produzo um gozo. O gozo do chiste, do sintoma, do ato falho e dos sonhos como uma produção. Lacan apresenta o discurso do inconsciente como o discurso do mestre para acentuar a formação do inconsciente como uma formação de gozo, porque o inconsciente goza. Pois a produção do discurso do mestre é o objeto *a*, indicando o gozo produzido pelo inconsciente. Eu produzo um chiste e todo mundo ri, no ato falho as pessoas também riem, o sonho e o sintoma têm um gozo que se encontra ali. Então, essa produção é a própria definição do sujeito, ou seja, o sujeito é o que um significante representa para outro significante, e isso tem como produção um mais-de-gozar.

$$\frac{S_1}{\$} \xrightarrow{} // \ \frac{S_2}{a}$$

Para Lacan, o discurso do universitário é também o discurso da burocracia. Numa instituição burocrática há um saber que é transmitido e executado, você é empregado e é recebido por um funcionário que transmite as ordens, as regras, e todos vão funcionando como uma máquina, uma engrenagem. Aquilo vai passando pela burocracia, você tem que fazer as tarefas, ninguém sabe exatamente de onde elas vêm, mas devem ser cumpridas. Há o saber que é da burocracia, que trata todo mundo como objeto, e Lacan diz que isso acaba tendo como efeito o sintoma, ou seja, algo que aponta a divisão do sujeito que aparece como sintomático ou então a divisão comparece como revolta e greve. O sujeito triturado pela máquina burocrática pode ser levado a produzir um sintoma, representado no matema do discurso do universitário pelo sujeito dividido ($\$$).

$$\frac{S_2}{S_1} \xrightarrow{} // \ \frac{a}{\$}$$

O discurso do histérico desmascara o discurso do universitário, mostrando que esse saber que você está sustentando não é seu. É o saber que está aí, ele pode estar aqui como produção, daí um ser o avesso do outro. Assim como o discurso para o analista desmascara o poder do discurso do mestre — ele aponta que o S_1 é apenas um significante, e quem realmente comanda não é um sujeito que ocupa o cargo de poder, e sim o significante. O significante comanda, o sujeito não.

Lição 1. Ato, discurso e semblante

Quando você encarna esse significante do poder (como um cargo, por exemplo), você está no posto de comando, mas quem efetivamente comanda é o significante, ele sobredetermina o sujeito e dá o imperativo "Tu és isso e aquilo", mostra a propriedade de comando que é a mesma de hipnose do significante. O significante por si só é hipnótico, é uma ordem, um comando. O significante é performativo. Como diz Clarice Lispector: "Mas você sabe que a pessoa pode encalhar numa palavra e perder anos de vida?". Você encalha num significante como um barco encalha num banco de areia, e aí não navega, fica paralisado. Você encalha quando se submete a ele, deixa-se determinar por ele, em suma, identifica-se com ele. A palavra na qual você encalha tem o poder sobre você como sujeito ($S_1/\$$). Daí a importância do discurso do analista que desmascara o discurso do poder, pois mostra que o poder (S_1) é um puro significante produzido pelo sujeito, apenas uma palavra, e não um banco inteiro de areia, como aparece no lugar da produção no discurso do analista ($\$/S_1$).

Lição 2. Semblante e verdade

PARA LACAN, o homem é um ser da linguagem, assim como para Heidegger. E em Aristóteles nós encontramos, na *Poética* e na *Retórica*, o homem como um animal da *mimesis*, ou seja, um animal que pode representar aquilo que não é, aquilo que não está. É isso que vemos na prática, pois ninguém ensina as crianças a brincar, a representar. A criança está brincando o tempo todo de faz de conta, trocando de papel, de personagem, em suma, fazendo semblante. O garoto quer ir de Super-Homem para a escola, a menina pede para ir de bailarina, segundo os semblantes de gênero transmitidos para as crianças pelo discurso dominante. Isso do *fazer como*, do brincar, *to play*, é um ato de performance, do agir *como se fosse* — eis o semblante. O que é importante é que tem algo do ato e do fazer-se de alguma coisa ou de alguém.

Com a teoria dos discursos, podemos ligar essa particularidade desse animal da *mimesis*, que é o homem, pensando que nessa representação ele não está só, há sempre um outro, que é o outro do laço social. Quando vemos uma criança brincando sozinha, ela não está só. Mesmo quando se está só, nesses semblantes, nessas brincadeiras ou nessas representações, se está com o outro, há o outro para quem se endereça aquilo. No teatro é o espectador, que parece ficar numa situação passiva e sem fazer nada. Mas a teoria dos discursos de Lacan nos mostra que não é bem assim, pois o agente como semblante, nesse *acting* do laço social como semblante, visa alguma coisa, ou seja, provocar algo no outro a quem se dirige. Quando há alguém fazendo algo para o outro numa performance, qualquer que seja, há um objetivo implícito ou explícito que é estrutural.

Lição 2. Semblante e verdade

A simulação

[Semblante]
———————
[Verdade]

A barra da primeira fração do matema dos discursos, que é ao mesmo tempo uma barreira, vela algo da verdade. E é a verdade que efetivamente sustenta o semblante. Esse velamento da verdade faz parte da simulação, que é um recurso fundamental próprio do homem para poder estar em sociedade. Então, por trás de todo semblante, que não deixa de ser uma simulação, há uma verdade: a verdade simulada do "agir como". Lacan dá uma desmascarada generalizada: tudo é máscara, tudo é semblante, até o analista que age como o objeto *a*. Não só todo poeta é um fingidor, o analista também, e todos nós, ao entrarmos no laço social.

A mais acusada de simulação foi a histérica. Mas não é o sujeito que é simulador, e sim o sintoma. O sintoma histérico pode simular qualquer doença, há histéricas que chegam a ir para a mesa de cirurgia porque fazem determinados sintomas pseudo-orgânicos que confundem os médicos. Encontramos histéricas como se fossem esquizofrênicas, melancólicas, epiléticas. Mas em todo laço social há simulação, pois não existe discurso que não seja da ordem do semblante. Isso não quer dizer que eu esteja histerizando todo o discurso, ao contrário, estou mostrando que a simulação é muito mais generalizada do que meramente um privilégio da histeria, pois todo mundo faz semblante o tempo todo no social.

Todo mundo finge, mas esse "fingimento" não é mentira, é verdadeiro, sustenta-se numa verdade, de outra forma não faria laço social. O fingidor é o poeta e é todo mundo. Fernando Pessoa diz que o poeta finge a dor que sente de verdade. Olhem que definição bonita de semblante, que faz de todo mundo um poeta. Todos nós somos poetas porque todos somos fingidores, simuladores daquilo que sentimos.

O poeta é um fingidor.
Finge tão completamente

Que chega a fingir que é dor
A dor que deveras sente.[1]

O poeta é um fingidor, então ele está no semblante. Ele finge a dor, a expressão poética da dor é o semblante. A criação artística aqui é exatamente o semblante, ou seja, o que Aristóteles situa como sendo a *mimesis*. O poeta poetisa a sua dor numa representação artística que é da ordem do semblante. O falar da dor de forma poética é usar semblante para apresentar a dor que está ali, e o autor o faz, na verdade, o faz para um outro, o leitor, fazendo assim com o poema um laço social. O bailarino não usa as palavras, ele usa o corpo, o seu corpo é o leito dessa escrita na partitura corporal da dança. Assim, vemos como passamos do semblante-simulação como algo depreciado ao semblante-criação sustentado por uma verdade.

A verdade da qual estou falando aqui é um lugar, não é A verdade, que não existe. Não existe A verdade, existem umas verdades. E cada discurso tem um lugar a ser ocupado por uma verdade específica. E dependendo do discurso onde se está a verdade muda, porque não há a verdade absoluta. E mesmo essa verdade, ela é interpretável.

O único discurso em que a verdade é o saber sobre a castração é o do analista. A verdade que sustenta o semblante para o analista é um saber sobre a castração, ou melhor, um saber "dizer-que-não". É o que sustenta o semblante de analista em seu "agir como". O semblante de objeto *a* tem que ser sustentado por essa verdade, o saber sobre a verdade não-toda.

A teoria dos discursos promove a desmaterialização da verdade, da verdade religiosa ou de qualquer outra verdade absoluta. Por outro lado, Lacan nunca deixou de se guiar pelo conceito de verdade. A verdade tem sempre nela o velamento. Por mais que você diga a verdade ela permanece encoberta, ela permanece velada. A verdade nunca pode ser dita por inteiro. Pensemos isso para a verdade que ocupa esse lugar de sustentar o semblante em cada discurso: a verdade do semblante do chefe, patrão ou governante é o sujeito no discurso do mestre ou do amo, a verdade do professor é o autor no discurso do universitário, a verdade do sujeito é o objeto de gozo no discurso da histérica e a verdade do analista em sua po-

Lição 2. Semblante e verdade 41

sição de bancar o objeto *a* para seu analisante é o saber sobre a castração no discurso do analista.

O que faz o sujeito histérico?

Com o semblante do sintoma como agente do laço social, o real da verdade do discurso histérico é o gozo. O sintoma pode ser representado como $, pois ele tem em si a estrutura da divisão do sujeito, detectada desde Freud como divisão entre consciente e inconsciente e como retorno do recalcado. O sujeito está sempre num entre-dois, como aponta o sintoma: entre homem e mulher no sintoma histérico e entre vida e morte na neurose obsessiva. A verdade no discurso histérico que está escamoteada é a verdade da fantasia do sujeito, onde está como afixada a fixação do sujeito com seu objeto de gozo ($\Diamond a$).

Encontramos na histeria mais frequentemente os objetos oral e escópico. Temos o famoso texto freudiano sobre o ataque histérico, que é um sintoma transitório, em que a paciente com uma mão levanta a saia e com a outra a abaixa. Imaginem isso em movimento, uma mão levantando e outra abaixando dentro de um ataque histérico no qual ela encena uma fantasia de estupro, no qual ela é ao mesmo tempo estuprador e vítima. Como estuprador ela tenta arrancar a saia e como vítima não quer transar, portanto segura a saia defendendo-se, mostrando aí a divisão do sujeito. O ataque histérico assim descrito é um paradigma da bissexualidade histérica e da fantasia na qual o sujeito é ao mesmo tempo homem e mulher, sujeito e objeto. Freud disse que ela estava fazendo uma encenação de sua fantasia. Vemos aí explicitado o sintoma semblante numa encenação teatral dirigida e um espectador. Está aqui em jogo o olhar como objeto pulsional.

Certa vez, na época em que eu dava plantão no Pinel, chegou uma mulher com toda a movimentação do ataque histérico. Ela foi deixada em isolamento como primeiro tratamento, até que se acalmasse, e o ataque terminou. Mas assim que se abria uma fresta da porta, tudo voltava. Daí a acusação de simuladora, atriz, de que ela estaria fazendo de propósito para obter algum benefício secundário, o qual está sempre presente. Mas há um benefício primário que é o gozo do sintoma que, no caso da histeria, tem um endereçamento e faz laço social. E esse gozo no caso é vinculado à pulsão escópica.

Há no sintoma uma circulação pulsional que dirige o objeto para o outro, faz um circuito, no caso, voyeurismo-exibicionismo. O sintoma é uma forma de satisfação da pulsão, a qual, acéfala — ou seja, sem a participação do sujeito como tal —, faz o circuito pulsional que vai e volta, num fazer-se olhar, trazendo a satisfação do gozo do sintoma. Eis o que apontam Freud em "As pulsões e seus destinos" e Lacan no Seminário 11. O sintoma é assim evidenciado no discurso histérico: é um semblante da divisão do sujeito sustentado pelo gozo pulsional que faz o laço social com o outro. Quando o sintoma faz laço social, ele entra como semblante do sujeito e sua divisão.

Histerização do discurso

A histerização do sintoma tem o endereçamento ao outro muito evidenciado. O obsessivo não, o seu sintoma não faz laço social, ele é "autoerótico", faz seu ritual dele, rumina e goza de seus pensamentos: "Se eu fizer isso com meu pai, ele morre; se eu fizer tal outra coisa, acontece algo ruim com a minha namorada". Para entrar no laço social, ele tem que histerizar incluindo algum outro em seu sintoma, por exemplo, o analista: "Se eu fizer tal coisa, meu analista vai morrer". E assim, ao fazer o sintoma entrar na transferência, ele o mobiliza, condição para arrancá-lo de sua fixidez.

No caso do discurso do analista, o agente do laço social sendo o semblante de objeto *a*, que é tão difícil de apreendermos, mostra antes de tudo que o analista não está ali em seu ato analítico como sujeito. É a primeira lição a ser tomada do discurso do analista. A meu ver, Lacan só dá uma dica do que é fazer semblante de objeto *a*: o silêncio. Não é fácil fazer silêncio, às vezes o silêncio é muito ruidoso, mas a primeira coisa é não fazer da análise um diálogo. Lacan diz que é fazer semblante de dejeto da linguagem. Uma das faces do objeto *a* é essa face de resto da operação

Lição 2. Semblante e verdade

do sujeito. Resto que é um objeto *a* pulsional, que ao mesmo tempo é um objeto da fantasia, o objeto precioso, agalmático, mas é dejeto também. Representar o silêncio é representar a face dejeto do sujeito, presentificar a pulsão de morte, o silêncio pulsional, o qual é o oposto da associação livre do analisante que, ele sim, está na posição de sujeito em seu exercício de deslizamento significante.

A única regra para o analisante é falar tudo que lhe vier à mente. O silêncio está do lado do analista, mas não se trata de ficar calado. O analista não deve ser "morto" o tempo todo, pois o objeto *a* não tem só a face de dejeto. O fazer semblante de objeto tem que ser para cada ocasião e para cada sujeito que está em análise. É no ato do analista que ele faz o semblante de objeto. Mas só ficamos sabendo depois que ele foi ato, pelos efeitos que tem. O ato é sempre uma aposta.

É nesse ato da ordem do semblante que o analista tem de estar, ou seja, só o fazer do analista o situa nesse lugar. É o "agir como" que institui tanto o semblante quanto o ato. É a performatividade do analista como semblante de objeto *a* que promove o ato analítico. Ato e semblante constituem um binômio indissociável.

Lição 3. Semblante, verdade e real

APROFUNDEMOS A NOÇÃO DE SEMBLANTE que Lacan, no livro 18 do Seminário, eleva à dignidade de conceito, ou seja, de uma categoria no sentido kantiano. Lacan parte da expressão em francês *faire semblante* e dela extrai o semblante como conceito. Quando dizemos no meio lacaniano "semblante", não estamos traduzindo *semblant*, e sim "transcriando", pois semblante em português é outra coisa, refere-se à fisionomia, ao rosto, à aparência externa. Em nosso léxico lacaniano, o termo se refere ao que parece ser, ao faz de conta, ao simulacro, à representação no sentido teatral. Assim, *faire semblant* significa fingir, simular, fazer como, representar; em inglês se traduz por *make believe*, fazer crer.

O semblante é um conceito que Lacan já tinha usado outras vezes em seu ensino. Ele confere um título extremamente ambíguo ao seminário daquele ano porque, de fato, não há discurso que não seja do semblante, que não seja uma construção a partir de um simulacro. De onde vem o termo semblante? Temos: *similis*, similitude, semelhante e simulacro, são todos da mesma origem etimológica. Interessante como em português o termo se transforma em algo que é a cara, a face, o rosto com sua expressão. Para nós, em português, semblante diz respeito à forma, ou seja, ao imaginário. Não é o caso do conceito lacaniano de semblante, como já se percebeu, pois, sendo o lugar de agente de um discurso, trata-se de um conceito operatório. Para fazer funcionar um discurso, um laço social, é preciso fazer semblante de algo. Para o analista é fundamental ter noção do que é "fazer semblante", para não agir com seu ser ou sua verdade.

Lição 3. Semblante, verdade e real

Semblante e interpretação

Faire semblant, então, é a colocação em ato de cada discurso como laço social.

Sobre a origem desse tema — não sei se de fato isso é verdadeiro —, diz-se que ele vem de uma pergunta da neta de Lacan: "Isso é verdade ou é faz de conta?". *"C'est vrai ou du semblant?"* Em francês há efetivamente uma oposição entre verdade e semblante, tal como aponta a neta de Lacan, que estava angustiada para saber se as coisas tinham veracidade ou se eram de mentira.

Lacan mostra que a verdade e o *semblant* são da mesma ordem e se opõem ao real. O que faz oposição ao semblante no sentido lacaniano não é a verdade, mas o Real. Nem tudo que é, é real; nem tudo que é, não é parecer; nem tudo que é, não é faz de conta. Verdade e Semblante estão de um lado, e o Real está de outro. Lacan começa assim a quebrar os limites entre o ser e o parecer, pois o ser da verdade não se distingue bem do parecer do semblante.

$$\frac{[\text{Semblante}]}{[\text{Verdade}]} \times \text{Real}$$

É por a verdade estar do lado do semblante que algo da ordem desse faz de conta opera, tanto que o analista se faz de objeto *a* e opera efetivamente como analista. É mentira ou é verdade? É da ordem do semblante, opera e tem o seu efeito no Real.

Não há discurso que não seja do semblante, e é necessário estar num determinado semblante para ter um ato operatório e fazer laço social. Lacan denuncia assim nossa sociedade de simulacros, apontando que operamos todos a partir de um semblante, a partir de um papel determinado. Shakespeare já dizia: "O mundo é um palco;/ os homens e as mulheres, meros artistas,/ que entram nele e saem./ Muitos papéis cada um tem no seu tempo".[1] Esses papéis são nossos semblantes.

Nossa sociedade é o império dos semblantes. Nela o discurso capitalista, com seu lugar preponderante, com a redução do sujeito a consumidor e do objeto de desejo a uma mercadoria, eleva à milésima potência esse faz de conta que opera fabricando o desejo de consumir. Até o corpo vira um objeto de mercadoria moldado pela tecnologia médica e cosmética, adequando-se aos padrões estéticos impostos pelo marketing.

Lacan introduz, a propósito do discurso, o termo do artefato. Na análise, sabemos que a transferência é efetivamente um artefato, é algo que o analista utiliza para poder operar e que diz respeito à própria verdade. A partir da transferência do analisante, o analista opera com a interpretação, que deve ter o status de um ato.

A interpretação do analista não é uma verdade passada para o analisante, e sim um dito que desencadeia a verdade no outro:[2] com essa colocação Lacan retoma a potência do oráculo, que foi de onde parti na releitura de *Édipo rei*, de Sófocles, que faço na minha peça Óidipous, *filho de Laios*. Lacan salienta no mito edipiano a contundência da enunciação do oráculo. Qual deles? O da Esfinge ou o da pitonisa em Delfos? O de Delfos faz Édipo se afastar de Corinto para evitar matar o pai ou ter filhos com a mãe (que erroneamente ele achava que eram Pólibo e Mérope), e o da Esfinge é o enigma dos pés, que Édipo acha que desvenda ao responder "o homem". Mas o que caracteriza o oráculo é simultaneamente apontar a verdade e ser enigmático. A interpretação precisa ter a mesma estrutura da verdade, enigmática, ou seja, ser semidita — nenhuma das duas pode ser dita por inteiro. É por isso que a interpretação tem que ser semidita, para poder ser elevada à dignidade de um enigma e, assim, conseguir desencadear a verdade.[3]

"Se a experiência analítica", diz Lacan, "acha-se implicada, por receber seus títulos de nobreza do mito edipiano, é justamente por preservar a contundência da enunciação do oráculo e, eu diria ainda, porque a interpretação permanece sempre nesse mesmo nível."[4]

O semidizer da verdade está na base da ética da interpretação psicanalítica, como podemos depreender do que Lacan desenvolve no Seminário 17. A interpretação oracular, no sentido de enigmática, é o oposto de uma interpretação "dedo na ferida", em que se propõe dizer a verdade. Como diz Lacan, "ela só é verdadeira por suas consequências, tal como o oráculo". Então, só podemos saber se uma interpretação é verdadeira se ela desencadeia a verdade. Em outros termos, ela só é verdadeira na medida em que é verdadeiramente consequente, ou seja, se a interpretação for verdadeiramente seguida.

A verdade se utiliza da fala para se expressar, mas seu efeito não é da ordem do semblante, é da ordem do real. Então, como algo que é da ordem de um artefato, que é da ordem do semblante, toca no real? Podemos dizer que essa é toda a questão da psicanálise; a partir daquele *setting* analítico — a psicanálise inglesa usa esse termo do teatro, um *set* —, mostra-se uma cena em que há uma pessoa que ocupa um lugar, tudo marcado, e interpreta um papel que é o de objeto *a* — papel que varia a cada análise, a cada analisante.

Nós temos um certo grau de improvisação, na verdade é preciso improvisar o tempo todo, mas há uma marcação ali. Mais artificial que uma análise impossível, se paramos para refletir. Você não pode responder, se você já entrou no diálogo já errou, já não é psicanálise. Há uma marcação e você tem que obedecer a certos preceitos determinados pela estrutura: a política do mais-de-gozar, a estratégia dos semblantes, a não resposta à demanda de amor.

A posição principal do analista — o não responder, responder com o silêncio — é uma das modalidades de fazer semblante de objeto *a*, em sua face opaca, silenciosa, fora do simbólico. A queixa habitual do analisante — "Mas eu falo, falo e você não diz nada" — se dá porque ele está acostumado, na cena cotidiana, a falar e ter uma réplica, e a análise não é isso. A análise é antinaturalista e, no entanto, opera. Ao contrário do que podemos dizer, quanto mais artefato, quanto mais claramente não naturalista, mais ela opera em nível do real.

Participante do seminário: Sobre a questão do ato que opera como enigma, você acha possível que um sujeito em análise possa se confrontar com algo de fora do *setting*, por exemplo um filme, que tenha para ele um valor de enigma e que, portanto, desencadeie uma construção em análise e se torne uma verdade?

Antonio Quinet: Claro! Porque a obra de arte está no lugar de objeto *a* para o sujeito. A obra que opera sobre o sujeito, que desencadeia afetos e associações, que divide e que emociona. Podemos dizer que foi a primeira coisa captada pelo primeiro livro de estética do mundo ocidental: a *Poética* de Aristóteles. Ao abordar a tragédia, ele percebeu a divisão subjetiva no espectador causando um misto de prazer e dor: a catarse dos afetos de terror e piedade e ao mesmo tempo o entusiasmo com a obra de arte. Para que tal objeto ou performance seja efetivamente uma obra de arte é preciso causar a divisão do sujeito. Basta reler Aristóteles com Lacan, pois uma tragédia provoca esses afetos denotando algo que tocou o real do sujeito, ou seja, causou algo que escapa ao próprio sujeito.

A obra de arte está nesse lugar de objeto *a*. Para o analista, é dar nó em pingo d'água estar no lugar de uma obra de arte para desencadear no sujeito suas associações e tudo o mais. Fazendo uma associação com o que você falou, Lacan propõe que a interpretação deve ser poética, deve estar no nível da poesia. E sobre seu lugar de analista, ele diz: "Não sou um poeta, sou um poema".[5]

O efeito do real

O efeito de verdade não é semblante, nos indica Lacan, e o demonstra com o espetáculo teatral *Édipo rei*, de Sófocles. "Está aí o Édipo para nos ensinar, se vocês me permitem, que ele é sangue vivo. Só que, vejam, o sangue vivo não refuta o semblante, ele o colore, torna-o *re-semblante*, propaga-o."[6] Não é ao Édipo freudiano do complexo que ele está se referindo, é ao Édipo de Sófocles. É o personagem Édipo que foi perguntar ao oráculo de Delfos quem eram seus pais e a pitonisa não responde, mas diz: "Você matará seu pai e dormirá com sua mãe". Ele, horrorizado, não quer saber mais sobre seu parentesco, simplesmente foge de Corinto onde

Lição 3. Semblante, verdade e real

vivem seus pais — adotivos, que ele julga serem os biológicos. Em seguida, a Esfinge de Tebas apresenta o enigma dos pés e ele acaba virando rei de Tebas e esposando Jocasta, a mãe. E, anos mais tarde, já com quatro filhos com a mãe, os deuses lhe mandam mais um enigma — a peste —, e então ele não tem como não ir atrás da verdade e por isso instaura um inquérito, que é onde começa *Édipo rei*. Se você não for atrás da verdade que lhe é apresentada pelo enigma da Esfinge — que é o enigma do ser, de quem é você —, o enigma corre atrás de você. Então, o efeito de verdade não é semblante, ele é sangue vivo, é real. Estamos interpretando o "sangue vivo" como do registro do Real.

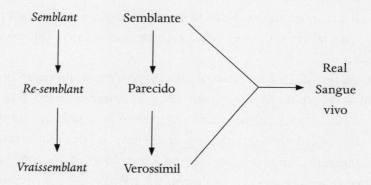

O semblante do espetáculo teatral da encenação do mito provoca o real. Esse real tinge com as cores púrpuras da tragédia o *semblant*, conferindo-lhe um *re-semblant*, que é o verossímil, a verossimilhança, em francês *vraissemblant* (palavra-valise que associa o verdadeiro com o semblante). Assim, aquilo que é da ordem do semblante, por ser verossímil, produz um efeito de real. O efeito de verdade que provoca, que atinge, que toca no real, recolore o semblante como verdadeiro, lhe dá as cores vivas desse semblante que é, portanto, um semblante operador.

"É por isso mesmo", continua Lacan, "que a questão de um discurso que não fosse semblante pode elevar-se ao nível do artefato da estrutura do discurso."[7] Ou seja, no final das contas todo discurso é um artefato, o que não quer dizer que não opere. Por um lado, ele denuncia os simulacros, mas ao mesmo tempo mostra a força do simulacro, um simulacro que opera no nível do real.

Se não existe discurso que não seja semblante, por outro lado não existe semblante de discurso; ou é ou não é, ou faz laço ou não faz. Não existe faz de conta de que você está no discurso do analista, ou está ou não está.

Andanças da verdade

"Um dia", continua Lacan no livro 18 do Seminário, "eu me diverti fazendo a verdade falar."[8] Mas ele se refere à verdade que é semidita, que não pode ser dita por inteiro. Trata-se da verdade que é por estrutura em parte velada, tal como Heidegger a interpreta a partir da verdade em grego — *alethea*.

Alethea vem de Lethe, que na mitologia grega é o rio do esquecimento, no qual se entra para esquecer o que aflige. Ao mesmo tempo, *lethe* pode ser traduzido como véu, velamento. O prefixo "a" é o de sentido privativo, então a verdade é um não esquecimento, ou "des-esquecimento", "des-velamento", ou revelação. Em todas as traduções de *alethea* temos o des-, o re-, mas mantemos na própria palavra o esquecimento, o velamento, a velação.[9]

Então, entendam *alethea* (a verdade) como tendo as duas faces: o desvelamento que mantém o velamento. Todo des-esquecimento, que é propriamente a lembrança, tem em si mesmo algum esquecimento. Toda lembrança mantém algo esquecido. Não é à toa que Freud trouxe o conceito de lembrança encobridora, que é uma memória que traz em si um esquecimento, encobre alguma coisa. Ela encobre no mínimo o real ou outra associação que Freud, dentro de uma lógica da temporalidade, diz que acontece. Uma pessoa se lembra de uma coisa que aconteceu com ela aos cinco anos pois quer esquecer o que aconteceu aos três anos, dentro da lógica do inconsciente como cronológico. Mas para Freud o inconsciente é uma "des-memória". Porém, por mais que você se lembre, sempre mantém um esquecimento-base, que é o recalque original.

Lição 3. Semblante, verdade e real

Vejam como aproximamos Heidegger de Freud, como toda lembrança não é inteira. Então, esse conceito da verdade que não é inteiramente dita, que mantém o seu véu de enigma, é o que Lacan retoma quando ele faz a verdade falar. Ele diz: "Uma verdade, se é que é preciso dizê-lo, não é fácil de reconhecer, depois de ter sido aceita uma vez".[10]

O verdadeiro às vezes perde essa característica depois de uma segunda ou terceira vez. Depois que se bate em cima da verdade, ela perde a sua veracidade. A verdade é mais verdadeira quando surge por uma primeira vez e surpreende, é isso que Lacan aponta.

> Não que não haja verdades estabelecidas, mas, nesse caso, elas se confundem tão facilmente com a realidade que as cerca que, para distingui-las desta, por muito tempo não se encontrou outro artifício senão marcá-las com o sinal, signo do espírito e, para lhes prestar homenagens, tomá-las como vindas de outro mundo.[11]

Uma vez que a realidade escamoteia a verdade, não há outro artifício senão marcá-las com um sinal, referência lógica aristotélica das proposições que são marcadas com um V ou F (verdadeiro) ou (falso). Como por exemplo:

Todo homem é mortal — V
Sócrates é um homem — V
Sócrates é imortal — F

Como saber se algo é falso ou verdadeiro? Eu olho para a realidade e ela vai me dizer que o referente da lógica seria a realidade, mas se a realidade é enganadora, onde fica o referente da verdade do verdadeiro e do falso? Daí a solução da lógica: "Marcá-las com o sinal, signo do espírito e, para lhes prestar homenagens, tomá-las como vindas de outro mundo".[12] Com isso Lacan também nos aponta o artifício da lógica em tentar apreender a verdade com uma letrinha. Uma letrinha vinda do além para garantir uma veracidade que nos escapa.

Lacan, instruído pelas descobertas freudianas, faz a verdade falar:

> Sou para vós, portanto, o enigma daquela que se esquiva tão logo aparece, homens que tanto consentis em me dissimular sob os ouropéis de vossas conveniências. Nem por isso deixo de admitir que vosso embaraço seja sincero, pois, mesmo quando fazeis de vós meus arautos, não valeis mais, ao portar minha bandeira, do que essas roupas que vos pertencem e que se parecem convosco, fantasmas que sois. Por onde, afinal, irei passar em vós, onde estava eu antes dessa passagem? Será que um dia vo-lo direi? Mas, para que me encontreis onde estou, vou ensinar-vos por qual sinal reconhecer-me. Homens, escutai, eu vos dou o segredo! Eu, a verdade, falo.[13]

Lacan aponta a falácia dos arautos da verdade e nossa tendência a não a escutarmos. Mas a verdade fala, isso é o mais importante, ela é enigmática. E é por meio da fala que se dá a verdade. Então, ele aproxima a estrutura da verdade da estrutura da fala e da linguagem. Assim, a verdade não é da ordem do imaginário, é simbólica, está na linguagem, perambula na fala.

Ele continua: "Vagabundeio pelo que considereis como o menos verdadeiro em essência: pelo sonho, pelo desafio da piadinha mais gongórica e pelo nonsense do mais grotesco trocadilho, pelo acaso, e não por sua lei, mas por sua contingência".[14]

O estilo que Lacan usa para colocar a verdade falando é oracular; a verdade tem do oráculo o enigma, a equivocidade. A verdade, ao falar, não é unívoca e sim ambígua, equívoca, que seria outra forma de se referir ao véu da verdade, a sua característica de se ocultar.

Quase vinte anos depois, em 1972, Lacan retorna a ela no Seminário 18:

> Um dia eu me diverti fazendo a verdade falar. Que pode haver de mais verdadeiro do que a enunciação *eu minto*? Pergunto onde existe um paradoxo. A clássica polêmica enunciada com o termo "paradoxo" só ganha corpo quando esse *eu minto* é posto no papel [...]. Todo mundo percebe que, de vez em quando, não há nada mais verdadeiro que se possa dizer do que *eu minto*.[15]

Lição 3. Semblante, verdade e real

"Eu minto." Nada é mais verdadeiro quando se acaba de dizer uma mentira e se diz: estou mentindo. Quando digo isso, estou dizendo a verdade ou estou mentindo? Vejam como entramos no âmbito da verdade, que é esquiva. Eu estou sendo extremamente verdadeiro ao dizer "Eu minto", mas estou mentindo ao dizer que minto porque estou dizendo a verdade. Vejam como a verdade se encontra no nível do paradoxo.

> Aliás, com toda a certeza, essa é a única verdade que não é destruída, em certas ocasiões. Quem não sabe que, ao dizer *eu não minto*, de modo algum nos resguardamos de dizer uma coisa mentirosa? Que significa isso? A verdade de que se trata, aquela que afirmei que diz *Eu*, aquela que se enuncia como oráculo, quando ela fala, quem é que fala? Esse semblante é o significante em si.[16]

Lacan, a partir do paradoxo do mentiroso, generaliza o conceito do semblante. O semblante é o significante em si, e todo significante é da ordem do semblante. Ele aproxima teoricamente o próprio significante — que é a matéria-prima da linguagem, que é o elemento de base do registro do simbólico — do semblante. É um semblante, e isso não quer dizer que seja falso nem que ele não opere. O semblante, assim como o significante, está na função da fala e no campo da linguagem, como a verdade. A verdade é *logos* e "a linguagem é a morada do ser", aponta Heidegger.

A verdade tem a mesma estrutura da linguagem, que se manifesta na fala, porque o significante é da ordem do sonoro, da ambiguidade, polifônica, polissêmica do significante. Então, de certa forma ele aproxima o semblante como da ordem do simbólico, do significante, em oposição ao real.

E quanto à verdade, em seu texto "Prefácio à edição inglesa do Seminário 11", de 17 de maio de 1976, Lacan escreve: "Não há verdade que, ao passar pela atenção, não minta". Mas isso não é um desestímulo à psicanálise e sua busca da verdade, pois em seguida ele acrescenta: "o que não impede que se corra atrás dela".[17] E propõe o dispositivo do passe deixando-o à disposição daqueles que se arriscam a testemunhar, da melhor maneira possível, a "verdade mentirosa".[18] Será o semblante, como o teatro, uma verdade mentirosa ou uma mentira verdadeira? Você sabe que o ator não é o personagem que representa, o ator é de mentirinha o personagem, mas sua representação pode atingir o espectador profundamente, tocando-lhe algo de real, provocando os mais diferentes afetos, do riso às lágrimas, da angústia ao prazer. O teatro nos mostra como o semblante toca o real. Um facho de luz vermelha incidindo no peito do ator que representa estar sendo assassinado é suficiente para provocar a angústia ou a compaixão do espectador pelo personagem. O semblante tem efeitos de real. Da mesma forma, o semblante que o analista emprega no palco da sessão analítica com seu paciente tem efeitos no real de seu gozo para que ele se separe dos significantes mestres que o alienam e o fazem sofrer. O analista ator produz efeitos no real.

Lição 4. A análise: Uma *acting cure*

NO LIVRO 18 DO *Seminário*, Lacan propõe o termo "semblante" referido, como vimos, à subversão promovida por Marx, ou seja, à denúncia do funcionamento do capitalismo e seu engano fundamental: a mercadoria como fetiche e a escamoteação da exploração do trabalho do homem pelo homem.

Ao denunciar que o capitalismo é um simulacro, um fazer parecer, um semblante, Marx faz irromper uma verdade: a exploração do trabalho humano nesse falso laço social, que é o discurso capitalista, e a promoção de uma mercadoria como objeto de desejo incondicional. É em torno do dinheiro, ou seja, do capital, que é guiado o eixo de denúncia que reside no fetiche. Há algo mais da ordem do simulacro do que fazer crer que um sapato, uma roupa, um celular, um carro seja o objeto *a*? Marx denuncia a mercadoria como fetiche e Lacan o coloca no âmago da própria teoria psicanalítica, mostrando que são os objetos que vêm no lugar do objeto *a*. E a partir do conceito marxista de mais-valia inventa o termo mais-de-gozar, rebatizando com ele o objeto *a* ao acentuar seu caráter de gozo.

A referência do conceito de semblante ao engodo capitalista pode nos fazer crer na negatividade do conceito, pois semblante, em francês, é sinônimo de fingimento. A partir do século XVI, o valor negativo do termo em francês predominou e tornou-se linguagem comum para sinônimo de falso — a exclamação *"C'est du semblant"* significa "Isso é falso" —, com a conotação de desvalorização do caráter de autenticidade e de veracidade daquilo que está em jogo. Essa não é exatamente a acepção que Lacan vai utilizar, pois a categoria de semblante é, de certa forma, positivada por ele, ou melhor, é algo estrutural ao laço social e no fundo à própria linguagem.

O pacto social

Como vimos, o semblante tem a ver com semelhante, *similis*, e sua extensão vai até a representação, no sentido mesmo de representação teatral. *C'est du semblant* pode significar "Isso é teatro!", "Você está fingindo uma coisa que não é". Semblante pode ser também uma das traduções para *mimesis*, que se encontra na *Poética* de Aristóteles, onde ele caracteriza o homem como um "ser-para-a-*mimesis*". Um homem pode fingir, ao contrário de um cachorro ou de um gato; pode inclusive fingir que finge.

Se Aristóteles define o homem como um ser da *mimesis* ou um "ser-para--a-arte", podemos dizer, com Lacan, que o homem é um "ser-para-o-semblante". E a partir da equivalência que estabeleço entre fazer semblante e representar, entre semblante e representação teatral, gostaria de acrescentar que o homem é um ser-para-o-teatro. A capacidade de representar, criar personagens, fazer teatro, brincar de ser outra coisa que não é você ocorre desde a infância, como aponta Aristóteles, que dá toda a ênfase à teatralização como forma de expressão artística ao demonstrar o que é a *mimesis*. Segundo Augusto Boal,

> teatro é aquilo que temos dentro de nós. Toda criança sabe disso. A criança começa a aprender a viver no mundo fazendo teatro. Depois da repressão da sociedade [...] a criança começa a pensar que "isso é brincadeira de criança" e começa a levar a vida mais a sério. Mas assim ela deixa para trás esse instrumento de comunicação e de conhecimento tão valioso que é o teatro. [...] É uma volta à infância, mas agora na idade adulta. É trazer daquilo que a gente perdeu na infância o que a gente tinha de melhor que é a criatividade. A capacidade de inventar uma cena e depois transformá-la em realidade.[1]

O homem está na ordem do semblante, ele faz semblante o tempo todo, ele é capaz, inclusive, de fazer algo falsamente falso. Pode-se fazer algo falsamente falso para o outro achar que é falso, mas na verdade é verdadeiro. O homem é um "ser-para-Cracóvia", está sempre indo para Cracóvia — referência à história narrada por Freud em que um sujeito

Lição 4. A análise: Uma acting cure

conta uma verdade para parecer mentira, e assim diz a verdade sabendo que o outro não vai acreditar nela.

> Dois judeus se encontram num vagão de trem numa estação na Galícia. "Aonde vai?", perguntou um. "A Cracóvia", foi a resposta. "Como você é mentiroso!", não se conteve o outro. "Se você dissesse que ia a Cracóvia, você queria me fazer acreditar que estava indo a Lemberg. Mas sei que, de fato, você vai a Cracóvia. Portanto, por que você está mentindo para mim?"[2]

(Pensemos essa história em Minas Gerais. Dois mineiros se encontram numa estação de trem, e um pergunta para o outro qual o seu destino. O primeiro responde: "Vou para Diamantina". E raciocina: "Digo que vou para Diamantina para que ele pense que estou indo para Barbacena, mas na verdade vou para Diamantina".) Este "ser-para-o-semblante" — que finge coisas que são verdadeiras, não para iludir, mas para disfarçar que são verdadeiras, dizendo que não são —, isso é próprio do ser humano. A verdade é desvelamento, mas mantém o velamento que equivale ao recalque, como vimos. Quando falamos a verdade, há sempre alguma coisa que não é verdadeira, pois não se pode falar toda verdade.

Lacan mostra que todo laço social é da ordem do semblante, pois este se encontra nos discursos, lá onde está o lugar do agente, onde se localiza aquele que comanda o governar, o educar, o fazer desejar e o psicanalisar. Precisa-se do semblante em todos esses atos, na medida em que o ato se enquadra num discurso sem palavras.

Se estou dando um seminário, há um pacto entre os presentes que estabelece que eu falo e os outros ficam em silêncio. Estou num determinado lugar de onde esperam que eu fale sobre a clínica do ato, sendo este o tema da aula. E eu represento o papel daquele que dá uma aula sobre esse tema. E, se estou no discurso do universitário, tenho como base o ensino de Lacan como a verdade que sustenta esse meu semblante. Mas se eu contar por que cheguei atrasado, contar meus problemas, abrir meu coração etc., logo notariam que mudei de discurso. E, ao mudar de discurso, mudo de semblante.

Se eu colocar a céu aberto minha subjetividade e entrar aqui na sala com a minha divisão subjetiva, estarei no meu semblante de sujeito dividido histerizando o discurso. Nesse meu semblante de conferencista estou no discurso do universitário, pois falo em nome de um saber, citando Lacan e Freud, usando o saber como semblante no lugar de agente desse laço que nos une agora. Esse saber como semblante faz parte do ato de ensinar que, ao mesmo tempo, promove o laço social entre nós.

Se não há laço social que não seja do semblante, como é que se dão os laços sociais?

Como vimos, o semblante vem ocupar o lugar do agente do discurso da primeira matematização do discurso por Lacan:

$$\frac{[semblante]}{[verdade]} \rightarrow \frac{[outro]}{[produção]}$$

Numa segunda fórmula dos discursos, Lacan muda os termos conservando apenas a verdade como intocável:

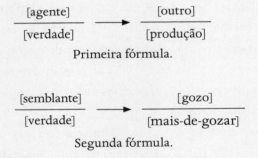

$$\frac{[agente]}{[verdade]} \rightarrow \frac{[outro]}{[produção]}$$
Primeira fórmula.

$$\frac{[semblante]}{[verdade]} \rightarrow \frac{[gozo]}{[mais\text{-}de\text{-}gozar]}$$
Segunda fórmula.

A segunda fórmula do matema do discurso revela que o agente do laço social é um semblante que opera no gozo do outro, o parceiro do laço, para que ele produza seu mais-de-gozar em forma de: saber, objeto, sujeito e poder, de acordo com cada discurso. E aponta como o semblante é operatório.

Para abordar a característica de aparência do semblante, Lacan recorre no Seminário 18 à natureza. Como é que a natureza pode fazer semblante,

Lição 4. A análise: Uma acting cure 59

se acabei de dizer que o semblante é uma coisa típica do homem? Ele dá o exemplo da nuvem — a nuvem é uma forma de semblante. Pode-se ver a nuvem toda com sua forma, mas quando o avião entra na nuvem, onde ela foi parar? Não há mais nuvem. Era um parecer. Na desmontagem de um laço social, revela-se que seu agente é um faz de conta, semblante.

Pode-se encontrar também semblantes na natureza animal: uma borboleta que quando abre as asas parece um rosto enorme que espanta com seus olhos. Lacan aborda inicialmente a questão do semblante através do mimetismo:[3] o camaleão ou o inseto que vira graveto etc. A metáfora que ele usa na lição "Lituraterra" para se referir ao semblante e ao real é esta: a nuvem, da ordem do semblante, se desfaz quando cai a chuva como algo da ordem do Real. Na ruptura do semblante encontramos o Real. Se a natureza tem semblante é porque o homem olha a natureza e a interpreta daquela maneira.

Sabemos que, na verdade, a natureza é escrita em fórmulas matemáticas e todas as imagens poéticas dadas à natureza são criadas pelo homem e são semblantizadas devido ao significante.

Todo significante é semblante. Isso é evidente tanto no discurso do mestre, em que o agente é o S_1, o significante mestre, quanto no discurso do universitário, em que é o saber que está no lugar do semblante, S_2. Ambos (S_1 e S_2) são da ordem do significante. No discurso da histérica e no discurso do analista o lugar do semblante não é ocupado por nenhum significante e sim pelo que está fora do conjunto de significantes, respectivamente o sujeito ($\$$) e o objeto *a*. No caso do analista, como fazer semblante do que está fora da linguagem como o objeto *a*? É essa a árdua tarefa que Lacan propõe para que haja ato analítico propriamente dito.

O discurso como laço social é um artefato, segundo Lacan. Todo o *setting* analítico faz parte do artefato do cenário montado para o estabelecimento desse vínculo. Se o analisante entra no consultório do analista, e este se deita e o analisante fica em pé, não é o esperado do pacto. Ferenczi[4] tentou mudar um pouco isso: numa sessão, o analisante se deita; na outra, é o analista quem se deita — é a "técnica ativa". Não é o que Freud propõe. Temos um *setting*, que é o reflexo de que os lugares estão marcados para que alguma coisa de analítica aconteça. Temos então o cenário do teatro do consultório psicanalítico necessário para que algo do Real seja tocado. Mas, na verdade, nada disso é necessário. Pois no verdadeiro *"setting"* são a transferência e o ato analítico que estabelecem o discurso do analista.

Podemos ver como há semblante, artefato e artifício para sustentar uma verdade, o que acaba com essa bobagem de que a verdade seja oposta à mentira, ao faz de conta ou à cena. Há, portanto, artefatos que fabricamos para que o ato possa acontecer nos laços sociais.

Lacan chama de laços sociais os aparelhos de gozo onde se dão os atos. Tenho que aparelhar todo o meu gozo para me concentrar e ser o conferencista que vocês estão esperando, e vocês precisam aparelhar todo o seu gozo para poderem ficar sentadinhos nesse lugar do outro do discurso. Esse aparelhamento do gozo é da ordem de um parecer, bancar, representar. Falamos "vamos fazer uma social?", que é o semblante que fazemos o tempo todo, o que não quer dizer que seja da ordem da falsidade — é, mas também não é. Não é falso porque funciona, e para funcionar tem que estar assentado sobre uma verdade.

O sujeito, para entrar no laço social — lembrem-se de Freud! —, renuncia ao gozo pulsional: temos que conter, moldar e aparelhar o gozo para entrar num determinado discurso. O fazer parecer — eu gosto muito do termo em inglês, *make believe* — é fazer o outro acreditar naquilo que você está fazendo parecer. Na verdade, o ato nos laços sociais é sempre dirigido ao outro, e o que se espera é que o outro faça alguma coisa nessa pequena cena que está sendo feita. Um discurso só funciona quando o ato é operatório no enquadramento do gozo no qual ele se realiza.

Lacan define o discurso no seminário *O saber do psicanalista*[5] como aquilo que o Real determina, mas como o Real se determina aí? É o Real que vai determinar aqueles laços sociais que são necessários para que as pessoas não fiquem comendo e matando umas às outras caso fossem dar vazão direta a seu gozo.

Acting cure

Para pensar o ato e o semblante, lembramos rapidamente a definição dos discursos. Eles instauram relações fundamentais mediante o instrumento da linguagem no campo do gozo a partir de determinados enunciados primordiais. Estes vão passando de geração em geração e se transmitindo e instaurando o que podemos chamar "a tradição e o funcionamento social", assim como os semblantes que são esperados de cada sociedade em cada momento. Então, a nossa sociedade é toda uma sociedade de semblantes, a começar pelo discurso que nos rege, o discurso do capitalismo. Por isso Lacan chama o laço social de um discurso sem palavras, pois não precisa da fala para se estabelecer. Precisamos de atos. Ao introduzir a clínica do ato, temos que pensar que todo ato é da ordem da linguagem — o que indica que no ato eu não preciso necessariamente da fala. Isso muda um pouco de perspectiva a própria psicanálise, a *talking cure*. O discurso do analista "é a lógica da ação", diz Lacan no *Seminário 19*.

Podemos pensar a clínica do ato no campo do gozo como a clínica *acting cure*. Nessa clínica, estamos na ordem dos discursos dos laços sociais, ou seja, não estamos mais na ordem dos ditos, e sim do dizer.[6] Posso falar, mas o que falo pode às vezes ser expresso por um ato, um dizer sem palavras. A interpretação psicanalítica lacaniana é da ordem de um dizer sem palavras ou ato que resume os ditos do analisante. O dizer condensa e aponta outras coisas para além dos ditos. O ato, vinculado ao laço social, é da ordem de um dizer efetuado por meio de um semblante.[7]

Todo dizer, segundo Lacan, determina um fato. O dizer é propriamente da ordem da linguagem — não necessariamente com palavras —, mas que funda um fato. Um fato que acontece e é um evento, aquilo que não se pode dizer que não ocorreu. Os discursos fundam fatos que são laços entre as pessoas. Uma clínica derivada dos discursos, ou seja, do campo do gozo, é propriamente uma clínica do ato.

Quais são os semblantes em cada discurso? No discurso do mestre é a lei, no discurso do universitário é o saber, no discurso da histérica o semblante se apresenta como sintoma e no discurso do analista é o próprio analista fazendo semblante de objeto *a*. Podemos dizer que temos o semblante do poder (do senhor/mestre), o semblante do saber (do professor/universitário), o semblante de sujeito dividido (Σ/histérico) e o semblante de objeto *a* (analista), que vão fundar os laços sociais: o governar, o educar, o fazer desejar e o psicanalisar. Cada ato específico funda respectivamente cada um desses laços.

Há uma grande diferença entre *setting* e ato. Por *setting* entendemos, por exemplo, a arquitetura de interior desta sala de conferências, com pessoas caladas diante de uma só pessoa falando para elas no lugar do saber. Mas bastavam apenas duas pessoas sem esse *setting* para se instaurar o ensino. O que determina o laço? Não é o *setting*, e sim o ato daquela pessoa que está como agente do discurso. Portanto, o ato analítico, o ato de educar, de governar etc., se dá por meio do semblante que o agente utiliza em qualquer lugar que seja, independentemente do *setting*. É muito importante saber que o que determina o laço é o ato, e não o cenário. Em outros termos, o que determina aquele tipo de relação entre duas pessoas é o ato de alguém e o semblante que ele necessariamente faz, assentado na verdade, para que esse ato seja operatório.

Lacan denuncia quais as verdades em cada semblante: no poder há o sujeito; no saber, o autor, a referência; no sintoma, o objeto *a*; e no discurso do analista, o saber. O ato do analista tem como base a verdade do saber sobre a castração, do saber ao qual a relação sexual não pode ser inscrita, do saber da causa analítica. Se assim não for, não há ato analítico — por mais semblante que o analista possa fazer e por mais ator que seja.

Assim como Lacan, em 1953, falou da *função da fala* no *campo da linguagem*, podemos dizer que a clínica do ato se enquadra na *função do ato* no *campo do gozo*. Do lado do analista, não se trata mais apenas de uma clínica da interpretação, ou seja, daquilo que o analista diz. Trata-se de uma clínica do ato, e não propriamente uma clínica da palavra.

Há palavras que fazem ato e há palavras que são pura tagarelice. Lacan, no início de seu ensino, se refere à palavra plena e à palavra vazia.[8] A palavra não tagarela é a palavra que faz ato, que transforma, que instaura

Lição 4. A análise: Uma acting cure

um antes e um depois. São palavras que trazem um dizer e, portanto, fundam um fato.

Os atos corporais são da ordem de um dizer mudo — levantar-se da cadeira, apontar a porta, dar uma risada, acenar, balançar a cabeça como quem diz sim ou não, pigarrear etc. Eles não precisam da palavra. O ato falho é o maior exemplo disso. Colocado em evidência por Freud como uma formação do inconsciente, é um ato que expressa um dizer — uma forma de dizer com o corpo que Freud fez equivaler a um dito do inconsciente. O ato é uma forma de dizer para além do dito.

Dentro de um contexto de ensino, exige-se um semblante de professor — existem uns que são picaretas, e isso logo fica evidente, pois não há verdade que sustente o semblante de professor. Mas também é preciso parecer um professor, fazer algo que pareça um professor. "À mulher de César não basta ser honesta, ela precisa parecer honesta." A arte do semblante é a arte de fazer parecer. Assim como Freud propõe a arte da interpretação, para o analista também podemos acrescentar a arte do semblante, que é a arte de bancar o objeto *a*, a arte do fazer parecer, sem a qual não há ato analítico.

Mise en scène

Encontramos na literatura psicanalítica uma forma de ato que foi muito estudada, o *acting out*, que começou a ser descrito pelo que chamamos de *atuação fora da análise*. Mas Lacan trouxe o *acting out* para dentro da análise. Podemos generalizar dizendo que o *acting out* é a forma de agir histérica. O sujeito apresenta ao outro, como mestre (S_1), a verdade do seu objeto de gozo através de um semidizer em ato. Assim, ele faz apelo a uma interpretação para provocar a produção de saber (S_2) desse outro que ele situa como um mestre (S_1), tal como aparece na segunda parte do discurso do histérico.

$$\frac{\$}{a} \longrightarrow \frac{S_1}{S_2} \Big\downarrow$$

Com o conceito de semblante, Lacan põe um ponto-final na discussão sobre o *acting* histérico ser verdade ou mentira, pois a mentira faz parte da sua verdade. O *acting* da histeria, podemos dizer, contamina todo mundo, tanto que Lacan falou que, sem o *acting* ou um sintoma endereçado, sem uma histerização do discurso, não há como chegar ao discurso analítico. Há um agir que é próprio do sujeito — estou generalizando a histeria, uma vez que o próprio Lacan diz que o sujeito histérico é o inconsciente em exercício. Portanto, o inconsciente em ato é o inconsciente do *acting*, que pode ser um *acting in* ou um *acting out* ou até um *acting up* — expressão em inglês que se usa para a simulação, como se fosse um semblante, ou seja, a representação teatral.

Sobre o discurso do analista, encontramos uma aporia, ou seja, uma dificuldade de raciocínio, de apreensão pelo pensamento, pois o lugar de semblante é ocupado pelo objeto fora da linguagem.

No discurso do analista, trata-se de um faz de conta de objeto, mas ele é sustentado pelo saber que se encontra no lado da verdade. Para que o ato analítico seja operatório, é necessário o semblante desse objeto, que deve ser, evidentemente, apropriado para cada análise que é conduzida. Não adianta o analista ficar com "cara de analista". Lacan critica o analista que "faz semblante de analista". Ele insta os analistas a fazerem semblantes, mas não semblante de Lacan. Diz ele em "A terceira": NÃO ME IMITEM!

Para Lacan, cada analista precisa se virar com o seu semblante na condução de uma análise, mas tem que ser algo apropriado e sob medida para cada analisante e para cada ocasião. Cuidado com a "cara de analista", mesmo porque "O analista" não existe. Quem você tenta então imitar? Esse é o perigo! Você tenta imitar o seu analista, a sua analista? E começa a vestir a mesma roupa, usar o mesmo salto, fazer interpretações como ele/ela faz com você? Não é isso, o semblante de objeto *a* não tem nada a ver com o "semblante de analista".

Lacan oferece poucas indicações de como fazer semblante de analista. Nas "Conferências dos Estados Unidos",[9] ele dá algumas orientações: o analista deve fazer semblante do resto que sobra da civilização, ou seja, resto do discurso do mestre: o próprio objeto. O único exemplo que ele

Lição 4. A análise: Uma acting cure

dá desse fazer semblante é o silêncio. O resto da linguagem efetivamente equivale ao silêncio, mas não é só isso, pois é evidente que o analista calado durante dez anos numa análise não só faz semblante de morto como deve estar morto! Trata-se de fazer semblante de causa de desejo como motor da análise e fazer semblante de objeto mais-de-gozar, objeto da fantasia do analisante.

No livro *Trabalhando com Lacan* há vários depoimentos muito interessantes de analistas, e podemos ver a variedade de semblantes que Lacan fazia com seus analisantes, alguns deles bastante conhecidos, analistas famosos. Ele diz em ... *ou pior*, o Seminário 19, que o analista faz semblante de objeto *a* e que: "O analista não faz semblante, ele *ocupa* a posição de semblante, ele a ocupa legitimamente, pois não existe outra situação que se sustente em relação ao gozo que ele apreende nas falas do analisante".[10] O analista toma sua posição ao apreender o gozo e faz semblante a partir daí.

Lacan continua: "O semblante deve ser o porta-voz do gozo por se mostrar como máscara, como num palco grego; o semblante tem efeito por ser manifesto, quando o ator usa a máscara sua face não faz careta, ele não está sendo realista".[11] O ator e a máscara — vejam que indicação interessante: não se trata de o analista fingir que está sendo naturalista, ele pode efetivamente mostrar como está sendo falso para fazer aparecerem determinados semblantes e passar uma determinada verdade.

No teatro, a máscara está ali e o público se emociona, sabendo que é teatro e que por trás dela há um ator que lhe dá voz. Não tente fingir que não é, não tente fingir que é você, mas mostre que você é o analista daquela pessoa fazendo semblante de alguma pessoa, algum personagem da história do analisante, ou de qualquer outra coisa. O analista, como esse ator grego, não deve fazer de conta que não está atuando. Ali é um consultório, é uma análise e você está como o analista, não como o semblante do analista, mas como este que vai ter uma adequação de representação necessária para isso a fim de passar uma verdade e efetuar um ato operatório.

O analista deve, portanto, fazer-se de objeto *a*, que, contudo, como diz Lacan em "O aturdito", é um objeto de aversão ao semblante. Por isso você não tem que fingir que está fingindo. Trata-se de deixar claro o "fingimento". Isso não impede Lacan de dizer, nesse mesmo texto, que o analista, como um grande condutor do jogo, deve fazer semblante de objeto, ou seja, representar o resto de um discurso. Isso diz respeito à representação no sentido teatral, ou seja, de uma mise en scène do objeto *a*, sendo ele, portanto, o condutor do jogo que é, propriamente falando, a análise. Assim, longe de adaptar o sujeito à realidade, trata-se para o analista de representar o objeto rejeitado pela civilização.

Lição 5. Atos dentro e fora do semblante

A IDEIA QUE NORTEIA o raciocínio em torno do binômio ato e semblante é de que não há ato que não seja do semblante, da mesma forma que não há discurso que não seja do semblante, como diz Lacan no título do Seminário 18. Assim, ato e semblante são indissociáveis e constituem cada discurso como laço social. O semblante é o "objeto próprio com que se regula a economia do discurso".[1] Ele acaba associando o semblante ao significante a ponto de fazer coincidir significante, simbólico e semblante de um lado para diferenciá-lo do real.

$$\left.\begin{array}{l} \text{semblante} \\ \text{simbólico} \\ \text{significante} \end{array}\right\} \longrightarrow \text{Real}$$

A oposição do semblante não é com a verdade, e sim com o real. O semblante não se opõe à verdade, pois esta o sustenta no ato do laço social, e sim ao real. Tanto que verdade e mentira também são da ordem do semblante, uma vez que o próprio conceito de verdade/mentira é absolutamente vinculado à fala e à linguagem, com a equivocidade própria ao significante. A verdade perambula na fala e não há fala que não seja equívoca, e por isso o mal-entendido é a característica básica da linguagem.

A verdade sempre pode estar sendo mordida pela mentira, assim como a verdade não pode ser dita por inteiro. O que não quer dizer que ela seja oposta ao real, pois, como aponta Lacan no início do Seminário 17, "a verdade é a irmãzinha do gozo".[2] Ao operar, o semblante tem efeitos de verdade no real, mesmo dentro dessa ambiguidade da verdade e da mentira.

Estamos do lado do semblante, mas o que interessa no discurso do analista são os efeitos de verdade dessa "mentira", esse faz de conta, esse parecer que é o semblante, relembrando que não se trata de um fingimento. A verdade e o semblante em cada discurso são sustentados por uma verdade, e, quando não é o caso, o semblante fica absolutamente inautêntico e não tem efeito de verdade, ou seja, não faz ato.

O ato e dizer

O discurso como laço social é um vínculo que prescinde da fala, mas não do ato. Freud diz que a palavra substitui o ato, por isso a psicanálise, que lida com as palavras, tem efeitos de ato. Ao invés de você matar alguém, você pode dizer "Vai à merda", e assim já está matando simbolicamente a pessoa. Freud diz isso desde os *Estudos sobre a histeria*. O que Lacan mostra é o contrário: todo ato é uma palavra não dita — o que encontramos em Freud com o conceito de ato falho. O ato falho não é propriamente apenas um dito que não foi dito — ele é da ordem de um dizer.

Todo ato sem palavras é da ordem de um dizer, e se é da ordem do dizer está na linguagem, ou seja, quer dizer alguma coisa. Se você está na linguagem ele é ambíguo, um equívoco, está ali no semblante que pode ser verdade ou mentira, mas, se opera, tem efeito de verdade. É aquela coisa que diz "Isso é mentira", mas é verdade. "Isso é verdade", mas é mentira. Não conseguimos escolher se é verdade ou mentira. Todo ato é da ordem do semblante porque todo ato é da ordem de um dizer.

A psicanálise propõe para o analisante transformar o dizer num dito. Ao invés de você ficar repetindo a sua fantasia em atuações, não é melhor formulá-la num dito? Questionaremos também o que é esse atuar do neurótico. O neurótico atua bem no sentido teatral. Ele fica fazendo cenas, repetindo às vezes a mesma cena, ou seja, substitui os seus ditos por um dizer em ato. Esse dizer pode ser um ato ou um sintoma.

Lição 5. Atos dentro e fora do semblante

A atuação neurótica, dentro da literatura, aparece ligada ao *acting out*. O atuar neurótico, ou seja, aquela forma de agir que significa um dito inconsciente, não se reduz talvez ao que a literatura chama de *acting out*, pois além dele temos o automatismo de repetição, que faz a pessoa atuar um dito inconsciente ou aquela cena inconsciente que ela repete. Então, vemos que o sintoma também é um dizer e, nesse sentido, o sintoma é o que equivale à atuação do neurótico. É uma forma de o sintoma dizer algo que ainda não encontrou o seu dito. Freud propõe exatamente que a psicanálise visa restituir a palavra do ato.

Os atos obsessivos e o *acting out* histérico são atos que significam um dizer. A mãe que tem medo de se aproximar da janela com o neném no colo porque teme que ele caia pode substituir esse medo por um ato que vai impedir e ao mesmo tempo instigar aquilo que evita, um ritual que acabe levando-a para perto da janela. O ato obsessivo tem essa característica de evitar e, ao se transformar, ele se aproxima da realização daquele desejo. Nisso, ele se aproxima também da atuação histérica, que é mais explicitamente a realização de um desejo recalcado.

Uma das diferenças técnicas entre Freud e Lacan consiste nessa passagem. Quem deve encontrar o dito que o sintoma quer dizer? Freud propõe uma construção ao analisante sobre o significado do sintoma. Algo como: "O dito de seu sintoma é este". Lacan já propôs algo diferente: o analista, através de seu ato, faz o analisante chegar ao dito de seu sintoma. O ato analítico é um dizer que visa favorecer o dito do paciente, ao invés de ele propor o tal do dito. Trata-se de fazer o sujeito chegar a esse dito a partir do seu ato sustentado no semblante de objeto *a*.

O ato analítico se efetua através do semblante para atingir o real. Aliás, não há outro meio de se atingir o real que não seja por meio do semblante. Encontramos isso no esquema do vacúolo de gozo no Seminário 20, na aresta horizontal, na parte de baixo do triângulo na qual temos a seta que vai do Simbólico ao Real, e essa seta é o semblante.[3]

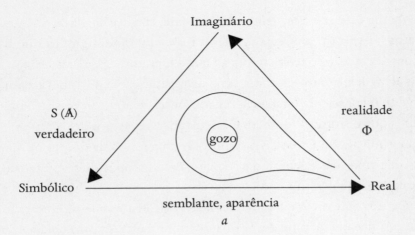

Só temos acesso ao real com o manejo dos semblantes a partir do registro do Simbólico.

Atos fora do semblante

"Todo ato é da ordem do semblante!" — isso não é totalmente verdade, porque há pelo menos dois tipos de ato que não são da ordem do semblante. O primeiro é a passagem ao ato, em que há ruptura com qualquer tipo de semblante, como por exemplo o ato suicida na melancolia ou o ato homicida na paranoia, pois na psicose há falha no semblante, há falta do semblante. E o segundo é o ato sexual, como veremos.

Remeto vocês a um caso clínico que Maria Vitória Bittencourt apresentou no Seminário Ato e Semblante,[4] no qual uma psicótica tentava fazer um jogo de semblante e de laço social, e conseguia, mas logo se rompia; algo do real rompia e não havia conserto. Por quê? Porque o semblante é sustentado pelo Nome-do-Pai.

O semblante mais evidente e "saliente" que temos na sexualidade é o falo. Segundo Lacan, o falo é o gozo sexual "coordenado com um semblante, como solidário a um semblante".[5] O membro sexual do homem pode fazer semblante de falo, e a mulher, ela mesma, pode fazer semblante

Lição 5. Atos dentro e fora do semblante

71

de falo e o homem pode, de modo fetichista, fazer de falo qualquer parte do corpo dela.[6] Para sermos mais exatos e não nos deixarmos guiar pela anatomia dentro de uma leitura sexista, temos de afirmar que qualquer ser falante pode fazer de falo qualquer parte do corpo do parceiro ou parceira sexual e assim fetichizar essa parte. O real do gozo sexual é articulado ao falo como semblante. Na verdade, quantas partes do corpo e quantos objetos podem fazer o semblante do falo, não é? E, por outro lado, qualquer pessoa pode representar o falo para a outra, independente do sexo anatômico e biológico — não precisa ter um pênis na jogada. O falo é o paradigma do semblante, mas para haver falo como semblante é necessário o Nome-do-Pai no lugar do Outro, ou seja, é necessária a estrutura edipiana, sem a qual estamos na psicose. Daí a dificuldade de o psicótico entrar no semblante social, porque estruturalmente ele está fora do discurso, ou seja, fora do semblante.

Vejamos um outro exemplo. Um sujeito de estrutura psicótica recebeu no seu aniversário vários presentes e disse a algumas pessoas: "Não gostei, pode levar de volta que eu não gostei". No final da festa, depois que todos os convidados saíram, a mãe lhe dá a maior bronca: "Você não pode mentir nem uma vez?". Não, ele não podia fazer semblante de que tinha gostado, pois lhe falta essa maleabilidade entre a verdade e a mentira que estão contidas do mesmo lado, do lado do fazer parecer próprio do semblante. No jogo do semblante você pode dizer que gostou do presente mesmo sem gostar, pois de verdade você gostou de receber um presente daquela pessoa e não quer desagradá-la. Ele era incapaz de fazer esse jogo.

Na psicose existe o recurso do *as if*, o "como se".[7] Eis algo para estudarmos: qual a diferença entre o "como se" na psicose e o semblante? O "como se", o *as if*, é uma modalidade de adesão às insígnias do Outro, em que não há intermediação dialetizada, apenas uma identificação imediata. O sujeito toma para si aquela imagem a fim de fazer "como se" fosse homem, "como se" fosse mulher, professor, burocrata etc. Para mudar de semblante, como o ator muda de figurino, é necessário o Nome-do-Pai.

Outro exemplo de fora do semblante é a passagem ao ato, como a bofetada de Dora no sr. K. Recordemos como Dora sustentava o seu desejo naquele romance no teatro histérico familiar que era coreografado por ela e mais três pessoas em seu imaginário, um quarteto formado pelos dois casais. Na verdade, Dora era, como semblante, parceira de todos eles. Ela sustentava o desejo do pai pela sra. K fazendo-se de cúmplice dele; ela era confidente e amiga da sra. K, com quem lia uma literatura pornográfica da época, proibida pelo pai, e ao mesmo tempo se deixava cortejar pelo sr. K.

Dora estava, no seu semblante, no discurso da histérica, manipulando e causando toda aquela estrutura quaternária, atuando (*acting out*) sua fantasia. Quando o sr. K diz que a esposa não significa nada para ele, ela lhe dá uma bofetada e ocorre a ruptura de todos os semblantes. Então ela "roda uma baiana de giletes", corta todo mundo, denuncia que o pai é amante da sra. K com a conivência da mãe e que ele quer prostituí-la. Ela faz uma grande confusão, rompe o pacto social e deixa o real aflorar, causando escândalo e revolta. É como a histérica que espera o dia de Natal com toda a família reunida para fazer aquela ruptura do semblante e denunciar alguma baixaria para a qual todo mundo fazia vistas grossas.

Sobre o ato sexual, ele também não é da ordem do semblante. O ato sexual é a hora da verdade: ou é ou não é, ou se está a fim ou não se está a fim, ou o pênis levanta ou não levanta, ou a mulher fica umedecida ou não — pois a excitação sexual, quando ocorre, toma o corpo. Pode-se até fingir que se goza, mas isso não é da ordem do semblante. A cópula, seja ela como for, não é um ato propriamente dito, pois não faz laço social, não está na ordem dos discursos. Pode se revelar muito triste para o ser humano, que é um romântico incurável, mas o ato sexual não quer dizer nada. O ato é um dizer, o ato sexual não. É onde o semblante não funciona, ou, dito de outra forma, é um ato que não quer dizer nada, ou seja, não é ato.

Uma mulher transa com um cara e no dia seguinte eles nem se falam, e aí cada um constata: foi ótimo, maravilhoso, mas não quis dizer nada. Um ato sexual não está no laço social. Assim como a psicose, o sexo está fora do discurso. O amor tampouco está dentro de um laço social que pudesse ser previsto com seus *settings*, seus acordos, por mais que se tente com o

Lição 5. Atos dentro e fora do semblante

Dia dos Namorados, as bodas de prata ou de ouro. Não adianta. Não há regra nenhuma nem discurso estabelecido que possa determinar a relação amorosa e sexual entre dois seres humanos.

Semblante e "como se"

Voltando ao sujeito que recorre ao *"as if"*, ou à personalidade "como se", podemos dizer que seu recurso pode ser comparado com uma espécie de "semblante psicótico", como um recurso que ele tem para fazer uma tentativa de laço social a partir de determinadas insígnias e sinais que ele capta na cultura.

Há um exemplo bastante antigo da minha clínica: um psicótico que todos no ambulatório achavam que era histérico porque vinha com um tipo de roupa caricatural do "machão". Por não conseguir se colocar na partilha dos sexos, devido à foraclusão do Nome-do-Pai, para ter acesso às mulheres ele se vestia igual às propagandas do cigarro Camel, que eram contextualizadas como aventuras na selva, ou um jipe no deserto, ou um tipo caubói. Ele comprava botas, roupas e parecia uma pessoa de outdoor, tipo Indiana Jones, era esse seu "como se". Por não ter o recurso do significante fálico, que o colocaria na partilha dos sexos entre o todo fálico e o não todo, ele recorria a esse imaginário, símbolos fixados de virilidade. Mas não era só da ordem do imaginário, e sim das insígnias simbólicas do outro do que é ser viril.[8]

Nas entrevistas das apresentações de paciente que pratico no Instituto de Psiquiatria da UFRJ, é interessante observar que a fala dos pacientes é toda direcionada para obter alta. Isso é da ordem do semblante? Eles tentam esconder seus sintomas e fenômenos psicóticos com um semblante de "normalidade", mas rapidamente isso se quebra e o real de uma alucinação ou de um delírio aparece. Devemos nuançar aquilo que Lacan afirma sobre o fato de o psicótico estar fora do discurso. É verdade que ele está fora do discurso, pois os discursos como laços sociais são estruturados como Nome-do-Pai, e, como o sujeito está sob a égide da foraclusão do Nome--do-Pai, ele está fora do discurso. Porém o psicótico faz tentativas de cura com o delírio, ele faz tentativas de entrar no laço social, como demonstrei no meu livro *Psicose e laço social*.

No caso das apresentações de pacientes internados em hospital psiquiátrico, a frequente reticência em falar é provavelmente intencional. Eles devem pensar de forma calculada: "Eu sei que não posso dizer que ouço vozes, não posso dizer que já tive várias internações, não posso dizer que não dormi esta noite, pois se eu falar isso o médico vai achar que estou louco e não vai me dar alta". Então isso é semblante ou é "como se"? O psicótico faz tentativas de entrar no semblante, faz tentativas de entrar no laço social, mas lhe é muito difícil entrar no jogo da dissimulação, da mentira e do escamoteamento, como o neurótico faz. No caso do esquizofrênico, certamente se trata de uma questão estrutural, pois para ele o Simbólico está no registro do Real, o significante é real, e não só na alucinação, e assim tudo é literal. No caso do paranoico, a alienação a um significante ideal lhe confere uma rigidez, na medida em que está retido por um significante mestre com o qual tem uma identificação imediata, ou melhor, é retido por ela,[9] mas isso lhe permite entrar nos laços sociais.

Quantos paranoicos estão nas instituições, no poder ou na burocracia, como empregados ou chefes? Eles sabem o que fazer para se situarem ali. Mas entram no semblante? Não podemos esquecer o jogo da equivocidade e da dialética entre verdade e mentira própria ao semblante.

Muitos paranoicos promovem o laço social, sobretudo quando encarnam totalmente um S_1 e se tornam tiranos que têm certeza do que é o certo. E por causa dessa determinação eles têm um monte de seguidores, pessoas que, como sujeitos divididos, não têm certeza de nada e que, quando encontram alguém com certezas absolutas sobre que rumo tomar, vão atrás como cordeiros, formando uma massa de teleguiados pelo líder. Eles vão atrás de alguém que supostamente sabe o que é o certo. Esses paranoicos são os chefes de seitas que podem até promover um suicídio em massa. Eis a paranoia de massa. Existe a histeria de massa, com seu poder de contágio, e existe a paranoia de massa, com um líder e seu poder de persuasão.

Lição 5. Atos dentro e fora do semblante

O "como se" é uma forma de o psicótico se inserir no laço social. A característica do "como se" não tem nada a ver com delírio. Não é o conteúdo delirante, ele toma determinadas insígnias e símbolos para si e por meio deles se relaciona com o outro. Vemos mães paranoicas com a rigidez de clichês sobre a maternidade — mãe tem que fazer isso, mãe tem que fazer aquilo — e que pegam isso como indicações de como ser mãe. Não se trata de um conteúdo delirante que está em jogo. Ao contrário, é uma forma de entrar no laço, um recurso.

Lição 6. Os meteoros e o trovão

OS APARELHOS DOS DISCURSOS SÃO ARTEFATOS; apesar de naturalizados, os laços sociais são artificiais e, no entanto, operam. Continuemos nosso comentário do Seminário 18 de Lacan, no qual ele diz que "o artefato, é claro, com absoluta certeza, é nosso destino de todo dia, nós o encontramos em toda esquina, ao alcance dos menores gestos de nossas mãos".[1] Pois os gestos são tecidos de linguagem, a mínima coisa que fazemos é um artefato de linguagem.

"Se há um discurso sustentável, ou pelo menos sustentado, nominalmente chamado de discurso da ciência, talvez não seja inútil nos lembrarmos de que ele partiu, muito especialmente, da consideração de aparências."[2] Aparência é justo o semblante. O semblante é um parecer, é uma aparência, que tradicionalmente na filosofia se opõe ao ser. Ele mostra que não há oposição entre o ser e o parecer.

Descartes e o semblante

É a partir de Descartes que se dá o início da ciência, que se funda o sujeito da ciência e, também, o objeto da ciência. Descartes, ao propor um discurso do método científico, diz que se trata de um método de abordar o real e que a partir disso se consegue decifrar o real da natureza.

A primeira aplicação que Descartes faz do método científico é na dióptrica. Para mostrar o discurso do método científico, ele toma algo que é da ordem da pura aparência: o arco-íris. Este aparece no céu quando há certa densidade de gotas de chuva no ar. Trata-se de um semblante da

Lição 6. Os meteoros e o trovão 77

natureza. Continua Lacan: "O ponto de partida do pensamento científico, digo, na história, vem a ser o quê? A observação dos astros. E isso é o quê senão a constelação, ou seja, a aparência típica? Os primeiros passos da física moderna giraram em torno de quê, no início? [...] Eles giraram em torno dos meteoros".[3]

Descartes fez um tratado sobre eles: *Os meteoros*. Lacan parte dessa questão da aparência (semblante) dos meteoros e do arco-íris: "Mesmo as pessoas mais primitivas, ninguém jamais acreditou que o arco-íris fosse uma coisa que estava lá, curva e elevada. Foi como meteoro que ele foi interrogado".[4]

Meteoro, arco-íris e também o trovão são semblantes que encontramos na natureza. Puras aparências que não deixam de ter sua existência. Lacan evoca nesse momento seu próprio texto conhecido como "Discurso de Roma", no qual se refere ao trovão.

> Quando os devas, os homens e os assuras, lê-se no primeiro *Brahmana* da quinta lição do *Bhrad-aranyaka Upanishad*, terminaram seu noviciado com Prajapati, fizeram-lhe esta súplica: "Fala-nos".
>
> *"Da"*, disse Prajapati, o deus do trovão. "Haveis-me ouvido?" E os devas responderam: "Tu nos disseste: *Damyata*, domai-vos" — querendo o texto sagrado dizer que as potências superiores submetem-se à lei da fala.
>
> *"Da"*, disse Prajapati, o deus do trovão. "Haveis-me ouvido?" E os homens responderam: "Tu nos disseste: *Datta*, dai" — querendo o texto sagrado dizer que os homens se reconhecem pelo dom da fala.
>
> *"Da"*, disse Prajapati, o deus do trovão. "Haveis-me ouvido?" E os assuras responderam: "Tu nos disseste: *Dayadhvam*, perdoai" — querendo o texto dizer que as potências inferiores ressoam à invocação da fala.
>
> Eis aí [...] o que a voz divina faz ouvir no trovão: submissão, dom, perdão. *Da da da*. Pois Prajapati a todos responde: "Vós me ouvistes".[5]

Lacan conclui seu texto "Função e campo da fala e da linguagem" com essa fábula da relação dos devas para evocar a função da fala e o pacto da palavra, assim como o reconhecimento do Outro da fala no campo da linguagem.[6] O trovão é a voz de Deus e o trovão fala. Os sujeitos devem ser domados pelo Outro da linguagem através do Nome-do-Pai, submetendo-se à Lei.

O deus do trovão pergunta: "Vocês me ouviram?". O outro pede "Dai", uma invocação do homem para que desse Deus venha um dom. O fundamento do dom é o dom do amor que se expressa pelo ato da fala. O deus do trovão pergunta de novo: "Você me ouviu?". E ele diz: "Perdoai". O homem pede para não ser punido, castrado, e sim perdoado. O que o homem espera do Outro é que ele dê alguma coisa, dê o dom de seu amor e que Ele o perdoe. Lacan não tem ainda, no momento do "Discurso de Roma", a categoria do Nome-do-Pai, mas tudo indica que o deus do trovão, digamos, domado pela fala humana, é o Nome-do-Pai. É por isso que ele se refere aos mitos orientais ali e neste Seminário 18, para evocar o semblante do Nome-do-Pai sob a forma de Deus ou Prajapati.

Voltando ao trovão. Este é um semblante que, ao ser interpretado como a voz de Deus, tem efeitos no real provocando afetos, sejam de medo, reverência ou submissão.

"O meteoro mais característico, o mais original, aquele que sem sombra de dúvida está ligado à própria estrutura do que é o discurso, é o trovão."[7] Então, o trovão como semblante do discurso, do próprio discurso.

Não há Nome-do-Pai que seja sustentável sem o trovão, que todos sabem muito bem que é um sinal, mesmo não sabendo sinal de quê. Essa é a própria imagem do semblante. É nessa medida que não há semblante de discurso. Tudo que é discurso só pode se dar como semblante, e nele não se edifica nada que não esteja na base do que é chamado de significante. Sob a luz em que hoje o produzo para vocês, o significante é idêntico ao status como tal do semblante.[8]

Chamo a atenção de como o conceito de semblante está vinculado ao conceito de discurso como laço social, e Lacan faz equivaler aqui o semblante ao próprio significante. E qual o significante que Lacan toma como o paradigma do semblante?

Lição 6. Os meteoros e o trovão

O Nome-do-Pai

O Nome-do-Pai, assim como o trovão, é um semblante, é o semblante da lei, da interdição do incesto. A introdução do Nome-do-Pai no lugar do Outro como resultado da metáfora paterna faz o sujeito entrar no mundo dos semblantes e, por conseguinte, no mundo dos discursos como laços sociais. Na psicose, devido à sua foraclusão, o sujeito não consegue fazer semblante, existe uma dificuldade de entrar no semblante. Se todo laço social é da ordem do semblante por causa do artefato do aparelho de gozo que permite ao sujeito entrar em contato com o outro, o psicótico é fora do discurso, daí a sua dificuldade de entrar no semblante de professor, de aluno, para dar um exemplo, e até mesmo nos semblantes sexuais.

No meu livro *Psicose e laço social*, mostro que há na psicose tentativas de entrar nos discursos e estabelecer laços sociais, mas estruturalmente existe uma impossibilidade lógica de o psicótico circular nos diferentes discursos e de fazer semblante.

A partir do momento em que aparece no mito a relação do homem com o Outro divinizado, este se torna o lugar da lei. Esse Outro ($\mathbb{A}$) vai ser o Outro das leis e dos mandamentos, esse Outro ao qual se é submetido, o Outro do dom e o Outro do perdão; isso porque houve a introdução do Nome-do-Pai no Outro. O Outro da linguagem se torna o Outro da lei pela introdução do Nome-do-Pai no lugar do Outro. Só que esse Nome-do--Pai é da ordem desse semblante, como aparece na evocação no discurso da mãe. Não há algo mais da ordem do semblante do que uma mãe dizer para o filho assim: "Para de mexer aí com a sua coisinha porque senão o seu pai vai te bater", ou "o seu pai vai arrancar". "Não faça isso senão eu vou contar para o seu pai quando ele chegar." Trata-se de um semblante que opera simbolicamente e tem efeito real: a angústia de castração.

O mesmo com o trovão: "Está vendo? Não falei que Deus iria ralhar com você? O trovão é a voz de Deus esbravejando".

$$\frac{NP}{DM} \cdot \frac{DM}{X} \longrightarrow NP \left(\frac{A}{-\varphi} \right)$$

Metáfora paterna.

Ao ser introduzido o Nome-do-Pai (NP) que vem barrar o Desejo da Mãe (DM), é aí que o significado do desejo da mãe (X) adquire seu sentido. O resultado é a instalação do Nome-do-Pai no lugar do Outro, ele furou o Outro e produziu a significação fálica inserindo o sujeito no âmbito da castração.

Então, esse Nome-do-Pai como semblante tem a função de barrar o Outro. É ele que vai significar algo, como o trovão, produzindo também, como a voz de Deus, os dez mandamentos na mitologia judaica.

Há um real primeiro e ele pode ser chamado de Desejo da Mãe ou o gozo da mãe ao qual a criança está submetida, sendo apenas um mero objeto dela, dos seus caprichos. Então vem o Nome-do-Pai barrar esse real. Essa é a forma de abordar o real pelo significante que é da ordem do semblante. O Nome-do-Pai, como semblante, vem dar um nome ao real do desejo da mãe, ou seja, trata-se de uma operação de significantização. Só que essa operação não é total, ela deixa um resto, que Lacan chama de objeto *a*. Estruturalmente, de toda forma, há um resto desse real não significantizável ou, nos nossos termos, um real não semblantizado, é o resto da operação que é o objeto *a* que aparece como voz e olhar. Esse resto da operação do sujeito é que o analista coloca como semblante em seu ato para efetuar a operação analítica.

Melancolia

Há um quadro clínico em que acontece a queda dos semblantes: são os estados depressivos e em particular a melancolia. Nesta há uma queda total dos semblantes. Quando ficamos deprimidos é muito difícil entrar no semblante, ficamos um trapo, jogados na cama, como um objeto caído, sem conseguir entrar nos laços sociais. Sem o semblante, nos diz o melancólico de forma desvelada, não passamos de um dejeto, somos seres miseráveis, frágeis e impotentes. Freud se perguntava: por que temos que adoecer a esse ponto para nos darmos conta daquilo que de fato somos? É o que nos mostra o melancólico despido de qualquer semblante. Às vezes não dá para

Lição 6. Os meteoros e o trovão

fazer semblante, às vezes não dá para entrar no laço social, pois estamos estacionados no autismo do gozo, quando a palavra nos falta para significantizar o real e fantasiar o desejo. Na melancolia o sujeito está extraviado de seu desejo e, sem recurso aos semblantes, ele se vê diante de um real despido, de um corpo mortificado, petrificado pela pulsão de morte sem poder pular de semblante em semblante como fazem os neuróticos, por não terem à sua disposição o semblante fundador do Nome-do-Pai.

Quando Freud diz que na melancolia "a sombra do objeto caiu sobre o eu",[9] podemos ler que o sujeito está identificado com o objeto perdido, ou seja, ele entra nesse lugar do dejeto, daquele que foi abandonado, que está desamparado, nesse vácuo do objeto. E não é sem dificuldade que tentamos fazer o melancólico segurar-se em algum semblante — como algum significante do desejo — para sair desse nada, desse buraco em que se encontra. Freud nos aponta que há um trabalho de luto para sair desse lugar que é estrutural, pois você entra nesse real onde é muito difícil fazer um semblante. Um luto no qual se trata de passar em revista as lembranças, as imagens, enfim, as palavras que sustentaram a relação com esse objeto perdido representado pela pessoa amada que se foi. Trabalho que se dá com a semblantização sob a batuta do Nome-do-Pai.

Lição 7. O céu do quadro-negro

DESCARTES DESCREVEU, em *Dióptrica*, o arco-íris através de uma série de curvas e vetores, transformando aquilo que é da ordem do semblante em fórmulas matemáticas, e assim nasceu a óptica, a partir da sua postura científica diante da natureza. E, diante do fogo aceso e flamejante, ao se interrogar sobre a veracidade daquela percepção, se aquilo não era fruto de sua imaginação ou um Deus enganador, chegou à conclusão de que a única certeza que tinha era a de sua cogitação sobre o assunto, com um pensamento do tipo "Eu contemplo a mim mesmo contemplando o fogo e percebo que estou pensando". E assim nasceu o famoso cogito cartesiano. Penso, logo existo; penso, logo sou — diz ele nas *Meditações metafísicas* —, fundamento do pensamento científico. Do semblante do fogo adveio a ciência.

O semblante na natureza

A nuvem, o arco-íris e o trovão são da ordem do semblante, e o homem opera a partir disso uma metaforização, como o trovão como metáfora do Nome-do-Pai, também um semblante por ser um significante em relação ao real do acontecimento do trovão como um fenômeno físico da natureza. O próprio conceito do Ser se desvanece em sua teorização, ou seja, as coisas ditas naturais são da ordem do parecer, do faz de conta que é algo da ordem da linguagem. "O semblante dentro do qual o discurso é idêntico a si mesmo é um nível do termo *semblante*, é o semblante na natureza."[1]

Lição 7. O céu do quadro-negro

Isso coloca uma questão para Lacan: qual é o referente da linguagem? Qual é o referente de um significante? Se o que temos é o significante sobre o significado, onde está a Coisa à qual ele se refere? Não tem, está fora do símbolo linguístico. Lacan ilustra isso no livro 1 do Seminário, quando cita o elefante. O som da palavra "elefante" traz o significado elefante, mas onde está o elefante? Ele está no zoológico, na selva. Mas o simples fato de falar "Elefante" traz toda a dimensão elefantina, com seu peso e suas características. Da mesma forma a natureza. Nós falamos "Nuvem", onde está a nuvem? A nuvem está no céu, a nuvem não está aqui, mas quando falo "Nuvem", eu presentifico a nuvem, eu trago a nuvem. Essa é a propriedade da linguagem de trazer a natureza como referente no seu significado e no seu significante.

Eis a "pegadinha" de Lacan quando encontra o paradigma do semblante na natureza, como a nuvem, o arco-íris, o meteoro, e diz paradoxalmente que o semblante é artefato, depois mais adiante que o semblante não tem nada de artefato. Ele diz: "Serei um idealista pernicioso? Isso me parece inteiramente à margem da questão. Comecei por depositar a ênfase — e que ênfase, pois disse o contrário do que tinha a dizer! — em que o discurso é o artefato".[2]

No entanto, Lacan não quer passar a ideia de que o semblante é uma fabricação falsa. Trata-se de mostrar que o semblante faz parte da estrutura da linguagem e dos discursos como laços sociais. Ele então se corrige: "O que introduzo com isso é exatamente o contrário, porque o semblante é o contrário do artefato. Como fiz observar, na natureza o semblante é abundante". A meu ver, Lacan denega que o semblante seja um artefato para mostrar que ele existe na natureza, como o arco-íris. De toda maneira, o caráter não naturalista do semblante como um artefato de linguagem é, a meu ver, uma referência incontornável. Um artefato não quer dizer falso, ele funciona por ser sustentado numa verdade.

Nosso céu, hoje em dia, num mundo dominado pelo discurso da ciência, pode ser reduzido ao quadro-negro. O céu é todo mapeado de astros, de estrelas que não existem mais, pois já se conhece a velocidade da luz etc., assim o céu foi para o quadro-negro. Nesse sentido, o céu que vemos tão lindo em noite estrelada é da ordem do semblante. Ninguém tem mais essa ilusão de que vamos conhecer as coisas vendo-as. Você só as conhece — ou pelo menos tenta — através do discurso sobre elas.

Lacan poderia ter mudado o título do seminário; em vez de ser "De um discurso que não fosse semblante", ele poderia dizer "Todo discurso é semblante", pois é isso que ele trabalha e demonstra todo o tempo. É tão semblante que a natureza é semblante. A natureza é esse parecer ao qual só temos acesso através do semblante, e para saber mais sobre ela vamos ao quadro-negro, ou melhor, ao computador. Em todas as mitologias mais "arcaicas" ou mais primitivas se nomeia toda a natureza. É por não ter acesso à natureza que o homem a nomeia e inventa mitos sobre ela, sua origem e estrutura.

Lacan evoca a questão da linguagem e do semblante propriamente ditos comentando que "é curioso que os linguistas não vejam que todo uso da linguagem, seja ela qual for, desloca-se na metáfora, que só existe linguagem metafórica".[3]

Desde o momento em que você atribui um significado qualquer a um significante, você está metaforizando. Ouve-se "Elefante" e eu penso na vizinha obesa que odeio, outra pessoa pensa num filme de safári, outra sente medo, outra ri etc. Não se sabe o objeto ao qual o signo linguístico se refere. Daí não importar tanto o referente elefante, ou minha vizinha, ou a floresta, ou o zoológico, cada um tem o seu elefante, o que o nome "elefante" evoca para cada um. Por sua natureza, o significante evoca sempre um referente. Qual? Estamos sempre à procura do referente, queremos entender o que é aquilo a que a pessoa está se referindo. E ainda Lacan: "É da natureza da linguagem — não digo da fala, digo da própria linguagem — que, no que concerne à abordagem do que quer que seja que o signifique, o referente nunca é o certo, e é isso que cria uma linguagem".[4]

Na verdade, toda linguagem é metafórica porque o significante como tal define os seus significados a partir de outro significante, exatamente a fórmula da metáfora, a fração S'/S. Vejam como estamos aproximando a linguagem do semblante e do parecer, já que o referente sabe-se lá qual é. E Lacan vai mais longe ao afirmar que:

Lição 7. O céu do quadro-negro

Toda designação é metafórica, não pode fazer-se senão por intermédio de outra coisa. Mesmo que eu diga *Isso*, apontando-o [seu charuto], já implico, por tê-lo chamado de *Isso*, que escolhi fazer apenas *Isso*, embora isso não seja *Isso*. Não podemos omitir que é um fato de linguagem dizer *Isso*. O que acabo de designar como *Isso* não é meu charuto. [...] — esse significante pode muito bem ser o único suporte de alguma coisa.[5]

A metáfora é a forma própria do semblante. E quando Lacan diz que "só existe linguagem metafórica", podemos acrescentar que toda palavra é da ordem do semblante, na medida em que faz parecer que ela se refere a alguma coisa, que a metaforiza.

Nesse seminário, Lacan é muito explícito, ele afirma que o semblante é simbólico. Na verdade, o simbólico promove a semblantização do real, nada mais do que uma colocação do real na linguagem, é isso que o discurso da ciência fez com a natureza e fez conosco, homens e mulheres. Não temos acesso à natureza porque o real é semblantizado, é uma forma do aparecer, da manifestação da natureza através do discurso. Aliás, o projeto da ciência é a colonização total do real, o que é impossível. Quanto aos discursos como laços sociais, eles são aparelhos de gozo porque vão significantizar o real do gozo estabelecendo os agentes — o agente do poder, do saber, o sujeito do desejo e o analista — como semblantes.

O ato analítico também está evidentemente na linguagem, e isso para além das palavras do analisante e da interpretação do analista. O ato não está na fala necessariamente, mas é um fato de linguagem. Um ato sem palavras está no campo do gozo que, ao ser aparelhado pelos discursos, engloba o campo da linguagem.

Sabemos com Freud que as palavras equivalem aos atos, assim como os atos equivalem às palavras, e foi dessa forma que começou a psicanálise. O garoto na escola xinga a professora de "burra e feia" ao invés de matá-la de tanto ódio que sentiu ao ser chamado à atenção em sala de aula. O ser humano encontra na linguagem o substituto da ação, com seu auxílio o afeto pode ser "ab-reacionado": ao invés de você jogar aquele gozo do afeto de ódio num ato, você joga na linguagem e xinga. Eis o efeito catártico das palavras por elas carrearem o gozo. A catarse visa a evidenciação, acentuar, expressar o afeto.

O que é a catarse, no sentido freudiano? É passar o afeto para a fala. É significantizar o gozo. O que ele chamava de ab-reação nos primórdios da psicanálise é uma forma de passar aquele gozo, aquele afeto para a fala, e quando fala o sujeito tem a mesma descarga afetiva que teria ao efetuar o ato. É uma forma de veicular o seu gozo dentro da fala. Eu posso fazer a mesma coisa em ato sem dizer uma palavra, por isso Lacan diz que os discursos dos laços sociais são na verdade "discursos sem palavra", mas que estruturam as relações entre as pessoas. A fala não é necessária para o laço se constituir, mas a linguagem sim; o ato é a mesma coisa, sendo que é ele que institui o laço.

A performance

Lacan, nesse seminário sobre o semblante, recorre ao ideograma chinês do macho e da fêmea e em seguida ao ideograma do agir. Ele conclui que a língua, cada língua, *lalangue*, é uma competência em si que tem a linguagem a se expressar. Só podemos demonstrar a eficácia e a competência de cada língua ao ser exercitada, ou seja, ao ser falada, ao entrar no que ele chama de uma performance dessa língua no momento em que ela é colocada em ato. "Só existe uma maneira de prová-lo: é a performance."[6] A competência de uma língua é sua performance, é a maneira como cada um a utiliza. Diz Lacan: "Foram eles [os linguistas] que deram esse nome a isso. Eu não, não tive necessidade. Eu a desempenho, a performance, ao criar a performance de lhes falar da metáfora, e, naturalmente, eu os tapeio". O que acontece nessa performance é a produção de gozo, é a produção do mais-de-gozar. O termo de performance se aproxima do fazer semblante no ato.

Ao produzir através da minha língua a performance da metáfora — o elefante —, eu produzo o mais-de-gozar, esse mais-de-gozar que faz todo mundo rir quando falo do elefante e da vizinha. O charuto de Lacan pode me remeter ao charuto do meu avô e a alguma cena com ele

Lição 7. O céu do quadro-negro

no deslizamento metonímico. Assim, a performance da língua produz o mais-de-gozar, ou seja, produz o objeto ao promover o desencadeamento da cadeia significante. Se eu representar esse re-envio de significante em significante, que é próprio da associação livre, a um vetor, temos que essa direção é vetorizada pelo objeto *a*. Tomem o Isso da fala de Lacan como uma referência ao objeto *a*. Eu diria que o Isso freudiano é um dos nomes do objeto *a* de Lacan. O Isso é o reduto da singularidade do sujeito. É ele que guia e vetorializa a semblantização das coisas, ou seja, a significanti-zação do real. O objeto *a* é o suporte da metonímia. Portanto, o suporte da linguagem não é o referente, é o objeto *a* que está sempre escapando à apreensão pela linguagem.

Por outro lado, a metáfora é da ordem do semblante. Se Lacan diz que toda linguagem é metafórica, podemos acrescentar que toda linguagem é da ordem do semblante, na medida em que a metáfora é a representação na linguagem por um significante para outros significantes. Metáfora vem do grego — *metaforo, meta* é ir para além do lugar e *foro* é lugar, então me-táfora corresponde a um transporte. A metáfora, na verdade, transporta o gozo. A metáfora é sempre um transporte de gozo. O sintoma-metáfora é um semblante que transporta o gozo da fantasia. Uma obra de arte é um semblante que transporta o gozo estético, por exemplo, o quadro de uma maçã (que é uma metáfora da fruta natural) é um dispositivo artístico que transporta para o espectador a satisfação pulsional do pintor que fez o quadro, ou seja, transporta o gozo estético para o espectador do quadro, levando-o a fruir do objeto artístico.

O semblante do sintoma

Quando Lacan retorna a Freud, nos anos 1950, com o inconsciente estru-turado como uma linguagem, trata-se de uma abordagem do ser humano como ser da linguagem, o sujeito como ser da linguagem. Mais tarde, no livro 17 do Seminário, *O avesso da psicanálise*, que é um divisor de águas em seu ensino, Lacan propõe trabalhar algo para além do campo da linguagem: o campo do gozo estruturado pelos discursos. Ele retoma várias definições desses elementos com os quais vem trabalhando — o S_1, o S_2, o objeto *a* e o sujeito que vão entrar como elementos do discurso. Então, a definição de cada um desses elementos a partir do campo do gozo muda.

Dentro do campo da linguagem, o S_1 é o significante primordial; o S_2 é o segundo significante que equivale ao saber; o sujeito é o significante pulado da cadeia e aquilo que um significante determina para o outro significante; e o objeto *a* é o resto fora da linguagem, é causa de desejo.

No campo do gozo, o S_1 se transforma como aquilo que vem comemorar a erupção do gozo, como significante traumático, que está ali sempre comparecendo e traumatizando o sujeito e promovendo a irrupção do gozo. Não é mais o significante que faz barreira ao gozo, mas o significante que traz o gozo. O S_2 é um meio de gozo; o objeto *a* é o objeto condensador de gozo, o mais-de-gozar; e o sujeito é uma resposta real — o sujeito é o efeito da operação em que o organismo é tomado na linguagem.

Então, são definições que abordam esses elementos a partir do real. O sujeito está dentro dessa definição, mas não deixa de ser "aquilo que um significante representa para outro significante". Por exemplo, o significante mulher pode representar o sujeito para o significante homem. Assim, o sujeito é sujeito do significante, mas é também uma resposta do real. É o sujeito sintomático que Lacan articula com o sintoma. Não há sujeito sem sintoma, o sujeito tem uma marca de gozo, tem um corpo. Esse sintoma é uma metáfora de gozo, um semblante que utiliza os significantes para transportar o gozo.

Inclusive veremos, na passagem do sintoma, o sintoma como metáfora para o sintoma como real:

> Freud percebeu que existia o sintoma. É aí que estamos. O sintoma é aquilo em torno do qual gira tudo de que podemos — como se costuma dizer, se essa palavra ainda tivesse sentido — ter ideia. O sintoma: é por ele que vocês se orientam, todos vocês. A única coisa que lhes interessa e que não é um completo fiasco, que não é simplesmente inepta como informação, é aquilo que tem o semblante de sintoma.[7]

Lição 7. O céu do quadro-negro

O sintoma é um sinal do próprio real que aparece sob a máscara de um sintoma. E ele acrescenta: "É só isso que há de seguro: há coisas que nos dão sinal e das quais não compreendemos nada".[8]

É o sintoma não só como um nó de significações que se debulha, puxando todas as significações como se faz numa análise, mas ele também tem ali um nó de real, um gozo que vai sendo significantizado pela associação livre e se desloca, desfazendo e reduzindo o gozo do sintoma, mas sempre restará algo desse "sintoma que é a maneira como cada um goza do inconsciente na medida em que o inconsciente o determina".[9]

Lição 8. Não há análise sem semblante

Voltamos aqui aos três tipos de ato e à sua relação com o semblante. Cada um dos três — o ato analítico, o *acting out* e a passagem ao ato — tem uma relação diferente com o objeto *a*. O ato e o objeto *a*, o objeto *a* e o semblante. No ato analítico, temos o que Lacan nos deixou e que é bastante enigmático. Vamos ver qual é a relação do sujeito com o objeto *a* e a relação do semblante com o *acting out* e a passagem ao ato.

Já posso adiantar que estamos no semblante com o *acting out* e estamos fora do semblante com a passagem ao ato, isso é uma dimensão importante. Podemos dizer que no ato analítico e no *acting out* estamos na cena, na passagem ao ato estamos fora da cena, é o termo que Lacan usa, "a cena", no Seminário 10, *A angústia*.

Em cena
$\begin{cases} \text{semblante de objeto } a - \text{ato analítico} \\ \text{semblante do sujeito} - acting\ out \end{cases}$

Fora da cena: fora do semblante — passagem ao ato

Como não há discurso que não seja do semblante, assim como todo ato que faz laço social é promovido por um agente no lugar do semblante, não nos furtaremos a afirmar que o *acting out* está no discurso histérico assim como o ato analítico está no discurso do analista.

O semblante exposto

O âmbito do semblante é o âmbito da cena, da performance. É o que nos indica Lacan em vários momentos de seu ensino. A começar pelo momento em que lança o conceito de semblante, para deixar bem claro que nada da atuação do ser falante é "natural", tudo é encenação quando se trata de laços sociais e de seus atos correspondentes. Pois "não há um discurso sequer no qual o semblante não comande o jogo".[1] Portanto, histérico e analista são os atores nas cenas dos discursos, ao lado dos professores e governantes.

E como analista Lacan nos incita à performance, a usar com força o semblante no ato analítico. E, além do mais, "com naturalidade"!

Eis uma indicação precisa para os analistas que estão naquele momento assistindo ao seu seminário certamente pasmos com essa autorização ou até mesmo com a seguinte orientação de Lacan:

> Não vejo por que o mais recente, o discurso analítico, escaparia a isso. Mesmo assim, não é uma razão para que, nesse discurso, sob o pretexto de que é o mais recente, vocês se sintam pouco à vontade, a ponto de fazer dele, segundo o uso no qual se enfiam seus colegas da Internacional, um semblante mais semblante que natureza, exposto.[2]

Depois da referência dos semblantes da natureza, ele fala para os analistas fazerem um semblante *plus semblant que nature*, isto é, você pode achar que uma coisa é mais natural do que o natural, só que aqui é o contrário, é mais artificial do que qualquer coisa do mundo natural. Em suma: façam semblante, representem, montem a cena, façam teatro.

Dentro das técnicas de interpretação teatral temos o naturalismo, baseado no que Émile Zola inaugurou na literatura transportado para o teatro por André Antoine, em que se tenta bancar que se é aquele personagem, enquanto a outra técnica, proposta por Bertolt Brecht, é o distanciamento, no qual você mostra que não é aquele personagem, mas sim o ator fazendo aquele personagem. Na primeira, o ator representa com verossimilhança o personagem; na segunda, o ator não deixa de ser ele mesmo como sujeito e apresenta de forma distanciada o personagem. Essa segunda técnica me parece a mais apropriada para o semblante do analista. Ao fazer uma interpretação você não vai fingir que é mãe ou pai, dar uma de pai ou uma de mãe. Você pode mostrar através do ato como a mãe ou o pai falaria aquilo para aquele sujeito.

No livro *Trabalhando com Lacan* há vários exemplos de analistas que foram analisantes dele fazendo exatamente isso. Por exemplo, Marie--Christine Laznik relata que estava havia um tempo faltando à análise e de repente ela recebe um telefonema de Lacan imitando a voz de uma mãe falando para a filhinha: "Oh, minha menininha, quando você vem me ver?". Ela morreu de rir, entre o riso e a angústia. Não era Lacan falando normalmente, era Lacan falando como se fosse um pai ou uma mãe falando com sua filha. Ela identificou imediatamente a voz de sua mãe, com quem tinha uma relação conflituosa e que dependia dela (ela relata que tinha uma relação superambígua com a mãe viúva, sentia que a abandonava e não suportava a dependência da mãe em relação a ela). Ela voltou logo para análise e esse episódio a fez avançar muito na sua relação com a mãe.

Com isso, podemos dizer que ele fez o semblante da mãe. Ele falou como se falasse com um neném, usou o semblante da voz, que eu acho uma dica muito interessante, que é o tal do semblante do objeto *a*. Ele usou a voz da mãe, fazendo uma representação bem canastrona. Lacan poderia falar a mesma coisa com a voz dele normal, digamos assim. Mas não, ele usou um semblante exposto, ele não estava fingindo nem disfarçando, e sim mostrando que representava. Isso é para vermos que a dimensão do semblante vai muito mais longe do que podemos imaginar à primeira vista.

Somos aparências que falam. Somos semblantes falantes. Quem é o homem? É o semblante que fala como espécie animal. Olhem que interessante, o semblante é como se fosse a sua segunda natureza, ou melhor, o semblante é a nossa "natureza". Ele coloca o discurso do analista, realmente, como da ordem do semblante. O ser humano é um semblante que fala. E como ele circula nos discursos, faz semblante o tempo todo. Lacan

Lição 8. Não há análise sem semblante

dá poucas dicas técnicas para o analista ao longo de seu ensino, mas aqui ele fornece uma: "Então, sejam mais descontraídos, mais naturais, quando receberem alguém que venha lhes demandar uma análise".[3] O que ele está falando tem a ver com naturalismo? Não, nós estamos falando do semblante. Usem naturalmente o semblante... sem medo de serem inverossímeis ou ridículos.

Lacan, um clown

Eu quero comentar um trecho de "A terceira", uma intervenção que Lacan faz em Roma em 1974, portanto depois do seminário intitulado *De um discurso que não fosse semblante*. É um texto fantástico em que ele condensa uma série de coisas e avança em outras, apontando justamente para a encenação como operação da qual o analista lança mão.

> Não se sintam forçados a dar-se ares de importância. Mesmo como bufões, vocês estão justificados de sê-lo. Basta ver minha *Televisão*. Eu sou um clown. Tomem isso como exemplo e não me imitem! O sério que me anima é a série que vocês constituem, vocês não podem ao mesmo tempo pertencer e ser.[4]

Lacan diz: *"Je suis un clown"*. Vocês certamente já viram Lacan em *Televisão*, ele é realmente muito afetado, não há como negar que está numa representação. *"Vous n'avez qu'à regarder ma* Télévision. *Je suis un clown."* Ele está ali fazendo teatro o tempo todo. Repete: "Eu sou um clown". É forte uma pessoa falar isso. Há algo da desidealização do analista, ao mesmo tempo que ele aponta: "Pessoal, usem o semblante". É claro que ele não é um palhaço, mas se faz de palhaço. Contudo, ao mesmo tempo que diz "eu sou um palhaço, não tenham vergonha de ser bufões", ele está apontando essa característica do analista-ator que age no semblante e está falando isso de uma forma seríssima. O semblante não é uma brincadeirinha que se oporia à seriedade. Lacan indica que efetivamente o sério é aquilo que faz série, que tem uma constância, uma regularidade, e que se impõe na temporalidade. O semblante é sério quando faz série na constância do trabalho do analista na direção do tratamento analítico.

O termo *clown* em inglês é mais digno do que palhaço. O clown (o bobo) de Shakespeare é o personagem digno porque brinca o tempo todo com as palavras para fazer emergir a verdade que ninguém diz. Ele é o sábio. Nas tragédias e nas comédias, ele é por onde a verdade chega. Tomemos por exemplo o clown que acompanha o rei Lear em sua decadência e até sua morte, não sem anunciar e alertá-lo: "Seu velho ridículo", "Você está distribuindo a herança para as suas filhas achando que elas cuidarão de você na velhice e olhe o que elas podem fazer com você, vão te largar". Fala as coisas que parecem mais absurdas, mas de uma forma engraçada, espirituosa, brincando com as palavras, com chistes e piadas, e dizendo as maiores verdades. Também Molière em suas peças debochava da corte por meio das ridicularizações das comédias, apontando os descalabros da sociedade da época. Leiam *O médico contra sua vontade* e *O doente imaginário* e verão do que estou falando.

Veremos de que se trata nesse texto "A terceira". Ele mostra o uso do semblante de um modo técnico, e ridiculariza o que seria essa identificação com o analista e até com ele mesmo: "Não me imitem". Isso é muito importante, no sentido de que cada um encontra em seu estilo de fazer os semblantes que tiver de fazer. Aliás, na França encontramos muito analistas que imitam Lacan, é muito engraçado, para não dizer ridículo. Também se vê gente fazendo semblante de analista, ou seja, encarnando algum estereótipo do analista-padrão, o qual sabemos que não existe.

Em outro trecho de "A terceira", Lacan fala sobre o fundamento da repetição. A repetição significante tem algo do real que faz com que as coisas voltem sempre ao mesmo lugar. A ênfase é posta aqui naquilo que retorna, é o lugar que se descobre, esse é o lugar do semblante. "Eu o disse, inicialmente, sob essa forma: 'O real é o que retorna sempre ao mesmo lugar'. A ênfase deve ser colocada no 'retorna'. É o lugar que ele descobre, o lugar do semblante."[5] Assim, esse semblante está no lugar do real. "É difícil instituí-lo meramente a partir do imaginário, como a noção de lugar parece inicialmente implicar."[6] Vejam isso: o semblante não se confunde

Lição 8. Não há análise sem semblante

com o imaginário, ele é do registro do simbólico — o simbólico que comparece no lugar do real. E ele deixa a indicação de que o próprio conceito de lugar já implica o semblante, mostrando que o semblante localiza o real.

Assim, o semblante de objeto proposto como lugar do analista é uma forma de localizar esse objeto que escapa à linguagem. Isso resolve o paradoxo de como é fazer semblante (uso do simbólico) de algo que não é da ordem do significante, que é o objeto *a*. É muito mais fácil você fazer semblante de professor, daquele que sabe, pois basta tomar a palavra diante de alunos que todo mundo acha que você sabe alguma coisa, ou você fazer semblante do amo, do senhor que comanda, porque você usa a palavra, você ordena. Notamos que nesses dois discursos os agentes são significantes (S_1 e S_2). Porém fazer semblante de objeto *a* é mais complicado. Esse semblante é que vem no lugar do real que volta sempre ao mesmo lugar. Há, portanto, algo do semblante que é possível estar no lugar do real. Existe aquilo que retorna sempre ao mesmo lugar, que é o lugar que o analista deve ocupar.

Eu queria chamar a atenção de vocês para um trecho mais adiante nesse "A terceira" em que Lacan fala do semblante em relação ao objeto *a*: "Não há nada mais no mundo além de um objeto *a* — bosta ou olhar, voz ou teta —, que refende o sujeito, caracteriza-o nesse dejeto que ex-siste ao corpo". Portanto, o objeto *a* é esse objeto que "ex-siste" — na sua existência fora do corpo. E continua: "Para fazer semblante dele é preciso talento. É particularmente difícil. É mais difícil para uma mulher do que para um homem, ao contrário do que se diz". O termo "talento" nos remete à arte, no caso à arte de representar, ao teatro, à representação teatral, ao jogo de cena. Será mais difícil para uma mulher *bancar* o objeto *a* do que o homem, na medida em que a tendência da mulher é a de *ser*? Ou seja, ser a causa de desejo para um outro, seja homem ou mulher? O que é diferente de bancar o objeto olhar, voz, merda, e olhar para o analisante. "Que a mulher seja o objeto *a* do homem" de vez em quando, "isso não quer dizer de modo algum que ela goste de sê-lo. Mas, enfim, acontece. Acontece de ela se parecer com isso naturalmente."[7]

Surpreende Lacan dizer que as analistas, por serem mulheres e estarem mais acostumadas a esse lugar de objeto, talvez tivessem mais facilidade para ocupar o lugar de semblante de objeto *a* na análise. No entanto, ele diz que não, que isso pode ser uma dificuldade. Eu trouxe isso para pensarmos que esse fazer semblante, "bancar" o objeto *a*, não é bancar efetivamente o objeto de desejo como uma mulher na caça, numa paquera, numa performance de azaração, fazendo-se desejar. Fazer semblante de objeto *a* no discurso do analista é bancar o objeto causa de desejo de saber do paciente, não para fazê-lo desejar sexualmente o ou a analista, e sim para querer saber sobre a causa de seu sofrimento. Para tal, Lacan nos indica que o analista faz isso de maneira ostensiva, banca seu semblante de forma explícita.

Em seu texto no livro *Trabalhando com Lacan*, Marie-Christine comenta também que houve um momento de parada das associações dela, quando ficou aquele silêncio no consultório, e então de repente ela sentiu que Lacan se aproximava e que ela só ouvia a respiração dele. Ela faz algumas referências a esse semblante de Lacan, esse resto de voz que é o arfar de uma respiração. É muito interessante porque, ao abordar esse tema, abre-se um leque de perspectivas muito grande em termos do que é o ato analítico, o que é o lugar do analista, e as possibilidades de sua estratégia de jogar com os semblantes para efetuar o ato. E haja talento! Isso abre a perspectiva da arte dos semblantes do analista.

Interpretar não sem o semblante

Como situar a interpretação do analista, aquilo que ele efetivamente fala para o analisante, dentro da tática do ato e da estratégia dos semblantes? Para que a interpretação seja um ato analítico, deve necessariamente estar vinculada ao semblante de objeto *a* da parte do analista.

Estamos mais acostumados a pensar o texto da interpretação — o que se diz —, o conteúdo da interpretação. Mas ao lermos e estudarmos a interpretação a partir dessa posição do analista como semblante do objeto *a*, podemos dizer que a interpretação só se dá a partir de um semblante, ou seja, a maneira como o analista diz a interpretação. Isso se coaduna com o

Lição 8. Não há análise sem semblante 97

conceito de interpretação em Lacan. Ele sempre lutou contra a concepção da interpretação como uma hermenêutica, como uma forma de dar sentido à fala do analisante, ou seja, contra a interpretação como atribuição de sentido.

Desde o texto "A direção do tratamento e os princípios de seu poder", Lacan aponta que o desejo é sua interpretação, ou, dito de outro modo, que a interpretação é do desejo, ou seja, a interpretação tenta nomear o desejo que é o verdadeiro referente da cadeia significante; no entanto, ele escapa a se deixar nomear, pois é um córrego que segue a cadeia de significantes. O desejo é falta-a-ser. Mas sem a interpretação não se sabe do desejo. A falta que é estrutural e move o desejo é a visada da interpretação, na primeira teoria de Lacan no campo da linguagem.

Vejamos a passagem em que Lacan fala sobre isso, referindo-se à pintura de são João Batista feita por Leonardo da Vinci que se encontra no Museu do Louvre. "A que silêncio deve agora obrigar-se o analista para evidenciar, acima desse pântano, o dedo erguido do *São João* de Leonardo, para que a interpretação reencontre o horizonte desabitado do ser em que deve se desdobrar sua virtude alusiva?"[8]

O que é o horizonte desabitado do ser? É o real porque desabitado, é onde o homem está fora do seu habitat. Heidegger mostra, em *Ensaios e conferências*, que o habitat do homem é a linguagem, inclusive foi Lacan quem traduziu o texto "Logos" de Heidegger para o francês, onde o autor diz, exatamente, que a habitação, a casa do homem é a linguagem. Então o homem, quando está no seu habitat, está na linguagem; ao apontar para o horizonte desabitado do ser de linguagem, ele está apontando para a falta. Mas hoje podemos acrescentar que é nesse horizonte desabitado do ser que está o objeto *a*. O objeto *a* é um dos nomes da pulsão de morte, lá onde a linguagem desertou, onde vive o silêncio.

A interpretação não é para produzir sentido, e sim ondas, como o mar, ondas de associação, ou seja, abrir cadeias novas de significantes, desfazer os nós de significação. Como ele dirá mais tarde: "A interpretação analítica não é feita para ser compreendida; ela é feita para produzir ondas".[9] No livro 17 do Seminário, Lacan diz que a interpretação está entre o enigma e a citação, ou seja, não é o analista que dá a resolução do enigma do sujeito. Ele coloca o enigma do sujeito a partir de uma citação dos próprios enunciados do analisante. O analista enigmatiza o que o analisante diz — eis a interpretação a partir do enigma e da citação. É um modo de interpretação propriamente lacaniana, que não vemos em Freud. É muito diferente de dizer ao analisante o que significa tal coisa que ele está falando.

Freud fazia mais interpretações significativas a seus analisantes, ou seja, ele lhes propunha construção teórica em relação a um sintoma, por exemplo. A interpretação como citação é citar o próprio texto do analisante. Só que, ao fazer o enigma com exatamente as mesmas palavras do analisante, mas com outra maneira de falar, ou seja, com outra enunciação, o analista está interpretando, pois está usando a sua voz, usando sua enunciação e falando daquele determinado lugar que é o lugar que você deve tentar ocupar de semblante de objeto.

A interpretação como equívoco linguístico[10] — outra indicação de Lacan —, longe de apontar, de fechar um sentido, abre o sentido usando o cristal da língua. Ela pode também apontar o furo do sentido. Ela abre para múltiplas significações e ao mesmo tempo aponta o furo do sentido. É importante percebermos que, quando falamos, já estamos interpretando no sentido teatral.

Lacan mantém na psicanálise o termo "interpretação" para se referir à fala do analista, mas é um termo que, na verdade, se presta à confusão. Quando você diz "Fulano interpretou tal coisa", a primeira coisa que se pensa é que ele disse que isso quer dizer aquilo, ou seja, deu um sentido ou uma explicação àquilo que foi dito. Como é que você interpreta os seus sonhos? Se sonhou com um cachorro morto significa que você, autor do sonho, tem o desejo de matar seu pai. Eis uma interpretação de sentido. Mas sabemos que, para Freud, a interpretação do sonho está nas associações que ele desencadeia no sujeito, que pode até levar a isso, mas é uma associação do próprio sujeito.

Lacan subverte o próprio conceito de interpretação a ponto de nos perguntarmos por que ainda se chama a isso de "interpretação", pois não tem mais nada a ver com a interpretação de um texto como uma exegese

Lição 8. Não há análise sem semblante

ou uma hermenêutica. A interpretação em Freud é muito mais próxima da construção, como ele mesmo desenvolve no texto "Construções em análise", no qual fala da importância da construção do lado do analista e do lado do sujeito. É claro que numa análise você constrói a sua ficção, a análise lhe dá a oportunidade de construir a sua vida, de você se historizar, mas não quer dizer que é o analista que o faça. O analista faz o analisante fazer essa construção, que ele chama de histero-histerização.[11]

Por outro lado, ao pensarmos a interpretação analítica a partir do semblante, devemos tomá-la como "interpretação" no sentido teatral do termo. O que é a interpretação teatral? Trata-se de dizer um texto com uma determinada intenção falando do lugar do personagem. Mas na verdade isso pode ser feito com qualquer texto. Posso ler uma frase de Lacan de mil maneiras, ou seja, posso interpretar esse texto de mil maneiras. O próprio Lacan chegou a dizer: "Posso fazer uma palavra dizer qualquer coisa que eu queira". Tudo depende da maneira como vou dizer essa palavra.

Na verdade, a interpretação só se dá a partir do semblante. Porque um texto, como tal, é uma letra morta quando está dentro de um livro. Ele só adquire vida na medida em que você fala e, quando fala, já está interpretando. Para ser mais radical, eu diria que falar é interpretar. Posso falar uma palavra de milhares de formas.

É a partir da posição de semblante que aquilo que o analista disser terá função interpretativa, ou seja, ao se deixar guiar pelo semblante de objeto *a*. Nem sempre dá certo. Haja análise e haja talento. Mas o analista tem que se permitir o uso dos semblantes, ou seja, da representação teatral. Quanto mais você se "des-subjetiva", que é o trabalho de uma análise, quanto menos você estiver na função de analista como sujeito, quanto menos você estiver ali com o seu sintoma, mais apto você estará para bancar o clown para o outro.

Por isso é importante o analista construir o caso e saber como se situar e traçar sua estratégia dos semblantes. Na minha experiência como diretor de teatro, percebo que num ensaio do teatro, às vezes, saem coisas que o ator nem sabe de onde vieram, mas ele está ali bem posicionado e sai algo novo, criativo e interessante para a cena. Só depois você sabe se estava num bom lugar ou se funcionou. Só depois sabemos se uma interpretação teve efeitos. Mas o lugar em que o analista deve se colocar precisa ser pensado e construído em relação a cada caso, para saber qual é o lugar que você deve se situar em relação à transferência do analisante.

Freud talvez não se preocupasse tanto com essa questão de onde o analista vai falar como Lacan, e ficava mais preocupado em saber onde o analisante estava colocando o outro, isto é, a transferência, e normalmente ele respondia do lugar do pai, dando a direção, dando o caminho a seguir, a construção de sua subjetividade. Estou exagerando, eu sei, mas é o que Lacan muitas vezes considera. No entanto, podemos nos interrogar e pesquisar as interpretações de Freud em seus casos clínicos.

Parece-me que temos uma tendência de fazer uma diferença entre Freud e Lacan a esse respeito — um pouco radical, generalista, caricata —, que talvez Freud tenda mais a bancar o pai e Lacan nos propõe a bancar o objeto a para os analisantes. De toda maneira, é sempre do lugar do semblante: seja semblante de Pai como autoridade, ou seja, semblante de S_1, de papai-sabe-tudo como semblante de S_2, ou semblante e objeto a.

Ao falar, estamos sempre interpretando. Mesmo numa fala cotidiana, você está interpretando a partir da sua personagem, a partir da máscara que está usando naquele momento, de seu ego. Uma mulher, por exemplo, fala com determinado semblante com seus colegas de trabalho, com outro semblante com a atendente de uma loja, com outro ainda com seus funcionários, e assim por diante. Pode ser inclusive o mesmo texto, mas a voz muda, a maneira de falar se transforma, todo o seu corpo será outro a cada ocasião. De uma forma bem geral, no cotidiano, o falar é interpretar no sentido teatral, porque você usa a sua enunciação. Não é só o texto que você fala, é a pausa, é o modo de dizer, o ritmo, o andamento, o volume etc. Em suma, estamos sempre no semblante. Falar é interpretar.

Lição 9. O semblante no cinema

É A PARTIR DO SEMBLANTE que a interpretação psicanalítica é feita, ou melhor, atuada, no sentido de uma representação teatral, a qual não se opõe ao verdadeiro. Ela se dá no âmbito de uma transmissão teatral com base numa verdade. No teatro, se um ator não interpreta seu personagem de uma forma verdadeira, não convence ninguém de que o personagem está ali em ação. Com o semblante do analista ocorre a mesma coisa, ele tem que ter uma verdade para fazer laço e sua interpretação ter efeito.

Há dois filmes que eu aconselho para vocês estudarem a questão do semblante: *Habemus papam*, comédia dramática italiana dirigida por Nanni Moretti, e *L'Apollonide: Os amores da casa de tolerância*, de Bertrand Bonello, a história de um bordel do começo do século xx. Gostaria de comentá-los um pouco com vocês.

Temos um papa!

O *Habemus papam* começa com os cardeais fazendo um concílio fechado para eleger um novo papa, mas ninguém quer ser papa. Feita a contagem dos votos, finalmente um pobre coitado é escolhido. Mas no momento em que chega diante da praça de São Pedro para seu primeiro pronunciamento, ele não consegue dizer nada e então recua, sofre um ataque de pânico. Entra no discurso do histérico, fica completamente dividido, grita e sai correndo.

Então chamam um psicanalista numa sessão em que todos os cardeais ficam em volta olhando o novo papa. Mas há muitas restrições nesse encontro: não se pode falar de sexo, não se pode falar da infância, não se pode perguntar o nome do papa e este não pode fazer associação livre. É claro que não deu certo. O papa foge do Vaticano, se despe de suas roupas eclesiásticas e vai para a cidade, misturando-se com as pessoas comuns. Vai consultar anonimamente uma psicanalista. Esta diz que ele tem um "déficit de acolhimento". Quando a psicanalista pergunta qual a profissão dele, o papa responde que é ator. De fato, ele queria fazer teatro quando era pequeno e o impediram, quem foi fazer teatro foi sua irmã. Ele ficou danado da vida e foi ser padre. Vemos que ele não consegue ser ator fazendo o personagem do papa, ele não consegue entrar, digamos, na convenção do *setting* de papa para entrar no semblante de papa e atuar — porque ninguém é propriamente papa, um padre vira papa, exerce a função, o papel de papa — e ele não consegue, portanto, fazer o semblante de papa.

Há muitas coisas interessantes no filme que não são desenvolvidas, mas conta-se primeiro que ele queria ser ator e, quando vai com toda uma escolta no consultório da psicanalista e tem a primeira entrevista com ela, logo em seguida foge. Todo mundo fica desesperado, ele então entra na vida cotidiana como um ser anônimo. Ele se hospeda num hotel onde está um grupo de teatro e no meio da noite um dos atores tem um surto psicótico e vai para um hospital psiquiátrico, achando que é efetivamente o personagem da peça *A gaivota* do Tchékhov, fazendo uma identificação imediata com ele. Nosso papa frustrado fica acompanhando os ensaios e doido para participar, mas ninguém dá a mínima para ele. Tudo isso de forma anônima.

Enquanto isso, no Vaticano, o psicanalista que fez a entrevista com o papa fica preso ali, ninguém o deixa sair. O porta-voz do Vaticano, que é a relação deles com o mundo externo, não pode dizer que o papa fugiu. Eles contratam um sujeito da guarda que tem o físico parecido, e este fica nos aposentos do papa e de vez em quando passa pela cortina para que o povo que está na praça do Vaticano "veja o papa", como se ele estivesse realmente ali. É o guarda fazendo semblante de papa. E todo mundo acredita, os cardeais pensam que o papa está ali em seus aposentos recuperando-se do susto de ter sido eleito papa e prestes a assumir e todos ficam tranquilos.

Vejam que interessante, pois basta a presença de um S_1, um significante mestre, para constituir um grupo como tal, no caso o Vaticano. Mas o ser

Lição 9. O semblante no cinema 103

humano é tão bobo que acha que é preciso que esse S_1 seja encarnado por uma pessoa. Não há Vaticano sem o papa — eis a convenção. Mas na verdade o que segura a estrutura do grupo é o S_1 que é representado pela sombra que passa na cortina balançando que denota a presença de alguém nos aposentos papais.

Finalmente acontece a estreia da peça *A gaivota* e o ator psicótico volta a assumir o papel, a fazer o semblante do personagem. Como? Existem psicóticos que conseguem entrar no semblante, mas não totalmente. Ele entra no discurso de que maneira? Ele não faz semblante de ser o personagem com o necessário distanciamento entre sujeito e o semblante que ele representa. Ele é efetivamente aquilo que ele representa. No filme, o ator não consegue se diferenciar do personagem que encarna. Ele sai do teatro e continua a ser aquele personagem.

Essa relação do sujeito com o semblante é diferente do neurótico e do psicótico, ou seja, deles com o discurso que é do Outro, o Outro da linguagem, o Outro do significante. No caso do psicótico, o significante vira real, não é apenas uma representação, é uma identificação imediata. O filme é muito bem-sucedido nisso: podemos ver o psicótico representando o papel no palco, sair dali e continuar representando o papel como se não fosse um papel, e sim a sua vida. Ele não consegue ter o jogo de cintura ou a possibilidade de circulação entre os discursos. Ele não consegue entrar na "dança dos discursos", segundo a expressão de Lacan.

Antes da estreia, durante os ensaios, no meio da noite ouve-se uma balbúrdia. É o psicótico surtando dentro do papel de seu personagem. O papa, então, começa a dialogar com ele dentro do contexto da peça porque sabia a fala de todos os personagens de cor. Ele entra no diálogo teatral de personagens com o sujeito e é isso que consegue acalmá-lo. O ator entra na ambulância e o papa entra no grupo de teatro, doido para pegar aquele papel. Vemos aí uma identificação histérica, que é a identificação pela via do desejo — o desejo do desejo do outro. Ele se identifica com o ator interpretando aquele personagem que ele gostaria de fazer e cujo papel sabe de cor.

No dia da estreia o teatro está cheio, o ator representando seu papel e o papa na plateia, quando, de repente, os cardeais invadem o teatro. Os atores interrompem a peça. E os espectadores começam a aplaudir. Os atores pensam ser para eles, mas é para o papa que está na plateia. Ele foi identificado. Tudo para e podemos ver o deslocamento do foco do palco para a plateia.

No Seminário 10, o seminário da angústia, um dos exemplos da emergência da angústia dado por Lacan é quando o espectador, que está na posição de voyeur, se vê visto pelos atores. Ou então quando de repente jogam uma luz sobre ele, que estava ali no escurinho da plateia e é pego em seu anonimato. Essa coisa de teatro interativo, em que todo mundo morre de medo de ser chamado para subir ao palco. E o que acontece é isso, o papa está no anonimato e de repente vê que o Vaticano está inteiro ali e ele é então acuado, não tem jeito. Ele tem que fazer o semblante de papa na marra: "Você foi escolhido por Deus! Nós somos representantes d'Ele. É a vontade divina. Você não pode fugir às suas responsabilidades". Não existe a possibilidade de sujeito dividido, papa não tem desejo. Ele é, então, empurrado para fora do teatro e levado a entrar no papel que não queria.

Voltamos então à cena da investidura simbólica do papa na praça São Pedro que está repleta, todos ávidos para ouvir o papa. Ele agradece o voto de confiança feito por Deus, mas diz que não dá conta. Ele, como sujeito dividido, se opõe a esse S_1, o qual não consegue ocupar. O sintoma dele fez objeção ao que poderíamos chamar de uma alienação ao S_1, ou seja, assumir aquele S_1. No caso do papa, o sintoma gritou mais alto do que o desejo de poder, de encarnar o S_1 do discurso do mestre do Vaticano. Podemos também interpretar que o desejo dele era o de ser ator, ou seja, de poder experimentar diversos semblantes na cena teatral, mas não naquele palco, não no palco da Igreja.

L'Apollonide

O outro filme, belíssimo também, é *L'Apollonide*, que se passa no começo do século XX, sobre o último grande bordel, luxuosíssimo, com mulheres bem-vestidas, com joias e perfumes. Elas entravam no bordel aos dezesseis anos e de lá não saíam mais porque iam se endividando com a cafetina.

Lição 9. O semblante no cinema

O filme nos leva para o funcionamento do bordel, uma vida horrorosa, pois as mulheres se prestam às fantasias dos homens, se entregam por completo e acabam se ferrando fisicamente. Ao mesmo tempo podemos ver o dia a dia delas, o que têm que fazer para manter o corpo em forma, para tirar o esperma da pele e outros procedimentos humilhantes e cruéis. E também a relação de amizade entre elas, as consequências do corte dos laços com a família e com toda a sociedade, vivendo totalmente entre si. Uma vez por ano vão todas juntas para um piquenique.

Podemos ver a montagem e a desmontagem do semblante de cada uma, o semblante para ser objeto de desejo e atrair os clientes. Cada uma se prestando à fantasia do cliente como objeto de desejo do outro. Tinha uma mulher que fazia o semblante de uma boneca porque o tesão do homem era transar com uma boneca, a outra tinha que contar histórias, a outra vinha de gueixa. Na hora do trabalho, não há mais sujeito dividido, são mulheres maravilhosas, lindas, deslumbrantes e sem história a serviço dos homens. A sífilis vai aparecendo no rosto de uma delas e o filme começa a mostrar a irrupção de um real terrível que o semblante não consegue mais escamotear. Emerge o real das contas. Elas estão doidas para sair dali, mas não podem, pois estão endividadas com a cafetina que foi lhes emprestando dinheiro para comprarem os adereços de seus semblantes, sem os quais não podiam trabalhar.

Podemos ver no filme uma comunidade feminina muito parecida com a de um convento. Vocês se lembram de que Freud, na *Psicologia das massas*, situa a homossexualidade masculina como cimento do grupo, fala da homossexualidade masculina como o laço entre o grupo, nesse tipo de grupo de igreja ou exército — o amor entre os iguais, os que se identificam entre si numa identificação horizontal, diferente da identificação com o líder. Na massa, não importa se anatomicamente são homens ou mulheres, estão todos e todas do lado do todo fálico das fórmulas quânticas da sexuação. Lacanianamente falando, são todos homens. O que é contado é um a um como falo, por isso é que no grupo, em princípio, não há diferença sexual. É *hommosexuel*, grafia proposta por Lacan no Seminário 20, usando *homme* (homem no sentido de homem, mas também de humano), que traduzo por *homensexual*, para se referir ao lado todo-fálico.[1]

Se o cimento do grupo é a homossexualidade masculina é porque o que une as pessoas aí é a lógica fálica, ou seja, da exceção que faz a regra, da exceção lugar onde está o líder, que se destaca do grupo com um S_1 e que constitui todos os outros sob sua liderança como iguais. Eu estou retraduzindo como *homensexual* o que Freud chama de cimento da homossexualidade masculina. Não importa se é homem ou mulher, mas o que faz a ligação entre eles é o falo. Todos contabilizados um a um no seu gozo fálico que é, assim, coletivizado com a importância do líder que está nesse lugar. E que eles vão se identificar com a pessoa que encarna o S_1 e que está no lugar do líder. Cada um por si só se sente, "se acha" o significante que representa esse grupo — a igreja ou o puteiro, todos fazem parte dela, assim como os indígenas fazem parte da aldeia: há o chefe da aldeia que está com um cocar de águia e então todos são da aldeia das águias. A libido que une aqui é uma libido fálica, do um a um, que é a libido vinculada à linguagem, que nomeia e faz grupo.

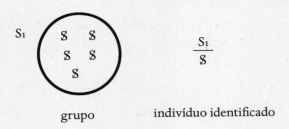

grupo   indivíduo identificado

Lacan, no seminário da angústia, fala de coletividades baseadas numa homossexualidade feminina, uma coisa totalmente diferente. É algo do feminino que é composto no clima do bordel que aparece no filme, que tem sempre algo de uma figura externa, a figura dos homens, tem algo da cumplicidade de ser objeto, que uma vai ajudando a outra a se enfeitar em seu semblante. Ela é desvelada pela cumplicidade, pela solidariedade e por códigos secretos que se estabelecem entre as mulheres que se agrupam. Como exemplo da homossexualidade feminina de grupo, Lacan aponta

Lição 9. O semblante no cinema 107

as Preciosas[2] — movimento literário de mulheres do século XVII citado muitas vezes nos textos sobre o feminismo. Lacan considera no movimento das Preciosas o eros da homossexualidade feminina, o qual vai no sentido contrário da entropia social — eis o que ele nomeia como um dos efeitos sociais da homossexualidade feminina. No cimento de grupo do bordel vemos a solidariedade dessa "homossexualidade feminina"[3] ao se cuidarem e se preocuparem umas com as outras, e se ajudarem no trabalho de montar seus semblantes de se fazer de objeto para um homem, amor entre elas que não passa pelo sexo. Inclusive há uma marca de diferença da homossexualidade masculina para a feminina: a masculina é muito caracterizada pelo sexo (atividade sexual) e a feminina pelo amor, o que não quer dizer — por favor não reduzam isso a um estigma nem a um preconceito — que não haja amor entre homens e sexo entre mulheres. Mas há um empuxe à fetichização do corpo do outro (necessário ao ato sexual) naqueles que se encontram no lado todo-fálico, o dito lado homem das fórmulas da sexuação.

Comparando os dois filmes, podemos pensar que há dois tipos de grupo neles. Em *Habemus papam*, existe aquele grupo chamado por Freud de "artificial" do S1, encarnado pelo personagem do papa que não quer ser papa. O papa como instituição é um S1, e o sujeito que o encarna é seu semblante. E no filme *L'Apollonide* há a cafetina que encarnaria o S1 do bordel e é caracterizada como mãe, os dois filhos dela estão no meio do bordel. É diferente de um convento de freiras que, pela disciplina e regras a cumprir, é composto de freiras que são "homens", mas elas têm como líder a madre superiora que se confunde com o lugar de mãe. De toda forma, em ambos os filmes há a questão muito forte do semblante de uma forma diferente.

Voltando às Preciosas, no seminário da angústia Lacan fala da "função social" da "homossexualidade feminina" e no seminário da ética dá o exemplo do movimento das Preciosas, mulheres que não chegavam a ser putas, mas que eram também cortesãs e faziam parte da corte. Tinham entre elas um código gestual para falar dos homens, como o movimento do leque, a forma de se maquiar, de usar pintas etc. E como os homens acabavam decifrando os códigos, isso passou para a linguagem e a fala entre elas. As Preciosas inventavam um vocabulário super-rico e metafórico para falar entre elas e não serem entendidas pelos homens.

Esse manejo do vocabulário rebuscado se repercute na peça *As preciosas ridículas*, de Molière. As burguesas tentavam imitar as cortesãs na sofisticação da linguagem gestual e falada e ficavam mais ridículas do que as aristocratas. Na verdade, elas denunciavam o ridículo do comportamento das nobres. O linguajar foi então se sofisticando cada vez mais. Lacan chama a atenção disso sublinhando que esse movimento tinha uma função social. Qual seria? Um movimento feminista? Não passa por sexo entre elas, mas tem uma cumplicidade libidinal do lugar de semblante de objeto de desejo, fazer-se desejada pelo outro. Procedimento social histérico? Função social da histeria?

É outra forma de fazer grupo o que Lacan propõe. Em Freud, o grupo é masculino e pronto, tem uma forma de fazer grupo, é pelo líder que manda em todo mundo. Então, nos dá a impressão de que Lacan mostra outra forma de fazer grupo diferente do convento, da madre superiora que manda em todo mundo. É outra coisa, o movimento das Preciosas é um grupo sem líder.

No filme, todas as prostitutas no bordel tinham dívidas, todas deviam dinheiro, porque eram obrigadas a estar na moda e sempre belíssimas, os vestidos não podiam ter uma manchinha. Elas eram todas marcadas pela falta, não eram marcadas pelo Um, pelo falo, mas marcadas pelo $-\varphi$ (menos *phi*), pela castração. Todas tinham sempre um a menos, um -1 significando uma falta. No grupo dito feminino a falta coletiviza também, assim como o significante a falta coletiviza, ou seja, são todas marcadas por essa falta, a falta do dinheiro para comprar a liberdade. A sensualidade estava no salão com uma finalidade, pois todas estavam à espera de um amor, de alguém que fosse comprar suas dívidas e tirá-las de lá.

Com esses dois filmes, quis mostrar para vocês a construção e o uso dos semblantes e sua função social na formação de grupos. E como o semblante é essencial para a composição da cena.

Lição 10. A histeria e a cena

VOLTEMOS À QUESTÃO DA CENA, que é fundamental para a montagem e desmontagem do semblante. O fazer semblante é equivalente a uma encenação, no sentido mesmo teatral do termo. E quem melhor do que os histéricos para nos ensinar sobre a encenação? A encenação verdadeira do sintoma que faz laço social situando o histérico como um ator que se apresenta para o espectador fazendo laço com ele. Trata-se de uma encenação que põe em dúvida sua autenticidade — ele está fingindo ou é verdade? Está sofrendo ou é brincadeirinha? A psiquiatria se interessou pela histeria a partir da interrogação sobre o semblante. Não nesses termos, claro. Na Grécia antiga, a histeria era considerada uma manifestação do útero, uma manifestação das tripas, do interior do corpo sem controle do sujeito, algo que vinha, portanto, de dentro, desse Outro que é o útero de uma mulher, símbolo do desejo sexual e do desejo de ser mãe, de ser penetrada, de engravidar e de ter filhos. Os gregos, ao associar as manifestações histéricas com o útero, viam aí algo da libido feminina posto em cena, portanto mais inspirador para os psicanalistas do que aquilo que os psiquiatras em seguida fizeram com a coitada da histeria. Com o desenvolvimento do pensamento científico e a separação do falso e do verdadeiro, a partir do pensamento cartesiano a comando da nascente psiquiatria, a histeria foi colocada no âmbito do falso, da simulação, do engano.

Thomas Sydenham, situando-se contra a teoria uterina e adepto da sede cerebral da histeria, confere-lhe uma definição que constitui em si mesma a negação de qualquer possibilidade de definição:

Essa doença é um Proteu que toma uma infinidade de formas diferentes; é um camaleão que varia sem fim suas cores. [...] Seus sintomas não são somente em número muito grande e muito variado, eles têm também isso de particular entre todas as doenças, o fato de que não seguem nenhuma regra nem nenhum tipo uniforme, e não são senão um ajuntamento confuso e irregular: daí resulta que é difícil fazer a história da afecção histérica.[1]

Ele diz ainda que se trata de uma doença enganadora:

Imita quase todas as doenças que ocorrem no gênero humano, pois em qualquer parte do corpo em que ela se encontre, ela produz imediatamente os sintomas que são próprios dessa parte; e se o médico não tem muita sagacidade e experiência, ele se enganará facilmente e atribuirá a uma doença essencial e própria a tal ou qual parte, sintomas que dependem unicamente da afecção histérica.[2]

A grande imitadora

Sydenham diz que a histeria é uma grande simuladora. E essa simulação se encontra na própria definição da histeria, que é o tal do fazer de conta, o semblante. É um semblante evidenciado, visível, palpável como o que ocorre no ataque histérico em que o espectador se pergunta sobre sua veracidade, diferente dos semblantes dos outros discursos como o do mestre e o do universitário, em que o semblante pode ser mais escamoteado. Mas pode ser bem verossímil como uma determinada dor persistente que leva os médicos a operar o paciente e não encontrar nada. Um braço faz de conta que tem uma doença neurológica, como uma paralisia — é o braço que faz de conta, como se não pertencesse ao sujeito, diante do qual parece indiferente —, é a famosa "bela indiferença" da histeria. Houve um deslizamento significante perpetrado pela psiquiatria que associa histeria à simulação, tendo como resultado o deslizamento da doença simuladora para o sujeito simulador, enganador, "ator". Wilhelm Griesinger, médico alemão, um dos fundadores da psiquiatria alemã, descreve:

Lição 10. A histeria e a cena

São doentes detestáveis, que são de uma estranha sensibilidade, apresentam uma suscetibilidade exagerada, a menor crítica os afeta, são facilmente irritáveis, trocam de humor pelo mínimo motivo ou mesmo sem motivo algum; alguns são mentirosos, ciumentos, desordenados, adoram fazer maldade.[3]

Vejam como vão sendo construídos o preconceito, a repulsa e o caminho para a discriminação dos histéricos por uma autoridade "científica", fornecendo argumentos pseudológicos para a segregação dessas pessoas. E ainda mais:

As histéricas se afogam nas mais bizarras suposições, as mais falsas, as mais ridículas e as mais injustas. Como o amor pela verdade não é uma virtude predominante de seu caráter, elas jamais expõem os fatos dentro da realidade deles e enganam seus maridos, seus pais, seus amigos, assim como seus padres, confessores e seus médicos.[4]

Essa característica da falsidade, do engano, da representação, da simulação, da mentira, ou seja, de um semblante fabricado para enganar e trapacear, é algo que marca para sempre a histeria. Mas, como já vimos, o semblante histérico tem por base uma verdade, como todo semblante que como agente de um discurso faz laço social. Portanto o semblante, vale lembrar, não é da ordem da mentira, como até hoje se considera quando se trata de histeria.

Charles Lasègue, alienista francês do século XIX, fala que "as leis que predominam nas evoluções patológicas não se adaptam a ela [à histeria]; a exceção, nesse caso, não confirma a regra, mas ela mesma se torna a regra e a característica". Cada histeria tem uma regra, então não há regra nenhuma. E Charcot dá uma dignidade à histeria; ele se contrapõe e diz: ela é verdade. É uma doença verdadeira e tem leis e regras, só que ele inventa a grande histeria com todas as suas fases, do ataque epilético — e que Freud desloca completamente: é verdadeiro sim, tem suas leis, e são as mesmas leis que regem os sonhos.

Esse passo foi fundamental para arrancar a histeria do âmbito da mentira e colocá-la no âmbito da verdade. Mas Freud recoloca a histeria na ordem da mentira, no *Projeto para uma psicologia científica*, em que fala pela primeira vez do *próton pseudos*. Charcot arranca a histeria do âmbito da verdade e Freud a joga no âmbito da mentira, só que uma mentira verdadeira. E então começamos a entrar no que é propriamente o âmbito do semblante, que é a tal da mentira verdadeira ou a verdade mentirosa.

O que é interessante e que, a meu ver, foi necessário para a histeria ser arrancada do âmbito da mentira é que eles inventaram um dispositivo absolutamente artificial, que foi o teatro de Charcot. E que foi a própria teatralização num dispositivo de apresentação no qual o público é presente, é nomeado, no qual o que está em jogo é a mostração — que mais do que uma demonstração é a operação de mostrar algo para o outro, pôr em cena algo que se quer dar a ver ao outro. Com a mostração para o outro, o que está em primeiro plano é estabelecer a verdade mostrando-a, mesmo se usarmos o recurso da mentira. Encontramos em Shakespeare essa mostração com a metáfora da pesca — com a isca da mentira pesquei a carpa da verdade. Essa imagem é de Hamlet, o qual já imaginava que o tio tinha matado seu pai para ficar com a mãe dele. E o pai, o fantasma, disse a ele que havia sido morto pelo irmão, o qual desejava ficar com a mãe dele e se tornar rei. E que Hamlet tinha que vingá-lo. Hamlet inventa o dispositivo do teatro para pescar Cláudio, seu tio, assassino de seu pai. Como o fantasma do pai contou como ele tinha sido envenenado pelo irmão quando dormia, Hamlet, o filho, dirige uma cena em que os atores encenam exatamente isso. E Cláudio, ao ver a cena que escancara seu ato assassino, levanta-se indignado, interrompe o espetáculo e com isso se incrimina. Esse dispositivo da peça dentro da peça traz, segundo Lacan, a dimensão da "verdade como estrutura de ficção".[5]

Eu diria que, como Charcot, Shakespeare faz o teatro dentro do teatro histérico. Ele insere a histeria, que já é teatral, dentro do teatro. Hamlet faz o teatro dentro do teatro, que é essa estrutura da cena dentro da cena, algo que interessa muito a Lacan e mostra as diversas camadas do que podem ser a verdade e a mentira, uma representação de uma representação. Então

Lição 10. A histeria e a cena

é tudo mentira? Não, é a partir dessa representação que se capta algo da verdade. Lacan, no livro 10 do Seminário, *A angústia*, mostra a função da cena dentro da cena.

Para entender a relação do dispositivo representação da representação — que é a cena dentro da cena — com a psicanálise, basta lembrar do primeiro nome do inconsciente, que é a Outra Cena. Essa outra cena é a cena dentro da cena. Nessa cena que estamos aqui, conscientes, cada um de nós tem outra cena, tem seu teatrinho que também está funcionando, porque o inconsciente não para de funcionar o tempo todo. Você está prestando atenção à aula e de repente pensa em outra coisa e perde o que foi dito.

Nós somos determinados por essa Outra Cena que está sempre presente na cena. E, de certa forma, a questão da cena (*the play in the play*), que já é um recurso bastante usado no próprio teatro, desvela uma teatralização do inconsciente e nos situa no semblante imediatamente. Eu estou aqui representando, porque sou professor, estou no discurso do histérico, do universitário, às vezes do mestre... vou variando.

Essa articulação é justamente o que Lacan coloca como o semblante que, para fazer laço social, nos quatro discursos, tem que estar sustentado por uma verdade dirigida aqui ao espectador. Por estarmos no dispositivo teatral, dirigido ao Outro, semblante dirigido ao Outro. Mas não há ato que não seja do semblante. Para que haja ato você precisa representar alguma coisa. Não existe um puro real ou uma pura verdade no ato; para que haja o ato de ensinar, psicanalisar e fazer desejar é necessário o semblante, e isso, a meu ver, quem melhor mostra é o discurso do histérico, como laço social.

$$\uparrow \frac{\$}{a} \xrightarrow{\ \ } \underset{//}{} \frac{S_1}{S_2} \downarrow$$

Freud apresenta no início de seu estudo sobre a histeria uma noção fundamental para abordar a suposta enganação da histeria: "a primeira mentira", o que conhecemos com o nome em latim de *próton pseudos*. Tomemos o exemplo de Emma. O sintoma de fobia de loja — ela não conseguia entrar em lojas e o primeiro motivo mais evidente era o medo dos vendedores, por ela mesma evocado. Emma entrou um dia numa loja e os vendedores riram dela; a partir desse momento a coitadinha sentiu-se vítima de escárnio e nunca mais entrou em loja alguma. Freud diz: mentira. Qual é a verdade? Emma foi tocada em seu sexo, por cima da roupa, aos oito anos de idade numa loja e seu abusador ficou rindo dela. Episódio que ela recalcou: tanto a recordação da cena, ou seja, sua representação significante, quanto o gozo experimentado na hora. E eis que isso retornou aos treze anos. Ela entrava sempre em várias lojas, era consumista, e um dia aconteceu isso, por quê? Porque Emma se deparou com uma cena em que compareceram os mesmos elementos significantes da cena traumática: a loja e os homens rindo dela. Então, essa conjunção de determinados significantes se reatualizou aos treze anos de idade. O riso, a roupa, a loja: é isso que é o desencadeamento do sintoma. A maioria dos neuróticos toma o desencadeamento do sintoma como a sua causa primária, e é essa a mentira: tomar o segundo tempo do sintoma como sendo o primeiro. É o semblante do sintoma assentado na verdade do gozo. Sabemos que todo sintoma é dividido em dois tempos: o primeiro tempo, o traumático, e o segundo, sua reatualização e a constituição propriamente falando do sintoma como retorno do recalcado.

Então, nós temos o significante que se repete. O caso Emma é um ótimo exemplo do que é a definição do S_1 (significante mestre) no campo do gozo: o significante que marca a irrupção de um gozo. Trata-se do gozo vinculado ao trauma que se repete. No campo da linguagem, o significante é definido como aquilo que barra o gozo. No campo do gozo, o campo que estamos estudando, o campo dos discursos e do semblante, é um significante que, longe de barrar o gozo, na verdade traz o gozo, é portador de gozo. São duas definições diferentes do significante, porém eu diria que são duas propriedades do significante. Ele serve ao mesmo tempo para barrar o gozo e comemorar a irrupção de gozo. É um significante que traz gozo como significante traumático. Então, riso, loja, vendedor são significantes vinculados àquele gozo traumático, quando ela foi bolinada aos oito anos de idade e que retornaram com gozo, pois o retorno do recalcado não é sem gozo, por isso é que dá em sintoma.

Lição 10. A histeria e a cena

Então, o retorno do recalcado comemora o gozo. No caso de Emma, aparece esse significante que se traveste como se fosse realidade, mas na verdade ele traz o gozo de algo anterior. Eis a "enganação" da histeria para o próprio sujeito e para os outros.

Em cena

No caso que eu apresento na minha peça *O sintoma: Variações freudianas*, vemos a estudante de psicologia falando com o público e, de repente, ela começa a entrar em angústia, tem um episódio de claustrofobia e sai correndo no momento em que está explicando que as psicanalistas da universidade adoram falar sobre sexualidade feminina, e ela acha isso muito engraçado. Ela está falando e de repente começa a explicar as fórmulas da sexuação dizendo que de um lado é o todo fálico, e tem um outro lado, não fálico, que é do Outro gozo. Começa então a tentar explicar, se enrola e fala em inglês, *"the other side"*, ela é tomada e empaca no significante *side* ("lado", em inglês), e fica repetindo, e o *side* em inglês se torna "sai" em português, e começa a gritar "Sai, sai, quero sair!". E entra em angústia, procurando a saída do teatro, fica claustrofóbica e deixa a cena. O público demora a perceber que se trata já do espetáculo e que aquilo faz parte da peça.

Na peça, vemos que o sintoma foi desencadeado quando ela tinha quinze anos de idade e estava com a mãe sobrevoando a cordilheira dos Andes e a mãe conta um acidente que ocorrera muito tempo antes. Um avião caiu e as pessoas não tinham o que comer, no meio da neve, e comeram a carne uns dos outros. Ela entra em angústia nesse momento, no avião, fica desesperada e quer sair do avião. Ela acha que sua fobia de lugares fechados é por causa dessa vivência no avião, que é a primeira crise de claustrofobia. É mentira, mas é verdade, porque é o segundo tempo do sintoma. Essa é a verdade mentirosa, ou a mentira verdadeira. Encontraremos a verdade de gozo desse sintoma no trauma, que é uma cena rápida de infância, em que ela estava um dia à noite em casa, a sua mãe estava no quarto ao lado e, de repente, começa a chamá-la aos gritos. Ela, menina de cinco anos de idade, irrompe no quarto e vê a mãe numa relação extremamente feroz, sendo violentada sexualmente por um homem que ela não conhecia. A mãe pede que ela pegue uma faca na cozinha, a menina enfia a faca no estuprador. O homem esfaqueado sai desesperado, louco de raiva para pegá-la, e ela vai sendo acuada, acuada, e fica gritando "Sai... sai... sai... Mamãe, ele quer me comer". Essa cena aos cinco anos é o primeiro tempo do sintoma — cena traumática recalcada, esquecida. Então, tem o tempo da cena do avião dez anos depois, que teve associação com o comer a carne e a violência da situação relatada pela mãe. Na cena de infância, quando era pequenina, seu medo era de ser comida, ser devorada. Vemos aí a atividade da pulsão oral, e a angústia de ser objeto do Outro, de devoração pelo Outro, no sentido de ser devorado, ou seja, como objeto *a*, denotando a verdade de gozo do sintoma.

Mas o que há nessa verdade que o discurso como laço social nos mostra? Qual é a verdade do sintoma histérico? A verdade da mentira histérica é o gozo, é esse gozo que aparece na representação que é encenada para o outro, nesse gozo do sintoma que faz laço social. Freud trabalha a questão da mentira como aquilo que é causa e o que é consequência. O que você acha que é a causa não é. A jovem ficou mal e quis sair do avião, não é a causa do seu sintoma, ali é uma consequência do trauma que aconteceu e tem determinados significantes que são reatualizados. Então é uma mentira, mas é uma mentira verdadeira: ela foi efetivamente afetada.

A presença do gozo, quando se é afetado pelo gozo, é a angústia, é o temor, são todas as designações de afeto que nós conhecemos. Então pode ser esquisito Lacan colocar no discurso do histérico o sintoma como semblante, mas esse sintoma está no lugar do semblante. Ele aparece como uma mentira, pois o que causou angústia não foi a claustrofobia e sim o relato de canibalismo e o fato real de estar dentro de um avião. A associação significante "comer uns aos outros" e "avião" despertou a cena traumática recalcada e aí compareceu a angústia que se ligou ao significante "avião", o fato de se encontrar acuada. O sintoma da fobia, que é uma histeria de angústia, faz laço social dirigindo-se à mãe, que estava ao seu lado no avião

Lição 10. A histeria e a cena

quando do desencadeamento da claustrofobia. O sintoma aparece para fazer laço social e tem que ter um endereçamento ao outro.

Então, podemos pensar na histerização do discurso para se chegar ao discurso do analista. O sintoma do obsessivo não faz laço social. O único sintoma que Lacan elevou à categoria de laço social é o sintoma histérico que precisa do outro. Não há sintoma histérico que não funcione no semblante. Não há sintoma histérico que não funcione para o outro. Não há sintoma histérico que não seja teatralizado.

As histéricas de Charcot repetiam tudo, estavam representando, estavam mentindo, ou seja, estavam fazendo aquilo para Charcot no lugar do mestre, e ele produz um saber. Tem essa articulação que parece mentira, mas não é mentira. E não é mentira porque foi o que Freud viu, ele viu que há uma cena de gozo que está recalcada. E foi a partir disso que eu fiz o Freud da minha peça dizer: "O balé dos sintomas é coreografado na Outra Cena, e não pelo senhor".

Nós temos a cena do sintoma ou a cena do *acting out* e temos a Outra Cena. A histérica que não aceita nenhuma regra, que está sempre tentando escapar, quando o mestre Charcot diz: "Vamos agora fazer o grande ataque histérico e vocês vão ver a contratura do pé desaparecer". Freud olha e diz que a contratura do pé persistiu e não adiantou nada. Então, é mentira. Ele repete tudo de novo, mas o sintoma persiste. Podemos dizer que permanece mostrando que aquilo não é um tratamento, mostrando que o sintoma é aquilo que o sujeito tem de mais singular, não é um tratamento generalizado, e tem a Outra Cena.

Ao mostrar que o sintoma não se desfaz com esse procedimento, o histérico, como sujeito, mostra que não é pela sugestão que você cura ninguém de nada. Hyppolite Bernheim contestava Charcot dizendo que tudo o que ele fazia não passava de sugestão e, seguindo o caminho da desqualificação da histeria dignificada por Charcot, Joseph Babinski chega a dizer que a histeria é um termo inútil, anacrônico e tem que ser substituído pelo termo "pitiatismo", que significa aquilo que é curável pela persuasão. Se efetivamente havia muito de sugestão no procedimento teatral de Charcot, sua importância foi a de ter retirado a histeria do âmbito do falso atribuindo-lhe uma veracidade própria e determinando ser ela uma doença com suas próprias leis. Freud foi além e com a psicanálise mostra que a histeria obedece às leis do inconsciente e que seu tratamento está para além da sugestão, pois há um gozo no sintoma, do qual o sujeito não abre mão, e um deciframento a ser efetuado sobre a fantasia e o desejo que estão em causa no sintoma e do qual o sujeito não só não sabe, como não quer saber.

Freud foi mais além do sintoma e da neurose histérica para evocar que a histeria é a própria base da neurose. Ele indica que a obsessão é um dialeto da histeria, a fobia é uma histeria de angústia, pois há uma histeria de base. A neurose de base é histérica. Qual é a base histérica? É o recalque e o retorno do recalcado. Verificamos um deslocamento da histeria na psicanálise. Freud começa a detectar o sintoma histérico, mas imediatamente sai do sintoma e diz que a histeria é uma forma de gozo — nojo, indiferença, desprazer. Isso está em Dora. Ele diz algo como: "Eu só considero alguém efetivamente histérico se lá onde ele deveria sentir prazer sexual sente nojo ou indiferença". Uma menina como Dora, aos catorze anos, ao ser tocada pelo sr. K tinha que curtir, por ser objeto de desejo e ter prazer. Ele fala da histeria como uma modalidade de desejo — o desejo insatisfeito. Freud diz que a histérica tem um desejo de manter o desejo insatisfeito, modalidade de desejo. Assim, a histeria é um sintoma, uma neurose, uma modalidade de gozo, um tipo de desejo, e chega a falar da arquitetura da histeria. E Lacan coloca a histeria como um laço social, que é outra coisa.[6] É a histeria como um modo de vínculo entre duas pessoas — o discurso histérico.

Teatro: Sublimação da histeria

A essa sequência de transformação da histeria eu gostaria de dar minha contribuição e acrescentar o teatro. *O teatro é a histeria sublimada.* Eu estou fazendo da histeria também uma sublimação, nas artes cênicas operísticas

Lição 10. A histeria e a cena

ou na arte performativa em geral, em que o corpo está em cena, temos uma histeria sem sintoma, sublimada. O teatro pode ser considerado assim uma sublimação da histeria, ou seja, trata-se no teatro de elevar o corpo à dignidade da Coisa, de acordo com a própria definição da histeria por Lacan no Seminário 7, *A ética da psicanálise*. O ator faz de seu corpo uma obra de arte, faz da sua fala uma obra de arte, assim como seus movimentos, sua interpretação e seu ser-para-o-sexo.

Toda neurose tem por base a histeria e todo discurso tem por agente o semblante. Podemos dizer que o discurso histérico é o que mais evidencia que o agente dos laços sociais é um semblante. Este é um conceito difícil de se apreender porque temos a mania de achar que é mentira, é falso, assim como pensamos da histeria, mas o semblante é da ordem de uma representação verdadeira. Temos que sair do pensamento cartesiano de separar uma coisa da outra, assim como do binarismo e da oposição entre verdade e mentira. A psicanálise admite a mentira verdadeira e a verdade mentirosa. A verdade que está em jogo no sintoma como semblante é o gozo. E só se pode abordar o gozo através do semblante.

Lacan, no início do livro 18 do Seminário, acaba fazendo a equivalência do semblante com a linguagem, com o significante. O significante é semblante, é sempre da ordem da representação. Lacan foi mais adiante no livro 20, *Mais, ainda*, dizendo que só se pode acossar o real, pegar o real, a partir do semblante.

Assim como na atuação histérica e no teatro, o semblante, como vimos, por um lado não se opõe ao verdadeiro e ao falso, ele é a conjunção dos dois — a oposição dele é com o real. Porém o semblante é igual àquele significante, e se ele é equivalente ao significante, temos duas formas de relação do significante com o real: de oposição e de conjunção. É o significante trazendo o gozo. Como numa cena histérica: é a atuação da fantasia sexual inconsciente — uma teatralização de um gozo com suas coordenadas significantes, ou seja, de linguagem. Nosso gozo passa pela linguagem e se semblantiza. O simbólico como semblante é dessa ordem. A linguagem não é apenas uma forma de barrar o gozo, é também um modo de nós lidarmos com ele, de trazermos o gozo. A linguagem é portadora de gozo. Nós podemos dizer que estamos sempre num processo de significantização do gozo, ou, em outros termos, de semblantização do gozo.

No livro 10 do Seminário, *A angústia*, há uma parte que interessa muito para esse assunto, que é a diferença que Lacan faz entre a cena e o mundo.[7] Ele fala sobre a cena para trabalhar a diferenciação entre *acting out* e da passagem ao ato. Dá toda relevância à cena como um lugar de manifestação do inconsciente — não é à toa que Freud chamou o inconsciente de Outra Cena. Lacan diz que isso é um modo constituinte da nossa razão e então coloca em oposição o que seria o mundo e a cena.

Existe o mundo e existe a cena. Na verdade, Lacan parte de uma das principais questões de Lévi-Strauss como estruturalista, que aplicou na antropologia o que linguistas como Saussure e Jakobson estavam desenvolvendo, diferenciando entre natureza e cultura. O que seria a cultura para Lévi-Strauss? Nada mais do que a linguagem, pois não há como não passar pela linguagem para ter acesso à natureza. Então, no momento em que estamos na linguagem, adeus natureza, todo saber científico passa pela linguagem — não temos uma apreensão imediata nem direta da natureza. Só uma relação mediatizada pela cultura que o antropólogo faz equivaler à linguagem. Tem algo de real na natureza, mas nós só temos acesso a ela a partir da linguagem.

Sobre a natureza veio se colocar a cultura, assim como o significante veio substituir o real. E Lacan está chamando a atenção para o fato de que, da mesma forma, é a cena que vem substituir o mundo. Existe o mundo e existe a cena, só temos acesso ao mundo a partir da cena, ou seja, no momento em que entramos na linguagem, entramos em cena. E se entramos em cena, já entramos em representação, já estamos no semblante. Lacan evoca Descartes e seu famoso aforismo: "No mundo eu avanço mascarado", é com uma máscara que eu ando pelo mundo. Pois não há outra maneira de se estar no mundo, a não ser com a máscara do semblante se deslocando na cena do mundo. Não há outra maneira de estar. Não se está nem se fica nem se aborda um real puro. Essa máscara é o outro nome do semblante, diz Lacan. Há o real, mas há esse outro lugar que Lacan chama

Lição 10. A histeria e a cena

de "a cena", em que as coisas do mundo podem ser representadas, podem ser encenadas — eis o lugar do semblante. Lembrem-se da referência de Lacan ao teatro grego e ao uso das máscaras. "O semblante deve ser o porta-voz do gozo por se mostrar como máscara, como num palco grego; o semblante tem efeito por ser manifesto, quando o ator usa a máscara sua face não faz careta, ele não está sendo realista."[8] A cena do mundo é o palco do sujeito. A cena é a dimensão da história, a história de cada um, é nessa cena que você faz sua história como um ser de linguagem, um ser do laço social com seus semblantes.

Lição 11. O *acting out*

SABEMOS QUE NO *acting out* algo está velado. O que está em jogo no *acting out*, e que Lacan coloca no livro 10 do Seminário, *A angústia*, é uma mostração. No *acting out* é um ator representando inconscientemente uma cena para um espectador, uma cena específica para um espectador específico. No texto "A direção do tratamento e os princípios de seu poder", Lacan aborda o caso do "Homem dos Miolos Frescos" para demostrar que o *acting out* do paciente de Ernst Kris foi uma resposta do analisante para retificar um tipo de interpretação analítica baseada na realidade a partir da psicologia do ego.[1] Proponho tomar esse caso para apontar não apenas o erro do analista em sua interpretação realista sem referência ao inconsciente, mas também como um caso em que podemos apontar a estrutura do *acting out* como uma colocação em cena (por meio do semblante) de uma fantasia inconsciente do sujeito. Convido Nádia Martins para apresentar o caso.

O caso do "Homem dos Miolos Frescos"

Nádia Martins: Para contextualizar o caso clínico conduzido por Ernst Kris, note-se que a psicologia do ego teve sua origem em Viena, no próprio meio freudiano, mas foi fundada oficialmente na América, em 1945. Seus fundadores são Heinz Hartmann, Ernst Kris e Rudolph Loewenstein.

Kris percorreu primeiramente o caminho da arte. Dedicou-se de tal forma ao estudo da história da arte que sua fama se espalhou pela Europa e chegou à América, com a publicação de um catálogo sobre camafeus da Renascença italiana. Ainda muito jovem, proferia aulas no Museu da

Lição 11. O acting out

História da Arte de Viena. Casou-se com a filha de Oskar Rie, o pediatra, colaborador e amigo das noites de jogos de cartas com Freud e sua família. Anna, filha de Freud, e Marianne, filha de Rie, eram amigas; dessa aproximação surgiu a oportunidade, para Freud, de partilhar a intimidade de suas coleções de obras de arte com o historiador, inaugurando as relações de amizade, confiança e estima que por dez anos seguidos marcaram os contatos com esse novo discípulo. A tal ponto que, em 1936, Freud confiou a leitura de sua primeira versão de *Moisés e o monoteísmo*, a qual hesitava em publicar, apenas a Kris e a seus dois filhos, Anna e Martin.

Kris inicia uma análise com Anna Freud, e a partir daí começa a praticar psicanálise com crianças — prática autorizada aos não médicos pela Sociedade Psicanalítica de Viena. Prossegue a formação com Helene Deutsch e Wilhelm Reich, e é indicado por Freud para ser corredator da revista *Imago*, onde publica seus primeiros escritos analíticos.

A psicanálise americana teve seu apogeu na psicologia do ego com a emigração forçada dos três europeus, "cabeças coroadas" como discípulos diretos de Freud, cujo prestígio se fez séntir nos ares de liberais prudentes e esclarecidos, que chegavam ao Novo Mundo para oferecer saber, autonomia, conforto e felicidade.

Seu engano maior foi ter desenvolvido uma teoria que, embora baseada nos textos de Freud, deixou-se confundir pelo discurso comum, do cotidiano, e com isso enfatizou como verdade última a neurose mesma que se pretenderia combater.

O ego-razão identifica-se com a razão do Estado e garante a felicidade para o *American way of life*. A psicanálise se alia a critérios de avaliação da conduta do homem na sociedade, para garantir a livre-iniciativa, confundindo-se com uma ética teológica cujo fim de desenvolvimento esquece a causa e valoriza o utilitarismo.

Psicologia da "bela alma", oferecida às famílias americanas em nome de uma competência dita preventiva da saúde mental-social.

Vamos agora ao caso clínico do "Homem dos Miolos Frescos". Trata-se do drama de um sujeito inibido na vida intelectual e particularmente incapaz de conseguir publicar qualquer de suas pesquisas, isso em razão de um impulso de plagiar, o qual ele não parece capaz de dominar.

A análise inicial com Melitta Schmideberg o ajudou, mas não foi suficiente. Houve necessidade de uma segunda análise que não invalida em nada a primeira nem implica que a primeira análise não tenha tido sucesso.

Apresentaremos aqui algumas observações do próprio Ernst Kris sobre o caso. Nesse primeiro momento, o paciente empreendeu a análise de seu conflito derivado de uma delinquência infantil: o sujeito costumava furtar guloseimas e livros sem valor. O tratamento inicial produziu melhoras consideráveis, porém os mesmos problemas aparecem sob novos prismas quando interpretações de um tipo diferente, mais perto da superfície, foram feitas.

Esse jovem cientista de trinta e poucos anos ocupava com êxito uma posição acadêmica respeitada, mas não era capaz de avançar para um posto mais alto porque não se achava em condições de publicar nenhuma de suas extensas pesquisas. Essa queixa principal foi justamente o que o levou a procurar nessa ocasião sua segunda análise.

Embora se lembrasse com gratidão do tratamento anterior que havia melhorado sua potência, diminuído sua inibição social e produzido uma mudança acentuada em sua vida, ele estava ansioso de que a retomada de uma análise não chegasse aos ouvidos de sua primeira analista, e estava convencido de que, depois de alguns anos, agora deveria ser analisado por um homem.

Apreendeu na sua primeira análise que o medo e a culpa o impediam de ser produtivo, que sempre quis tomar e roubar, como havia feito na puberdade. Estava sob a constante pressão de um impulso de usar ideias de outrem, frequentemente as de um jovem e ilustre estudante seu amigo íntimo cujo escritório era vizinho ao seu e com quem diariamente travava longas conversas.

Um dia, quando um planejamento concreto de trabalho e a publicação estavam por se materializar, o paciente contou que acabara de descobrir na biblioteca um trabalho publicado anos antes, no qual a mesma ideia básica era desenvolvida. Era um trabalho com o qual estava familiarizado, já que

Lição 11. O acting out

o havia lido anos antes. Seu tom paradoxal de satisfação e de excitação o levou a inquirir detalhadamente sobre o texto que ele temia plagiar.

Num processo de extensa avaliação, verificou-se que a antiga publicação continha suporte valioso para sua tese, mas nenhuma alusão à tese propriamente dita.

O paciente fez o autor dizer o que ele próprio queria dizer. Uma vez assegurado disso, todo o problema de plágio apareceu sob o novo prisma. Revelou-se, então, que o eminente colega havia repentinamente tomado as ideias do paciente, enfeitando-as e repetindo-as sem reconhecimento algum. Mas o paciente tinha a impressão de que ouvia pela primeira vez uma ideia produtiva, sem a qual não podia levar adiante seu próprio tema, uma ideia que sentia que não podia utilizar porque era propriedade de seu colega.

Dentre os fatores determinantes das inibições do paciente no seu trabalho, a identificação com o pai ocupava um lugar importante. Ao contrário do avô, um importante cientista, o pai havia fracassado em deixar sua marca no próprio campo de trabalho. O empenho do paciente em encontrar um patrocinador (padrinho), em tomar ideias emprestadas, deduzir que elas só podiam ser plagiadas, tudo isso reproduzia os conflitos de suas primeiras relações com o pai. A projeção de ideias para figuras paternas era determinada em parte pelo desejo de um grande e bem-sucedido pai, o avô.

Num sonho, o conflito edipiano com o pai foi representado por uma batalha na qual os livros eram armas e os livros abatidos eram engolidos durante o combate. Isso foi interpretado como o desejo de incorporar o pênis do pai.

Esse desejo poderia ser relacionado a uma fase específica de sua infância, quando, com quatro anos, o menininho era frequentemente levado a pescarias para acompanhar o pai. "O desejo pelo peixe maior", a memória da comparação e da troca dos peixes era relembrada com muitos detalhes. A tendência a tomar, a morder, a roubar foi investigada através de muitas ramificações e disfarces durante a latência e a adolescência, até que um dia pôde ser assinalado que o desdobramento decisivo da tendência a roubar era um deslocamento dos objetos para as ideias.

Apenas as ideias dos outros eram verdadeiramente interessantes, e só as ideias poderiam ser tomadas, daí por diante a forma de tomá-las tinha que ser arquitetada. Então, como se relatasse um *insight* súbito, disse:

> Ao meio-dia, quando saio da sessão antes do almoço, e antes de voltar ao escritório, sempre dou uma volta pela rua tal [uma rua, explica-nos o autor, muito conhecida por seus restaurantes pequenos, mas onde se é bem servido] e espio os cardápios atrás das vitrines da entrada. É num desses restaurantes que costumo encontrar meu prato predileto: miolos frescos.[2]

No momento em que Kris acredita poder perguntar ao paciente o que ele acha dessa virada, este retruca que há algum tempo, ao sair da sessão, faz esse ato que, na verdade, é um *acting out* endereçado ao analista.

Antonio Quinet: O caso do paciente de Ernst Kris, "O Homem dos Miolos Frescos", constitui uma pedra angular na teorização do *acting out*. Lacan comenta esse caso em diversas ocasiões, não vacilando em estabelecer as retificações que a sua própria clínica impõe. Sua crítica, porém, se fundamenta nesta observação: o deslocamento da função do desejo na análise não oferece outra saída para o sujeito a não ser a realização do *acting out*.

Kris consulta a obra do suposto plágio e comprova que este não aconteceu realmente, porque o trabalho do paciente apresenta ideias originais. Decide então comunicar essa conclusão a seu analisante que, ao sair da sessão, detém-se na vitrine de um açougue onde estão expostos miolos frescos, desmentindo o analista com essa atuação inconsciente. Como se ele dissesse: "Não importa se você me diz que eu não plagiei o meu colega, pois eu gosto mesmo é de comer os miolos dos outros".

É o ato que o paciente produz como resposta à intervenção do analista (Ernst Kris), quando este pretende convencê-lo de que sua obsessão de plagiar contém uma distorção de sua apreciação da realidade. O sujeito sai da sessão e faz um *acting out*, defendendo-se como pode para manter a sua questão: "Qual seria a resposta à pergunta enigmática sobre o meu desejo?". E assim ele atualiza o *Che vuoi?*, "Que queres?", que se impõe ao sujeito de forma inconsciente.

Lição 11. O acting out

Qual é o lugar que o psicanalista deve ocupar? É papel do analista ir verificar alguma coisa? O que o analista deve fazer diante de algo sobre o qual o sujeito está enganado? Sim, enganado pelo seu próprio sintoma e pela sua fantasia através da qual ele aborda a realidade. E o que faz Kris diante disso? Ao invés de trabalhar os significantes do sujeito, ele pesquisa se há efetivamente plágio e retorna para o paciente com a sua descoberta de que ele não era plagiário, que suas ideias eram originais. O *acting out* é uma mensagem dirigida ao analista e constitui uma resposta à sua intervenção: especificamente quando na análise se opera uma redução do campo do desejo à demanda, ou seja, o campo enigmático do desejo à demanda de sentido do analisante ao analista, e o analista responde a essa demanda. A resposta do paciente, "Comer miolos frescos", busca se servir após a sessão daquilo que foi insuficientemente articulado na interpretação durante a sessão.

Lacan, em "A direção do tratamento e os princípios de seu poder", fala de uma necessária passagem pela castração do Outro, onde o desejo se constitui como falta. A falta-a-ser do sujeito se constitui quando ele se defronta com a falta do Outro. O sujeito é modificado nessa travessia da castração; recusando a posição de ser o falo, não se satisfaz com a posição de ser o objeto de amor na demanda, mas busca se situar no lugar de causa do desejo para o Outro. Vejamos como isso se dá nesse caso e como a castração se apresenta no sintoma de roubo de ideias.

Podemos traçar aqui dois tipos de abordagem psicanalítica: a conexão entre a agressividade oral e a inibição no seu trabalho; e a correlação entre plagiar, roubar e castrar. O paciente que durante a puberdade havia roubado ocasionalmente, em especial doces ou livros, reteve mais tarde uma certa inclinação ao plágio. Como para ele a atividade estava conectada com o roubar e o trabalho científico, com o plágio ele poderia escapar desses impulsos repreensíveis através de uma inibição mais generalizada de sua atividade e de seus empreendimentos intelectuais.

E assim abriu-se o caminho para conectar o presente e o passado, a sintomatologia adulta e as fantasias infantis. No entanto, o ponto crucial foi a "exploração da superfície". Tratava-se de estabelecer como surgiu o sentimento "estou sob ameaça de plagiar".

A questão do desejo como mensagem invertida pode orientar o sujeito no caminho de sua verdade. O sujeito é atravessado pela questão do Outro, de onde constitui seu desejo como sendo do Outro: a questão do Outro retorna, pois, sob forma de um enigma (X), o *Che vuoi?*, ao invés da esperada verdade. Nesse retorno, a mensagem invertida traz, como resposta do desejo, a construção da fantasia.

Lacan formula que o desejo do homem é o desejo do Outro, do que se depreende que é como Outro que o sujeito deseja. A pergunta do desejo faz retorno sobre a perda original e estruturante. A primeira apreensão do campo do Outro pelo sujeito se funda na experiência da linguagem. Nesse caso clínico: "Estou sob ameaça de plagiar", "Comer miolos frescos", "Roubar ideias".

O teatro do *acting*

O que o *acting out* mostra? Como Nádia ressalta, o sujeito traz uma resposta à interpretação do analista, a qual foi baseada na realidade, bem própria da psicologia do ego. Então o paciente diz para ele que comer miolos frescos… ou seja, ele fala para o analista, em termos metafóricos, exatamente o que é a questão dele, plagiar as ideias dos outros, só que ele faz isso no *acting*. E esse *acting* não é falado, ele é encenado: o paciente sai do consultório, lê o cardápio da vitrine do restaurante e sente vontade de comer miolos frescos. O que ele traz de bandeja para o analista? O objeto oral — é a pulsão oral se manifestando através dessa encenação dirigida ao analista.

Lacan aborda o *acting out* no livro 10 do *Seminário, A angústia*, apontando que o que está em jogo é da ordem da mostração, ou seja, colocando em jogo a pulsão escópica de se dar a ver ao outro, colocando em jogo o desejo para o outro, característico da pulsão no registro escópico. No caso do paciente de Kris acrescenta-se o objeto oral. Assim, num *acting out* dentro de uma análise, o paciente traz os objetos, é uma *mostração* em *acting*, do objeto *a*. Isso é a primeira coisa, o que está em jogo. O paciente já havia percebido isso, não é novidade. É a pulsão oral que estava em

Lição 11. O acting out

jogo no sintoma de plagiário, tema que já havia sido trabalhado na análise anterior da qual extraíra a equivalência simbólica entre comer, devorar, roubar e plagiar.

Há aí essa equivalência pulsional mostrando o quanto o sintoma é pulsional. Há aí um gozo pulsional do sintoma semelhante à fobia do Pequeno Hans, em que está em jogo a pulsão oral, o ser devorado, só que com uma modalidade diferente. Em vez de um sintoma — a fobia — há inibição, sintoma e angústia: a inibição intelectual, o sintoma que é o impulso de plagiar e a angústia que é a de ser pego roubando, plagiando a ideia dos outros. Então, nós temos nesse caso a tríade freudiana de inibição, sintoma e angústia.

Temos poucos elementos, que, no entanto, são fundamentais para interpretar esse caso de histeria masculina. Temos a hipótese de histeria masculina por essa prevalência do oral e a relação do pai fracassado, do histérico que ao mesmo tempo quer enaltecer um pai ideal, mas também o pai é fracassado em relação ao que ele queria, figura do pai impotente tal como o de Dora. Ernst Kris trabalha até certo ponto no nível do significante, apontando que o paciente queria o *grandfather* — palavra que em inglês significa "avô" e que o próprio Kris escande: *grandfather* é literalmente "pai grande", pois o paciente queria ter um pai enaltecido, um pai ideal, um grande pai que é justo o que ele não tinha.

Proponho a seguinte construção: temos no nível da pulsão oral todos os significantes que entram na cadeia vinculados ao significante plagiar: roubar, comer e devorar. Mas Kris não trabalha a partir desse encadeamento inconsciente. Para a psicologia do ego, que se propõe como uma nova leitura da obra de Freud, a análise do inconsciente não basta, é preciso trabalhar no nível do ego, ou seja, diretamente o registro imaginário. Então, para eles, durante muitos anos, na época de Freud, se fazia análise das formações do inconsciente, mas isso, achavam eles, está ultrapassado, diziam que agora o *must* era analisar os mecanismos de defesa, e sair do que Freud chamava análise das profundezas e ir para a superfície, como afirma Kris. Daí uma direção do tratamento analítico baseada em conectar o inconsciente com a realidade retificando a apreensão do sujeito no mundo. O problema é que estruturalmente há uma primazia do simbólico no inconsciente, e que é justo a partir do remanejamento simbólico que algo do imaginário se modifica, e não o contrário. Se assim fosse as terapias cognitivas, comportamentais, de aconselhamento, que lidam só com o registro do imaginário teriam incidência no inconsciente que é estruturado como uma linguagem. E sabemos que está longe de ser o caso.

Comer, plagiar, castrar

Na verdade, o que ele diz — Lacan não chama a atenção sobre isso — é que se trata do contrário do que o paciente se queixa: ele não é um plagiário, são os outros que o plagiam. Para mim, a interpretação mais importante de Kris nesse caso é essa, cujo conteúdo é mais ou menos assim: "Como você não vê? Não é você que é plagiário, não; ao contrário, são os outros que o plagiam. Você não notou que você fica dando a dica para o seu coleguinha o tempo todo, provavelmente alguma coisa desse tipo aconteceu também nesse caso em que você acha que o plagiou, você leu um artigo há um tempo e viu as suas ideias ali, mas elas não estavam ali. Foi você que colocou no outro as suas ideias".

Trata-se do mecanismo de projeção — o sujeito projeta no outro o que ocorre consigo. Podemos apreender esse mecanismo de duas formas: a imaginária e a simbólica/real. Imaginariamente a projeção é um mecanismo de defesa do ego em que eu jogo no outro de forma especular aquilo que não reconheço em mim. Só que há outra forma mais fundamental que o sustenta, propriamente pulsional e inconsciente, que implica a reversão da pulsão em seu contrário, como descreve Freud no texto "A pulsão e seus destinos".

O paciente apresenta-se como aquele que plagia, rouba, come e devora, mas o que está por trás disso é o ser plagiado. Se continuarmos na nossa série pulsional na cadeia de significantes, temos: o ser plagiado, o ser roubado, o ser comido e o ser devorado. É isso que está em questão para ele. Ele não sabe (recalque) que é plagiado, então ele diz que plagia. Desvela-se

Lição 11. O acting out

assim na análise a polaridade da pulsão, ou melhor, a atividade da pulsão que está no "fazer-se" — fazer-se plagiar, roubar, comer, devorar.

Lacan mostra que na pulsão oral não é só o comer, mas é o comer e ser comido. É essa circularidade da pulsão que vai e volta, como aparece no sintoma da fobia de Hans de ser devorado pelo cavalo, em que está em jogo a pulsão oral. Entramos na formação do inconsciente — o sonho — a batalha de livros como armas, que podemos supor ser uma batalha com o pai ou uma figura paterna em que os livros são jogados para o ar, são abatidos por armas de fogo e caem para serem comidos. O conflito edipiano está presente no sonho nessa batalha.

O que nós temos? Aparece no sonho o sujeito *versus* o pai, numa batalha que trata da questão edípica e na qual estão em jogo os livros que representam a batalha fálica da pescaria. Na batalha do sonho os peixes viram livros. Ele passa da cena da infância da pescaria para a cena onírica da batalha dos livros. Na cena de infância ele vai pescar com o pai, e o que importa é saber quem pesca o peixe maior. O que está, na verdade, em questão é o falo.

Nós temos os livros, os livros vêm no lugar do peixe, de forma metafórica. Nós sabemos também que, pela metáfora do Nome-do-Pai, é o livro que está no lugar do falo. A dupla Nome-do-Pai/falo é aqui representada pelo Pai/peixe e Pai/livro. O livro o que é? É onde se encontram as ideias — objeto do plágio. Com isso, o que está em questão nessa batalha com o pai? Na adolescência ele começa a roubar guloseimas e livros, o peixe também, é um objeto comestível, isso é um objeto oral, então podemos ver aqui como essa cadeia significante se encontra toda no registro oral, com a significação fálica deslizando de objeto em objeto.

Se o que está em jogo na pescaria é ter o maior falo, pescar o maior peixe, sintomaticamente ele passa a subtrair algo do Outro. E aí aparece o sintoma de cleptomania, em que a pessoa rouba sem ter a menor necessidade financeira de tirar algo do outro, mas tem o sentido de castrar, de despossuir o Outro de algum bem. Vemos então que o que está em jogo é a questão da castração no conflito edipiano com o pai.

Comer as ideias vem no lugar de castrar o Outro. Estou dizendo isso não só baseado na teoria, estou me baseando no sonho e na recordação infantil. Eu posso dizer que o objeto peixe, o objeto livro, o objeto ideia são todos objetos que entram na função oral, colocando em cena o objeto *a* como objeto oral. Mas todos esses objetos empíricos têm a significação fálica, ou seja, entrarão na série de objeto a ser castrado, o objeto a ser subtraído do Outro. Porém isso também se reverte contra ele: ser castrado, ser comido, ter suas ideias plagiadas pelo Outro. Assim, o temor de ser plagiário tem efetivamente sua razão de ser — temor que expressa seu desejo inconsciente de castrar o Outro. E ganhar na pescaria tendo o peixe maior, despossuindo o outro de suas ideias etc.

Mas sua angústia de castração é a de ser plagiado, e daí a sequência: ser plagiado, ser roubado, ser comido, ser castrado. É essa a questão dele: o que está em jogo é a castração que se manifesta no objeto oral que pode ser devorado pelo Outro. Devido à circularidade da pulsão, a bipolaridade da pulsão, ativa, passiva, onde a pulsão que está em jogo, ou melhor, a pulsão que está em gozo é o fazer-se plagiar, fazer-se devorar as suas ideias, e ele pensa que é o contrário. Vejam como o sintoma é enganador. O sintoma dele é medo de ser plagiário, mas na verdade o que está por baixo disso é ele ser plagiado. Ele entrega de bandeja as suas próprias ideias.

Ele inventa então o pai ideal — o "paitrocinador" — que é o patrocinador das ideias. Ele, para não se fazer castrar, inventa o pai ideal. Quem é o pai ideal? É o autor, aquele que tem ideias maravilhosas, é o *grandfather* — o grande pai —, o grande cara das ideias de quem ele rouba, mas ao mesmo tempo tem medo de roubar, de castrar esse pai. "O meu pai vai me castrar, eu quero castrar o meu pai" — para suprir o pai fracassado, impotente.

Nesse fracasso, ele não consegue superar o pai, não consegue ir além do pai fracassado, porque se depara com toda essa questão da castração do pai e dessa relação em que ele pode se sentir castrado e castrar o pai. Ele não consegue colocar sua marca na ciência, como o avô conseguiu — pelo visto são três gerações de cientistas —, ele não consegue publicar porque tem essa inibição intelectual. A partir dessa construção, pensamos o *acting out*.

O *acting out* tem a mesma função que o sintoma, só que não é nem um sintoma no corpo, como a histeria, nem um sintoma na mente, como o obsessivo. Assim flexibilizamos o nosso conceito do sintoma e de histe-

Lição 11. O acting out

ria. O paciente de Kris é um histérico que não tem nenhum sintoma no corpo, aparentemente ele tem o impulso de plagiar, de comer as ideias dos outros. É um sintoma estranho, e nós temos que ficar atentos porque cada um inventa o sintoma que pode, não necessariamente um sintoma clássico ou classificável.

No caso aqui em estudo, temos o sintoma substituído pelo *acting out*. O analista fica apenas no plano da realidade, que seria o plano do imaginário — *Não, você não é plagiário*. A interpretação fica no patamar do imaginário, da comparação com a imagem do eu — ele acha que é plagiário, o outro diz que não —, remete ao ideal: você não é plagiário, ao contrário, os outros é que o plagiam.

O *acting out* permite que ele entre em jogo com a pulsão oral (escrita no grafo do desejo) — é o sujeito em conexão e desconexão com a demanda do outro. Todos os significantes da demanda oral se inscrevem no inconsciente, que, na verdade, remete à castração, na batalha de livros e na batalha da pescaria com o pai que remete a uma fantasia que nós não sabemos qual é, porque não foi trabalhada, mas podemos supor "Uma criança é comida, devorada pelo Outro", no lugar de objeto *a* do Outro.

Ele tem uma posição de plagiário na sua própria realidade, pois cada um constrói a sua realidade baseada na sua fantasia inconsciente. A sua realidade é que ele é plagiário, e isso aparece no sintoma de impulsão ao plágio e é desvelado no *acting out* que reconstitui a cena do que está em jogo no inconsciente. Trata-se aqui do teatro do inconsciente, em que nós temos o paciente fazendo uma encenação teatral para o analista tal como o ator que se dirige ao espectador trazendo de bandeja o objeto *a* — os miolos frescos.

Apreendemos nesse caso como o *acting out* coloca em cena o discurso da histérica. O sujeito do inconsciente no lugar do semblante, ou seja, de agente do laço social, sem saber sabendo, oferece o seu objeto oral, que se encontra no lugar da verdade como o objeto de sua fantasia inconsciente, dirigindo-se a um outro (o analista) para que este produza um saber sobre ele, no caso uma interpretação. Mas tem um outro detalhe neste caso: o sujeito, com sua cena teatral de ficar parado diante da vitrine do restaurante lendo o cardápio de miolos frescos, manda o recado a seu analista dizendo que ele é, sim, um plagiário, contestando-o. Lacan aponta como o sujeito do inconsciente retifica assim seu analista que lhe dera uma resposta no nível da realidade ao afirmar que ele não era um plagiário. Assim, o teatro do *acting out* em sua estrutura de ficção mostra a verdade da fantasia inconsciente que se manifesta no sintoma de considerar-se um plagiário.

Lição 12. A interpretação teatral

PARA CONTINUARMOS NOSSA INVESTIGAÇÃO sobre o semblante, depois de abordarmos a questão do *acting out* dentro do discurso histérico, proponho agora pensarmos o semblante a partir da interpretação que um ator faz de um texto, ou melhor, a interpretação de um papel — *role playing*, em inglês, literalmente brincar de fazer um papel. A interpretação teatral também nos ajudará a repensar a interpretação psicanalítica — e assim aproximar esta do semblante do qual o analista faz uso.

Interpretar, citar, atuar

No livro 17 do Seminário, *O avesso da psicanálise*, Lacan diz que a interpretação do analista deve se situar entre o enigma e a citação. Eis uma indicação, a meu ver, para o analista trazer em sua interpretação algo que é um enigma e transformar o analisante no decifrador. Ele inverte assim o que classicamente se considerava: que o analista é um intérprete dos enigmas do analisante. Isso já muda o conceito de interpretação subvertendo a interpretação como uma hermenêutica ou como uma exegese de algum texto a ser decifrado. O analista, trazendo um enigma, transforma o analisante num decifrador, é quem decifra o enigma. O analista é a esfinge e o analisante é o Édipo diante do enigma.

Retomamos a interpretação-citação: é aquela em que o analista recolhe um trecho da fala do analisante e o cita para este com sua própria enunciação (a do analista). Trata-se de citar o texto transformando-o em algo diferente — mas sem modificar seu conteúdo. Em outros termos, trata-se de usar o mesmo enunciado com outra enunciação. Se você cita o analisante, já está utilizando a sua própria fala, com a sua voz, com a sua entonação, com o seu ritmo, e implica que você queira passar outra coisa, é claro, diferente do que aquela que está no texto falado pelo analisante que você pinçou e citou de volta para ele. Trata-se, portanto, de uma interpretação no sentido teatral do texto de um autor. E, como um ator, o analista interpreta esse texto a partir do semblante. Na análise, o autor é o analisante e o ator é o analista. E toda interpretação dentro da perspectiva do campo do gozo e dos laços sociais, orientada pelo discurso do analista e da estratégia dos semblantes, toda interpretação analítica é teatral.

Qual o desejo do analista no ato e na interpretação? O desejo do analista é uma incógnita, é um X, em suma, é um enigma que remete ao próprio enigma do desejo do sujeito expresso pelo *Che vuoi?*, "O que ele quer?", ou melhor, "O que o analista quer dizer com isso?". Para o analista, trata-se, portanto, de apresentar um enigma para o analisante. O desejo do analista é enigmatizar a fala do sujeito para que ele mesmo possa decifrar. E assim fazer surgir o desejo do Outro para o analisante. Seu modo de falar a interpretação não é, portanto, diferente de interpretar no sentido teatral do termo. Mas o analista não interpreta um papel fixo como o ator numa peça de teatro, ele utiliza a interpretação teatral para trazer à cena o objeto causa de desejo, para isso ele pode usar vários recursos teatrais.

Nessa perspectiva, podemos juntar as duas formas de interpretação evocadas por Lacan no Seminário 17 — a citação e o enigma — e sublinhar que a interpretação é uma citação enigmatizada pelo vetor do desejo do analista com sua enunciação. A equação dessa interpretação pode assim ser escrita: Interpretação: citação do analisante + desejo do analista. O desejo do analista é esse *a-mais* acrescentado à citação do texto analisante. Esse *a* é o objeto do qual o analista sustenta o semblante como agente do discurso do analista.

Uma das diferenças entre o analista e o ator é que o texto do analista em sua interpretação é o do analisante, e o texto do ator é o do personagem que ele vai fazer escrito pelo dramaturgo. Todos nós colocamos em cena um texto de um autor desconhecido, que se chama o inconsciente. Este

Lição 12. A interpretação teatral 137

se expressa pela boca do analisante e por todo o seu corpo com gestos e movimentos. O texto vem sempre do Outro, ele é datado do lugar do Outro, ele está no lugar do Outro — seja o Inconsciente, seja o dramaturgo. É o que a histérica mostra, completamente, na sua encenação no *acting out* ou no ataque histérico, que é uma colocação do corpo em cena, sem fala alguma, do texto do Outro através de uma performance.

Para introduzir o que podemos retirar das técnicas de interpretação teatral para pensar a nossa técnica analítica, convidei Raul Serrador, psicanalista, que já trabalhou com teatro como ator e cantor, para nos trazer um dos autores, talvez o mais importante, que formalizou a questão da técnica, propriamente falando, da interpretação teatral. Trata-se de Stanislavski.

O sistema Stanislavski

Raul Serrador: Stanislavski é contemporâneo de Freud, nasceu em 1863 e morreu em 1938. Freud nasceu em 1856 e morreu em 1939. Stanislavski foi teatrólogo, diretor, ator russo e criou o sistema Stanislavski[1] para o desenvolvimento da interpretação dos atores. Essa sistematização se encontra em quatro livros: *A preparação do ator, Minha vida na arte, A criação de um papel* e *A construção da personagem*. E para apresentar aqui esse trabalho eu me detive mais na primeira e na última dessas obras.

O sistema, segundo o autor, é como qualquer técnica, um meio e uma finalidade. Ele não queria escrever uma gramática inoperável ou uma espécie de receituário para a interpretação de certos papéis.[2] Ele desenvolveu esse sistema a partir da observação de grandes atores e de grandes atrizes de sua época.

Stanislavski seleciona os aspectos que considera fundamentais, não só para a preparação do ator como corpo, fala e todo o sistema que utiliza para a sua expressividade, mas também na construção do personagem. Poderíamos destacar a questão das *ações físicas* como a mais importante desse sistema.

Num de seus textos, Stanislavski começa falando muito sobre a questão corporal e vocal do ator, que seria a preparação de seu instrumento expressivo.[3] Ele fala sobre "concentração", que define como "círculo de atenção". Um ator, quando está em cena, deve ter a atenção num foco mais estreito em torno de si mesmo. Esse círculo é ampliado até englobar toda a cena. É nesse ponto que Stanislavski evoca a "quarta parede",[4] que é a parede invisível situada entre o palco e a plateia. A quarta parede isola a cena do público, isola os atores em cena da plateia. É uma forma dos atores se protegerem da presença da plateia e manterem a concentração na própria cena. Ele diz que o ator deve procurar toda e qualquer particularidade dando ênfase aos detalhes que são encontrados no texto, nos personagens e no jogo de relações desses personagens entre si.

O ator deve apreender as circunstâncias existentes no texto, em que há uma série de relações desses personagens, nas quais aparecem suas emoções, as circunstâncias de cada cena e da peça como um todo. Elas incluem o tipo de espaço da cena que pode ser público, doméstico, formal, informal, com seus antecedentes e consequências daquela cena que o personagem está vivendo. As emoções dos personagens devem ser expressas através das atividades de atos representados.

Stanislavski evoca bem a *verdade interior*, que é um aspecto inovador do seu trabalho. Trata-se do modo de representar a subjetividade do personagem pelos pensamentos, por suas emoções através de seus atos. As primeiras fases das pesquisas de Stanislavski ocorrem quando ele estava dirigindo alguns trabalhos escritos por Anton Tchékhov, como *A gaivota* e *O jardim das cerejeiras*. Essas peças apresentam poucas ações externas e personagens que estão pensando, sentindo, refletindo sem verbalizar. A partir daí ele chega a esse conceito de verdade interior e desenvolve a ideia da palavra mágica "se".[5] Ele diz que é a palavra que permite ao ator imaginar-se virtualmente em qualquer situação, seria a forma de o ator se imaginar numa situação vivida pelo personagem.

A palavra "se" — *se eu fosse...* — é uma poderosa alavanca para a mente, pois possibilitaria que o público visse o ator como erguido sobre si mesmo, dando a sensação de certeza absoluta das circunstâncias imaginárias. O público vê o ator para além do ator, na verdade ele o vê como personagem. O público então vê o personagem e não o ator na cir-

Lição 12. A interpretação teatral 139

cunstância exata. Trata-se para ele de uma forma de criar um universo para o personagem.

Sobre a ação, Stanislavski fala a respeito da necessidade de ligar as ações dos personagens entre si. É fundamental que haja um elo entre essas ações a partir das circunstâncias que são dadas no texto e na cena. Segundo o autor, a atenção do artista deve se focar numa técnica ligada pelas circunstâncias dadas.[6] E a maneira de se criar o elo entre essas diversas ações seria fazer três perguntas: O que se faz? Por que se faz? E como se faz? Ele depois dá o exemplo de ação que será executada: abrir uma carta. Circunstância: a carta é aberta porque alguém disse que contém informação extremamente prejudicial ao personagem. E como o personagem abre a carta, ansiosamente, com medo, seu conteúdo poderá provocar uma reação no personagem. A partir só dessas perguntas criam-se as circunstâncias para que o ator possa estabelecer esse elo.

Antonio Quinet: Muito interessante esse exemplo, a ação de abrir uma carta pode ser feita de milhares de maneiras: ver o que é, o que se espera, as circunstâncias, a reação ao ler o conteúdo da carta. Uma ação tão simples quanto a de abrir uma carta é muito complexa.

Pensando no analista, qualquer coisinha que ele faça é uma ação complexa, não é uma banalidade. O ato analítico está no detalhe. O analista está no palco e qualquer coisa que ele faça — se ele abre uma carta, se ele abre a porta, indica o divã, recebe o dinheiro etc. —, tudo isso é algo que ele endereça ao analisante, que é o seu público privado. É importante pensar na ênfase que você dá ou não a algo que você escolhe fazer ou falar. No caso da carta, se você abre devagar, se abre com pressa, se está esperando ser uma banalidade, se é uma carta que anuncia o resultado de um exame, uma conta, uma ação judicial etc. O que quer dizer isso? Qual o detalhe particular que você acrescenta a algo banal para que este adquira um significado especial? O *setting* analítico é um palco para o ato analítico.

A intervenção do analista não precisa ser em palavras, ela pode ser um ato. Lacan tematizou que o ato pode substituir uma palavra e que o laço social é um discurso sem palavras, e o teatro nos traz isso. Às vezes o analista bebe água e o outro acha que já está interpretando também, e não era esse o propósito. O que não deixa de ser interessante, pois acaba fazendo parte da análise, pois tudo que ocorre nesse palco está sob transferência e o analista não deve jamais desconsiderar isso. Tem algo, portanto, que o analista pode usar e que Lacan usava, inclusive muito, e que é um gesto ou um ato como no teatro. Este nos ensina a valorização de pequenas ações, algo que nós, na vida cotidiana, deixamos passar batido. Mas não esqueçamos que o analista não pode estar ali como sujeito, nem com a sua história nem com o seu desejo, já que o desejo do analista é outra coisa, não é o desejo inconsciente. Ele está como semblante de objeto. Será que o semblante do ator é o mesmo que o do analista? Estar no semblante é uma tentativa de fugir do real da presença?

O semblante não exclui o real da presença, muito pelo contrário, é o semblante que o permite. Semblante de objeto *a*. Não podemos negar que a presença do analista corporalmente é importante para o encontro analítico. Todo mundo que está vivo tem um corpo. Esquecemos facilmente que a presença na análise é uma presença corporal tanto do analista quanto do analisante.[7] Não é à toa que Lacan no final do seu ensino passa do conceito de sujeito para o conceito de corpo falante. O sujeito é aquilo que um significante representa para o outro. Então, o sujeito pode estar numa lápide na qual está escrito que o fulano foi isso ou aquilo, pois o conceito de sujeito do inconsciente, teoricamente, em princípio prescinde do corpo — o sujeito como sujeito da linguagem está no entre-dois dos significantes. O sujeito pode estar vivo ou morto. Esse é o sujeito como sujeito da linguagem, como sujeito do significante. O que não é a mesma coisa do *fala-a-ser*, o *parlêtre*, há uma virada aí, trata-se do fala-a-ser que tem um corpo, um corpo falante. Mas antes de abordar o fala-a-ser, Lacan definira o sujeito como resposta do real. Afinal de contas, uma vez morto o sujeito não emite mais os significantes que o mortificam.

O analista "fala" com o seu corpo. Quando Lacan passa do sujeito da linguagem para o fala-a-ser, inclui o corpo em todas as suas dimensões: Real, Simbólico e Imaginário. No campo da linguagem, o corpo é deserto de gozo que contém pequenos oásis, que são as zonas erógenas. Mas, no campo do

Lição 12. A interpretação teatral

gozo, temos o "mistério do corpo falante". A partir dos anos 1970 o simbólico não barra o real, o simbólico está articulado com o real borromeanamente junto com o imaginário. No Seminário 20, Lacan diz "quando eu estou falando eu estou gozando". O analista tem corpo, e ele "fala" com o seu corpo, e "interpreta" com o seu corpo e o que dele emana, principalmente a voz.

Raul Serrador: Será que o ator tem que perder algo para poder construir o personagem que ele representa? Há controvérsias, pois para o ator trata-se de uma reconfiguração do material da sua história, de buscar aí material expressivo, pois vai usar a imaginação dele, e construir e criar alguma coisa, a partir do que ele tem. Certamente, ele terá que abrir mão de uma série de coisas para o ator não estar presente como sujeito em cena. Stanislavski fala de tipos de atores, o que é mais calcado na própria personalidade ou em clichês e o ator que investe realmente na caracterização do personagem, reinventando com sua observação e produzindo determinado tipo de comportamento, produzindo personagens a partir da observação dos outros e de si mesmo, que é de onde ele tira todas as informações que poderia ter do ser humano para poder construir um novo universo, um novo personagem.[8] Há atores que tendem a não abrir mão de si mesmos e estão presentes como sujeitos na cena, mas há atores que buscam trazer algo do inconsciente para a cena a partir de uma caracterização de um trabalho que é consciente, mas que visa chegar a um resultado que é da ordem do real e que vai tocar no real do espectador.

Antonio Quinet: A meu ver, o ator pode utilizar conteúdos próprios ou não para constituir o personagem. Ele pode criar a partir de suas memórias, de sua imaginação ou do que ele apreende dos outros. Cria então um personagem à sua semelhança ou um outro que pode ser totalmente diferente dele. Exemplo: vou abrir essa carta, vou me lembrar das várias cartas que já abri na vida. Então, vou me lembrar daquela carta que abri e vou tentar abrir da mesma forma e com o mesmo sentimento que abri aquela carta em tal momento da minha história. Ou vou usar a minha imaginação e pensar como teria sido o gesto da rainha ao abrir a famosa carta roubada do conto de Edgar Allan Poe.

Raul Serrador: É o que Stanislavski chama de "memória emocional".[9] Trata-se de o sujeito se utilizar das próprias memórias e projetá-las no personagem. A partir do personagem ele procura a memória que possa alimentar essa construção. O ator pode, também, trabalhar a partir da observação do mundo e construir novas realidades, não necessariamente partindo de uma memória emocional, e isso diferencia bastante esses dois tipos de ator e o tipo de representação também. E, dependendo da representação, o ator precisa de algo mais naturalista ou menos naturalista, isso também define um pouco o uso ou não dessas memórias.

O ator mais naturalista se aproxima muito do realismo, ele tenta reproduzir realidades cotidianas. O ator de televisão normalmente trabalha com chaves de personagens, ele entra numa novela com a sinopse do personagem e cria uma chave relacionada com alguma memória emocional dele ou de outro personagem que já fez. E a partir disso ele constrói um *work in progress*. A novela depende, inclusive, do que os espectadores estão achando de determinados personagens. Se o ator consegue fazer de seu personagem, mesmo secundário, um personagem carismático e superinteressante, ele ganha cada vez mais destaque no enredo. O autor escreve conforme a aceitação da novela e de alguns personagens. A construção do personagem é feita a partir dessa chave que o ator encontra em si daquele personagem. Stanislavski chama isso de superobjetivo.

Antonio Quinet: Qual é o desejo do ator? Contar o personagem, fazer um determinado papel. E o desejo do analista? Segundo Lacan, no Seminário 11, é o de obter a pura diferença, ou seja, fazer com que o analisante assuma a sua singularidade, aquilo que o diferencia totalmente dos demais. Há algo que é o desejo do personagem que o ator tem que perceber e dar forma, assim como o analista tem que perceber qual é o desejo do analisante e construir seu semblante para dirigir o tratamento e se pôr a serviço de causar esse desejo. De toda forma, o analista não pode entrar com o desejo dele. Não podemos dizer a mesma coisa do ator.

Lição 12. A interpretação teatral

Raul Serrador: Stanislavski fala sobre a "ação conjunta". Exceto em monólogos, os atores trabalham em conjunto, e ele diz que percebe entre os atores uma tendência, uma dificuldade em se concentrar quando estão escutando. Ele diz que essa tendência destrói a linearidade do papel, fazendo com que o ator se mova para dentro e para fora da representação. Ele percebe que muitos atores, às vezes, quando precisam escutar, param de ser personagem e passam a ser atores. É como se eles entrassem e saíssem do personagem. É a dificuldade da escuta. Isso me faz pensar na dificuldade de escuta do analista. Em que momento essa escuta se modifica de alguma forma? Em que momento o analista aparece como sujeito e deixa a sua função de analista? O ator corre esse risco também, mas o bom ator não deveria sair do personagem. E deve escutar bem, a escuta do ator diz respeito ao próprio texto do outro ator com o qual contracena.

Antonio Quinet: Quando o ator está contracenando com o outro e não está ligado ao que o outro está dizendo, quando fica se dizendo: "Olha eu aqui em cena!", ele para de ouvir, ou seja, ele entra numa coisa dele que é sua ligação com o olhar do Outro, no caso a plateia. A comparação seria com o analista que, ao invés de estar ligado no que o analisante está dizendo, se perde nas suas próprias associações.

Raul Serrador: Voltando à "memória emocional" que se dá na construção do personagem no processo de ensaio. Quando o ator entra em cena, essa memória lhe serve de substrato para criar ações físicas, entender e ter reações e fazer um jogo de relações com os outros atores. Mas, depois que ele ensaiou usando essa memória para criar as ações físicas e a partitura vocal, corporal do personagem, a partir do momento em que ele vai para a cena com o espetáculo pronto, a memória emocional já estará lá no palco como suporte. Ela garante a linearidade do personagem e do trabalho do ator em cena para que ele não saia do personagem, trata-se da memória do próprio ator ao entrar em cena.

Fazendo uma analogia com o que Freud fala nos sonhos, é a deformação de material consciente, o ator configura, deforma e modifica o material recebido para criar formas com sentidos diferentes do sentido originário.

A partir de 1917, Stanislavski propõe que, em lugar de ter as emoções como condutoras de uma ação, se priorize a ação propositadamente representada para chegar aos objetivos dos personagens, pois este seria o caminho mais direto para as emoções. Ele inverte, passa a trabalhar a partir de uma compreensão do texto para chegar aos objetivos que o personagem teria. Nesse estudo, ele faz a divisão dos "subobjetos" presentes ao longo da peça e a divisão em unidade e subunidade por cena e até mesmo frase por frase do personagem, extraindo os objetivos específicos de cada unidade. É isso a linha de ação do personagem. É o que ele chama de "análise ativa", que são as improvisações em cima dos objetivos propostos pela peça entre os personagens, pelo jogo de relações entre eles para que o ator possa permitir o deslanchamento de uma emoção, ou seja, para que a emoção surja a partir das ações físicas com base nesses objetivos.

Análise ativa é a técnica que Stanislavski utilizou nos últimos anos de sua vida. Isso está bem explicado em *A arte secreta do ator*, um dicionário de antropologia teatral de Eugenio Barba — um diretor italiano que foi discípulo de Jerzy Grotowski. Este, por sua vez, é um teórico de teatro que trabalha exaustivamente o tema das ações físicas de Stanislavski e se dedica à questão corporal a partir das qualidades dos movimentos.

No livro *A preparação do ator*, Stanislavski discute a ideia de *ator criador* e *ator personagem* referindo-se à capacidade desenvolvida pelo ator a partir desse sistema de continuar interpretando seu papel mesmo enquanto observa a si mesmo, e ele faz uma citação de um ator da época que diz o seguinte: "O ator vive, chora e ri em cena e, o tempo todo, está vigiando suas próprias lágrimas e sorrisos. É esta dupla função, este equilíbrio entre a vida e a atuação que faz sua arte".

De certa forma Stanislavski está fazendo uma ponte com Brecht, ele traz à cena essa parte do ator como observador e comentador da cena, como forma de pensar a cena em si distante da plateia com uma quarta parede entre eles. Brecht depois quebra essa parede e o ator, como observador da cena e comentarista, cria uma interlocução com o público. Eis um ponto em comum entre Stanislavski e Brecht, o qual desenvolve o conceito

Lição 12. A interpretação teatral

de distanciamento. É a distância entre o *ator criador* e o *ator personagem* rompendo nesse momento a quarta parede para possibilitar a criação de um distanciamento, de um estranhamento da plateia com a cena.

Ao romper a quarta parede, é como se ele vazasse a fábula e trouxesse uma interlocução entre o ator — não o personagem — e a plateia. Apresenta, assim, o discurso do ator numa interlocução, questionando ou comentando a própria cena. Brecht, com a técnica do distanciamento, trata de romper com a fábula (a história contada pela peça) para levantar questionamentos sobre ela. Seria interessante, por exemplo, montar um espetáculo como uma novela, tentando conseguir o máximo de envolvimento do espectador para que no momento do corte, no momento de romper a parede, se criasse realmente um grande estranhamento.

O inconsciente do ator em cena

Stanislavski usa não o termo *inconsciente*, mas o termo *subconsciente*. Há um capítulo que se intitula "No limiar do subconsciente"[10] em que ele diz: "Às vezes, um objetivo existe subconscientemente e chega até a ser executado subconscientemente, independendo da vontade ou do conhecimento do ator. Muitas vezes, só depois é que ele vem a compreender plenamente o que se passou". Eugenio Barba, em seu dicionário, disse que é muito provável que Stanislavski tenha se inspirado no livro *Névroses et idées fixes* de Pierre Janet para embasar a sua concepção de subconsciente. Ele apostava na criação, dizendo que o ator deveria, através de uma psicotécnica consciente, utilizar indiretamente a matéria presente.

Antonio Quinet: Muitas vezes o que Stanislavski está chamando de subconsciente é propriamente o inconsciente freudiano, ou seja, ele aponta que o ator absorve algo do que se passa em nível inconsciente. É o que aparece nas técnicas de improvisação em que o ator parte para improvisar a partir de um texto ou de uma proposta de ação. Algo ali vem de seu inconsciente e ele age e fala "sem pensar". Por exemplo, a proposta é "vamos abrir uma carta" e se distribui um envelope para todo mundo. Cada um improvisa uma cena de três minutos abrindo uma carta. Muitas vezes o ator prepara tudo e, de repente, quando ele está fazendo a cena, traz elementos novos ou surge alguma coisa ali que ele não tinha preparado e isso é o mais interessante da improvisação. É não só você montar uma cena, rapidamente — e sabemos que a pressa precipita as formações do inconsciente —, como também ver o que surge, e aí é obvio que é o inconsciente que comparece. E aí o ator transforma aquilo que é inconsciente em consciente, pode associar ou não com algo do passado um sonho, uma fantasia etc. O teatro mostra também uma cena sem palavras, aquilo que a histérica já mostrou há muito tempo, que o inconsciente está no corpo. E que é no corpo que aquilo aparece.

Uma das coisas que me surpreenderam nas oficinas de teatro das quais participei foi verificar que as improvisações são na verdade exercícios de associação livre. Mas é uma associação livre que muitas vezes não é falada, é incorporada. Pode ser textual, é de movimentos ou de ações. E no exercício de associação pode entrar a memória emocional ou a memória inconsciente, e aí fica muito mais interessante. Algo do real passa, porque quando há essa associação livre, colocamos o real em jogo.

Obrigado, Raul, por sua apresentação e por seu esforço de resumir uma obra tão complexa e fundamental para o mundo do teatro como a de Stanislavski. Pudemos acompanhar como não é nada simples o ofício do ator, que é o ofício do semblante por excelência. Fizemos algumas pontuações sobre as diferenças e analogias com o semblante do analista ao longo dessa apresentação. Mas ainda há muito a ser desenvolvido. Como agentes de um laço social, analista e ator sustentam seus semblantes com base em diferentes verdades. A verdade do ator é a de seu próprio inconsciente, de seu gozo, de sua fantasia. A verdade do analista concerne ao saber próprio da psicanálise, saber não todo, saber da castração adquirida pela própria análise do analista e o saber que se deposita sobre o tratamento que ele está conduzindo com aquele determinado sujeito. Talvez possamos pensar também para o analista no jogo do "se eu fosse" para que o analista faça o semblante como Outro do paciente de forma escancarada, sem esconder

Lição 12. A interpretação teatral

que está representando de forma a fazê-lo cair, ou seja, furar esse Outro, mostrar que ele é realmente furado, sem consistência, como fez Lacan fazendo o semblante de mãe da analisante com Marie-Christine Laznik, citado na lição 8 deste livro. O uso do semblante de forma evidenciada promove um distanciamento do sujeito em relação ao Outro e às figuras que o representam para o sujeito.

Outro autor de teoria de teatro a ser estudado pelos psicanalistas para o entendimento do fazer semblante é Bertolt Brecht, que apresento em meu livro *O inconsciente teatral*. Brecht cria o conceito de distanciamento ou estranhamento para o ator para que este não se identifique completamente com o personagem que representa. O ator deve mais apresentar do que representar, e para isso deve se distanciar do personagem para inclusive criticá-lo ou ironizá-lo, caricaturá-lo etc. Ou então trazer um estranhamento a algo que poderia passar batido como uma coisa natural. Na verdade, não há nada natural no jogo dos semblantes, e Lacan mostra isso. O analista não deve enganar colocando-se no lugar do Outro para o analisante, pois esse Outro nem existe. Tem que usar escancaradamente o semblante para justamente desmascará-lo. E ainda podemos pensar a utilização do distanciamento brechtiano como um método de se colocar para o analista, na medida em que este tem que tomar distância de sua subjetividade, de seus desejos próprios, de seu sintoma para atuar como semblante de objeto. Enfim, trata-se de um vasto campo de pesquisa que se abre na perspectiva de se trabalhar o que faz o analista a partir do semblante como representação teatral.

Lição 13. O semblante de objeto *a* do analista

O LUGAR DO ANALISTA COMO AGENTE do discurso do analista, como laço social, é o lugar ocupado por um semblante, como vimos. Não é o semblante de chefe como no discurso do mestre, nem de professor como no discurso do universitário; nem o semblante de um sujeito, como no discurso do histérico. Daí se deduz que o analista dirige, sim, o tratamento, mas não manda, não ensina nem provoca. O analista faz semblante de objeto *a* e é daí que ele faz o ato e interpreta.

E quando o analista não fala? E quando o analista não responde e se cala? E no silêncio, o analista não está fazendo semblante de nada, certo? Enganam-se. O silêncio é o exemplo paradigmático de semblante de objeto *a* dado por Lacan.[1] Porque é o semblante de dejeto de discurso, ou seja, o que está fora da linguagem, é o vazio — o vazio de significantes, o silêncio. O analista fica em silêncio propositalmente para fazer surgir o que Lacan aponta como o resto da linguagem, o dejeto como uma vertente do objeto *a*. Assim, o famoso silêncio do analista é da ordem do semblante: semblante de dejeto. É o silêncio estrutural daquilo que está fora da linguagem: o objeto *a*.

O analista é o condutor do jogo analítico. A análise é um jogo entre dois parceiros, como um jogo de xadrez — metáfora cara a Freud para se referir à análise, pois se conhece a entrada e não se conhece de antemão o processo nem o final. Além disso, podemos dizer que é um jogo de papéis, de papéis como no teatro, em que cada ator faz um papel, um personagem. Mas no caso do analista não se trata de um papel prévio. Esse papel vai ser dado pela "peça" que está sendo encenada no divã, ou seja, o teatro privado do analisante. Para ser o condutor do jogo, o diretor da cena analítica, o

Lição 13. O semblante de objeto a do analista

analista faz semblante de "ser o grande efeito de linguagem [...]: o objeto *a*, para chamá-lo pela sigla que lhe atribuo".[2]

Pare-ser

A dimensão do condutor do jogo que é o analista é a do semblante, que é uma "mansão do dito". Semblante de objeto *a* é o lugar que o analista deve ocupar para fazer a interpretação. Então, toda a abordagem da questão da interpretação e do ato deve ser vinculada a esse lugar tão estranho e esquisito, e até mesmo desumano, que é o lugar de semblante de objeto *a*. Atenção! Não se trata de ser o objeto *a* e sim de parecer o objeto *a*. E podemos fazer o trocadilho usado por Lacan para dizer que para o analista não se trata de ser mas de "pare-ser". Observemos a construção da palavra "parecer" em francês: *paraître*, por homofonia *parêtre*, sendo être = ser; parecer, pare-ser. Justamente, tem a ver com o semblante.

Podemos dizer que, no campo da linguagem em que Lacan começa a abordar a psicanálise, existe algo que escapa à linguística, que não é propriamente o ser, mas o parecer que ele escreve com "s", para se referir àquilo que vem no lugar do ser, ao qual não se tem acesso. Como ele mesmo diz: " A referência pela qual situo o inconsciente é justamente aquela que escapa à linguística".[3]

A psicanálise se interessa primeiro por aquilo que está para além ou para aquém das palavras. Seria o que Kant chamaria de transcendental, que transcende a linguagem, que transcende o mundo fenomênico, ou seja, o que vai para além do fenômeno. A psicanálise trata da Coisa em si (*Noumenon*, segundo Kant), que é um conceito do qual Lacan parte até chegar ao conceito de objeto *a*, que ele aproxima do ser-aí, o *Dasein* heideggeriano, afirmando que o *Dasein* é o ser no seu status de objeto *a*.

Como veremos a seguir, o objeto *a* não é exatamente o ser do sujeito, ele parecer ser, é um "pare-ser" ou, melhor dizendo, o objeto *a* é um semblante de ser.

O ser que se furta

O ser do sujeito está para além do sujeito da linguagem historizado, está naquilo que é o mais singular do sujeito, que não são seus significantes, apesar dos significantes se referirem ao sujeito e girarem em torno desse ser que se furta e é inefável, fora da linguagem. Mas o que é mais particularizado nesse ser é a sua condição de gozo, a qual está concentrada nesse objeto *a*, que é um quantum de libido que cada um tem, e que Lacan chama, em alguns momentos, de o objeto condensador de gozo que está para além da linguagem.

O objeto *a* é o mais íntimo e ao mesmo tempo externo, sua topologia é a extimidade — o externo íntimo, a intimidade externa —, conceito que Lacan propõe desde o Seminário 7, *A ética da psicanálise*, a propósito de *das Ding*. É o que o causa e que lhe escapa, e é o que faz você correr atrás, que faz com que encontre esse objeto em determinados parceiros e logo lhe escapa. Encontra como uma *tykhe* e daqui a pouco não está mais ali, está em outro lugar, sempre escapando, causando e orientando a vida de cada um. Mesmo esse ser, pelo fato de escapar, Lacan considera, a partir do livro 20 do *Seminário*, que o objeto *a* também é da ordem de um semblante de ser. O ser mesmo é algo que escapa, mas encontramos no objeto *a* como semblante de ser.

Temos no objeto *a* um conceito operatório para lidarmos com isso que causa e escapa. É aquilo que escapa, mas ao mesmo tempo é aquilo em torno do que a pulsão gira. Aquilo pelo que a linguística não se interessa é aquilo pelo que a psicanálise se interessa: a pulsão e seu objeto semblante de ser, esse pare-ser. Se o ser é justamente aquilo que escapa, então temos que nos interessar por aquilo que está ao lado do ser, que parece o ser e que é o próprio semblante de ser. E que é todo o mundo do semblante onde se manifesta o ser do sujeito. A psicanálise se interessa por essas pistas, que Lacan já vinha elaborando algumas vezes, que são falsamente falsas mas indicam o ser do sujeito. Nós somos seres bastante complexos, podemos dizer uma coisa e falar exatamente o oposto só para simplificar. Isso é da ordem do que é o pare-ser.

Lição 13. O semblante de objeto a do analista

E Lacan diz o seguinte: "A psicanálise só acede a isso", ao inconsciente, "pela entrada em jogo de uma Outra dimensão do dito, à qual se chega pelo fato de o jogador 'fazer semblante' de ser o efeito maior de linguagem, o objeto que se (a)nima pelo corte que o permite: o objeto (*a*), para chamá-lo pelo sigla que lhe afeto".[4]

O analista faz semblante de ser o efeito da linguagem (sobre o real): semblante de objeto *a*. E Lacan continua a seguir apontando que o fazer semblante é uma forma de pagamento do analista — pagamento de abdicar de seu ser, de seu status de sujeito na direção de uma análise. Diz Lacan: "Isto, o analista o paga tendo que representar a sobra de um discurso, depois de permitir que o sentido se feche em torno da sobra a que ele se dedica".[5]

O analista representa, no sentido da representação teatral, o objeto *a* que é o que sobra, o que resta, o que cai do discurso. Eis uma outra maneira de dizer que o analista faz semblante de objeto *a*. É com seu semblante que o analista se dedica a presentificar o objeto-sobra da linguagem nas análises que conduz.

Uma vez que a linguística não se ocupa do real, cabe aos analistas fazê-lo. Na análise, o real será tocado pela dimensão da palavra, pela dimensão do dito. Nós não tocamos no corpo do analisante, é só pela interpretação e pelo ato que tocamos no real do sujeito analisante. É com o ato a partir do semblante que se toca no real, ou seja, por essa *dit-mension*, a dimensão do dito. O real será tocado por uma menção da língua, seja por um dito que é a interpretação, seja por um dizer que é o ato. O sujeito está falando, de repente o analista diz qualquer coisa e introduz outra dimensão que vai para além do que ele está falando. Retomando aqui mais uma vez a interpretação que Lacan fez com Marie-Christine Laznik, citada na lição 8, chamo a atenção para o semblante de objeto voz usado por Lacan. Ele não bancou a mãe, o que ele fez foi se dirigir à sua analisante como se ela fosse uma criança, com uma voz superafetada sem disfarces, uma voz antinatural e exagerada ao telefone, e lhe lançou: "Quando é que eu vou te ver de novo, minha criancinha?". E ao desligar ela exclamou: "Era a voz da minha mãe". E essa interpretação a partir desse semblante provocou a retomada da análise que havia sido interrompida.

Quando o condutor do jogo, o analista, faz semblante de objeto *a*, a análise entra em outra dimensão. Se você, analista, não estiver nesse lugar, você estará como sujeito, como ego, ou até como objeto *a* do sujeito. Você deve fazer de conta, não se trata de você como o objeto *a* de seu analisante. É fazer de conta, não é ser. Não é ser aquela pessoa que fica mostrando a perna para o paciente a fim de causar o desejo, não é por aí. É o fazer de conta, e o fazer de conta tem a ver com o pare-ser. O analista "'finge' [faz semblante] ser o grande efeito de linguagem".[6]

Representar o lixo

O que Lacan chama de queda, a sobra, é o resto do discurso. O que é designado por discurso aqui não é só a fala, a oratória, mas também o discurso como laço social. Qual é o discurso do qual o objeto *a* é o resto? É o discurso do mestre, onde o objeto *a* está justamente no lugar da produção. É esse resto produzido que no discurso do analista vem no lugar de agente e de semblante. Esse laço inédito inventado por Freud e formalizado por Lacan com o matema do discurso do analista pega o que sobra do discurso do mestre, que é o discurso do inconsciente, e o coloca no lugar de agente.

Esse objeto *a* efeito da linguagem é produzido pelo discurso do mestre que é a própria articulação linguageira, de S_1, para S_2, para S_3, Sn. Temos aí o que cai e está sempre escapando, que é o objeto *a*. No efeito de linguagem, temos o sujeito sendo determinado e o objeto *a* caindo. Podemos dizer que esses são os dois efeitos da linguagem, o sujeito é determinado, deslizando de significante em significante, e o objeto *a* é aquilo que escapa.

Esse significante "queda" aparece muito no ensino de Lacan, sempre em relação ao objeto *a*. É esse resto, essa sobra do discurso do mestre inconsciente que o analista deve representar com seu semblante. Por isso Lacan diz que o analista paga o preço. No texto "A direção do tratamento e os princípios de seu poder", Lacan apontava que o analista paga com

Lição 13. O semblante de objeto a do analista

suas palavras, com seus atos e com o seu ser ao abdicar deste. Aqui, mais adiante no seu ensino, o pagamento em questão é o semblante, bancando o resto do discurso. É a essa sobra do discurso que o analista se dedica. É uma dedicação à causa analítica, dedicação a fazer semblante de objeto *a*.

Lacan é ainda mais claro e contundente no Seminário 23, *O sinthoma*:

> Comecei por dar ao discurso analítico seu status, a partir do *fazer semblante do objeto pequeno* a, ou seja, do que nomeio a propósito do que o homem se coloque no lugar do lixo que ele é — pelo menos aos olhos de um psicanalista, que tem uma boa razão para saber disso, pois ele mesmo se coloca nesse lugar. É preciso passar por esse lixo decidido para, talvez, reencontrar alguma coisa que seja da ordem do real.[7]

Vemos aí que a dedicação ao objeto *a* da parte do psicanalista é correlata a essa posição de "lixo decidido", à qual o analista chegou em sua própria análise, ao se experimentar como objeto *a*, caído do discurso, quando da travessia de sua fantasia. Não é possível fazer semblante de objeto *a* sem ter passado por isso.

Como o analista fala sem entrar no discurso do mestre? Como ele fala não utilizando a linguagem, mas o que falta à linguagem? Sabemos que isso é possível, é possível bancar esse lugar — eis o desafio que Lacan deixa para os psicanalistas. Existem as condições que propiciam isso. Sendo que a condição principal e *sine qua non* é a análise do analista e seu final, quando da travessia da fantasia o sujeito sabe que é um rebotalho, condição para que possa advir o desejo do analista — mola propulsora da tática, da estratégia e da política na condução do tratamento analítico.

PARTE II

A arte da interpretação

Lição 14. A ética da interpretação

FREUD NÃO ESCREVEU NENHUM texto propriamente sobre a ética da psicanálise, que é o título do seminário de Lacan de 1959-60, ano letivo que dedicou inteiramente a esse tema. Ele não falou da ética que rege o psicanalista, ou seja, não nos falou exatamente como se articula a ética com a clínica, mas nos deu os fundamentos que servem como base para desenvolvermos o que seria a ética que comanda a clínica.

Freud fundou uma sociedade de psicanálise em que os analistas deveriam cumprir determinadas regras e funções. Se a psicanálise se mantém até hoje, é porque nós, psicanalistas, não aceitamos nos submeter a um determinado código, uma ontologia que não seja regida pelos próprios fundamentos da psicanálise. Com isso, não temos um código de ética estabelecido pelo estado nem um conselho de ética. Isso não quer dizer que não tenhamos uma ética, pois temos uma instituição que possa acolher as questões éticas, que é a Escola. Freud fundou a Associação Psicanalítica Internacional — IPA — com uma série de sociedades que têm as suas regras e as suas funções, seu código de ética.

Sobre as dicas deixadas por Freud, dentre elas podemos comentar o modo como a resposta do analista não é uma resposta. Se o paciente pergunta algo como: "Doutor, o que eu tenho?", o analista responde: "Fale!" É uma *pararresposta*, uma resposta paralela.

No âmbito da psiquiatria, na anamnese do esquizofrênico, quando se pergunta: "O que é isso?", ele responde: "Um pato", "O que ilumina uma sala?", ele responde: "Minha mãe acabou de chegar à casa". Uma resposta que se diz uma *pararresposta*, que não tem nada a ver com a pergunta. A resposta do analista é quase isso, ela não é uma resposta como o que é esperado dentro de uma lógica cognitivista do conhecimento. É como traduzo uma expressão de Lacan ao dizer que a resposta do analista é sempre à côté, isto é, "ao lado de" — ele responde do lado, paralelamente.

A resposta do analista

A resposta do analista já é uma *pararresposta*, ou seja, diferente da resposta que se possa obter habitualmente. Eis uma primeira indicação ética. O analista não sabe, mas não sabe mesmo o que o sujeito tem. É uma posição ética em que qualquer coisa diferente disso cai na hipocrisia e na charlatanice, porque o saber do analista não é um saber preestabelecido. É um saber extraído de sua própria análise, de seus estudos sobre os textos de fundamentos da psicanálise e do que será acumulado pela própria decifração do inconsciente daquele sujeito que lhe pergunta o que ele tem. Trata-se, portanto, de uma indicação ética: o analista não responde do lugar do saber que lhe é suposto.

Outra indicação ética fundamental é a regra da abstinência. No senso comum ficou conhecido como "Não transar com o paciente". Só que Freud é muito mais delicado em relação a isso. Trata-se de não responder do lugar do Outro do amor no qual o analisando coloca o analista, ou seja, não responder à demanda de amor. Isso é uma regra fundamental, um preceito ético que vai mais longe do que imaginamos. Porque a tendência do jovem analista (eu diria que do velho também) é ser bonzinho, simpático que fica querendo que o paciente volte. Esse princípio ético é muito difícil porque não é só não ter contato físico em hipótese nenhuma. Massagem, em análise, nem do ego.

Desenvolvendo esse ponto da regra da abstinência, Lacan diz que o analista não tem que responder à demanda do paciente. A única demanda aceita e que é acolhida é a demanda de sofrimento, a demanda de ponto de gozo, ali onde há um sujeito que quer se desvencilhar daquilo, saber mais

Lição 14. A ética da interpretação 159

a respeito. Essa é a demanda verdadeira que não é para ser respondida, mas para ser acolhida.

Lacan até debocha do preceito "Conhece-te a ti mesmo". Quando o sujeito vem com essa demanda, não dá para aceitar logo. É preciso ver o que ele quer, por que ele quer se conhecer, porque ninguém quer conhecer nada. E isso porque o recalque é soberano, o recalque é o nosso protetor, assim como o sono, nós queremos dormir o tempo todo. Até o sonho, nos diz Freud, é o "guardião do sono" — você sonha e satisfaz seus desejos para continuar dormindo. Então, o que o neurótico quer é dormir. Só quando o calo está apertando mesmo é que ele tenta procurar o analista.

Quando Lacan especifica o conceito de demanda, ele o faz equivaler à própria cadeia significante que o sujeito emite, ou seja, a fala é uma demanda. Falar é demandar. Quem fala a alguém demanda no mínimo para ser escutado e também para ser respondido. A maioria dos diálogos é de surdos porque são duas pessoas falando, nenhuma se escutando, ambas demandando. Em toda fala há uma demanda de reciprocidade. Porque toda demanda no seu fundamento é uma demanda de amor, uma demanda de presença. A fala é uma demanda de "você está aí?" que espera a resposta "sim, eu estou aqui". Falar é uma demanda de amor endereçada ao Outro, suposto escutar e suposto responder.

Freud diz que nem desse lugar de analista você deve responder de forma direta, inclusive ele diz que o analista não deve "prestar atenção" no que o analisando diz. Ele propõe para o analista a atitude de uma "atenção flutuante", que é uma postura ética, não apenas técnica. Esse não prestar atenção é não responder à demanda que o sujeito endereça ao Outro. O que o analisante espera? Ele quer que esse Outro, lugar onde situa o analista, responda dando um sentido à sua fala. Só que esse sentido é um sentido que viria do Outro — o Outro do amor. Mas estruturalmente o Outro é barrado. Se o analista responde, ele deixa supor que o Outro não é barrado pela castração e faz consistir um Outro que poderia trazer o que falta ao sujeito, e assim não permite que o sujeito se defronte com a falta do Outro.

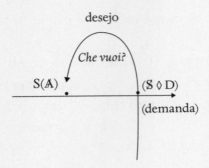

Se você responde desse lugar (A), como analista você dá o seu significado para aquilo que é o significado do Outro e que não é da ordem da decifração do sujeito. Ao não responder do lugar do Outro o analista faz aparecer a interrogação sobre o desejo que é o *"Che vuoi?"*. Então, a única possibilidade de aparecer o *"Che vuoi?"*, que é o desejo que aparece como desejo do Outro, é o analista não responder do lugar do Outro da demanda.

Encontramos outro preceito ético em Freud: o sigilo do analista que sustenta a ética do caso clínico, daí ele modificar alguns dados de seus casos para que o analisante não seja reconhecido. A questão do sigilo é fundamental para o estabelecimento da confiança, pois sem ela não há análise possível.

Há outra coisa que podemos pensar em Freud, a qual Lacan generaliza, que é a não promessa de cura, em particular no caso da psicose. Lacan generaliza dizendo que o analista não pode prometer a cura em nenhum dos casos e nem a cura do sintoma. O que ele não pode prometer é que o sujeito cure a sua modalidade de gozo, podemos dizer, em termos bem gerais. O sintoma como compromisso se dissolve, e dele o analista promete a cura, sim. Isso que faz sofrer, o seu sintoma histérico, o seu sintoma obsessivo pode desaparecer com uma análise. Mas nem tudo se "cura" numa análise, há um resto que é o "sintoma fundamental", com o qual o sujeito deve consentir no final de sua análise, é o que Lacan chamará de "identificação com seu sintoma".[1]

Promessa de felicidade?

No livro 7 do *Seminário*, *A ética da psicanálise*, Lacan não se refere diretamente à ética da psicanálise, apenas nos últimos capítulos ele aborda os paradoxos da ética e dá algumas indicações para o psicanalista. Mas nos dá suas premissas. É como se Lacan, nesse seminário, tivesse que demarcar o campo da ética para dizer o que não é a ética que rege a psicanálise. Depois de ter trabalhado quase todo o seminário sobre o campo do para além do princípio do prazer, contestando as éticas de Aristóteles e de Kant, desenvolvendo as bases para se pensar o campo do gozo, a perversão e a sublimação, ele volta à questão da ética e diz:

> A ética consiste essencialmente — é sempre preciso tornar a partir das definições — num juízo sobre nossa ação, exceto que ela só tem importância na medida em que a ação nela implicada comporta também, ou é reputada a comportar, um juízo, mesmo que implícito. A presença do juízo dos dois lados é essencial à estrutura.[2]

Ou seja, há um juízo sobre a ação do analista e um juízo na ação do analista também, isto é, esse juízo é propriamente a ética, algo que nos aponta qual é a nossa ação. Porque a ética é, justamente, a disciplina em filosofia que rege as ações dos indivíduos. Falando em linhas gerais, Lacan utiliza Aristóteles — *Ética a Nicômaco* — e Kant — *Crítica da razão prática*, que são duas referências fundamentais para a questão da ética no nosso pensamento ocidental.

O que ele mostra é que Aristóteles desenvolve toda a sua *Ética a Nicômaco* baseado num preceito da justa medida — nem muito nem tão pouco. Ele analisa todos os casos do excesso: se você não for muito excessivo e também não for muito econômico, você vai à justa medida da sua ação, e com isso será um ser ético para atingir o Bem Supremo. O *orthos logos* (o discurso correto) é que mede e determina o que devo fazer.

Com isso Aristóteles promete que quem ficar direitinho na vida, não for muito excessivo, mas também não for covarde, atingirá o "Bem

Supremo", o encontro com Deus e um estado de beatitude correspondente à abolição do desejo. Você chega a um ponto de gozo que seria não desejar mais nada, ou seja, chegou ao ponto da felicidade, que é a miragem aristotélica do Bem Supremo, um estado de quietude de desejo, de gozo absoluto no qual não se tem mais nada para desejar. Acabou, chegou ali, agora é só gozar. E assim permanecer gozando de uma vida contemplativa.

Lacan caricatura e diz que é isso que o analisante pede: a felicidade, um estado sem rupturas de bem-estar, como se o que ele pergunta no fundo fosse: "Você me promete a felicidade?". Todo mundo quer ser feliz. Então, a primeira coisa que Lacan mostra é que esse tal de Bem Supremo não existe e, no lugar desse encontro com o suposto estado, você chega por esse caminho a um estado de abolição do desejo.

Lacan nos mostra em seu seminário que esse grande Outro não barrado — que estaria no lugar do deus de Aristóteles e que prometeria então chegar à felicidade — não existe. O grande Outro é tão barrado que não existe, ele é inconsistente. Daí o analista, não respondendo do lugar do outro, dá uma chance para o sujeito se deparar com a falta do Outro.

A moral da psicologia, da autoajuda, leva a essa suposição de um estado de felicidade — onde todos estão ok! E você espera ficar bem num estado regular de felicidade, sem brechas, sem nada, sem abalo nenhum. O difícil é realmente conviver com o fato de que o Outro falta, que o Outro pode não responder — não só o analista, mas o Outro do amor, seu parceiro que nunca responde quando você quer ou de onde você espera. Barrar o Bem Supremo como finalidade da vida corresponde ao analista não poder prometer felicidade e não poder prometer esse estado de quietude ou de alívio em relação ao desejo.

Lacan evoca também a *Crítica da razão prática* de Kant para abordar e criticar a máxima universal que deve, segundo o autor, reger a ação de todo mundo. A cada ação, segundo Kant, deve-se pensar o seguinte: será que essa minha ação serviria para todo mundo como receita universal? Aí vem o famoso imperativo categórico: "Age de tal modo que a máxima de tua vontade possa sempre valer ao mesmo tempo como princípio de uma

Lição 14. A ética da interpretação

lei universal".[3] Com isso, aquilo que é o seu bem será um bem para todos da comunidade dos homens e das mulheres em que você está inserido.

É claro que nós, leitores freudianos, já sabemos, antes de ler Lacan, que o imperativo categórico é o que Freud toma para exemplificar o supereu. O supereu com seu paradoxo que constrange e coage o sujeito de tal modo que ele deve abdicar da sua individualidade, da sua singularidade em nome de uma instância superior: "Aja conforme seu pai que disse isso e aja conforme seu pai que disse aquilo", e o sujeito se divide e se estilhaça em relação a esse imperativo. Lacan passa boa parte do seminário mostrando que esse imperativo em que a ação individual é igual a uma ação coletiva é impossível e equivale a um imperativo sadiano de "goze o máximo que você possa". Assim Lacan formula a máxima sadiana que é o avesso contido na máxima kantiana: "Tenho o direito de gozar de teu corpo, pode dizer-me qualquer eu, e exercerei esse direito, sem que nenhum limite me detenha no capricho das extorsões que me dê gosto de nele saciar".[4] Demonstra assim que o imperativo moral kantiano é fundamentalmente um imperativo de gozo. O que é paradoxal, pois ao mesmo tempo em que é um imperativo que coage, é um imperativo de gozo. Como Lacan mostra que no imperativo a lei e o gozo estão juntos e não separados?

Se o Nome-do-Pai é a instância da lei que vem barrar o gozo, o imperativo categórico é a junção do gozo com a lei. É por isso que é uma lei louca, falha e que, na verdade, ferra o sujeito caso ele se baseie nisso para ter o juízo de suas ações. Lacan resume que o imperativo categórico é "goza!", goza em nome do Outro. Porque ao agir de tal maneira que você sirva como regra de todo mundo, você está colocando todo mundo ali. Vejam como isso abre um aspecto interessante para pensarmos como o supereu individual é vinculado ao supereu social. Não é à toa que Freud mostrou inicialmente como a repressão social da Viena do século XIX era vinculada ao recalque do sujeito, ao recalque de suas fantasias proibidas etc. Podemos dizer que há esse vínculo porque quando eu jogo para o coletivo aquilo que deverá reger a minha ação, vou mirar no coletivo, e a sociedade diz: "Isso pode; isso não pode".

Freud chega a usar a expressão do supereu social porque essa instância é social. Também nos aponta que o sujeito individual é o mesmo sujeito do social. O sujeito como tal não é nada, ele é representado por determinado significante e esses significantes são do Outro. Você é mulher, psicóloga, dona de casa, flamenguista, carioca, são todos significantes que vão lhe dando identidade, mas na verdade trata-se de identificações com determinados significantes... que vêm do Outro.

O inconsciente ético

Há determinados significantes, como judeu, branco, negro etc., que são significantes sociais que o sujeito herda simbolicamente, e aos quais você se agarra e julga constituírem o seu ser. Só que o inconsciente não é ontológico, como diz Lacan no livro 11 do *Seminário*, *Os quatro conceitos fundamentais da psicanálise*, o inconsciente é ético. Ontologia diz respeito ao ser, mas não diz efetivamente quem você é. Nós deciframos o inconsciente é debulhando as identificações significantes vinculadas à nossa história e ao Outro social para responder à pergunta sobre o ser. Mas o ser se furta e aquilo com o qual se depara é a falta de ser, o sujeito como falta-a-ser. O inconsciente não mostra o que é o seu ser, donde o inconsciente não é ontológico, é ético. O que seria esse inconsciente ético?

Dizer que o inconsciente é ético significa dizer que nada das minhas ações escapa ao inconsciente. O inconsciente é ético diz respeito à ética do desejo. O inconsciente está regendo tudo, rege o meu corpo, meus pensamentos e minhas ações, e seu motor, seu cabo e seu martelo é o desejo.

A ética do analista não é aristotélica, tampouco é a kantiana que faz prevalecer uma lei universal, que é um pouco o que os conselhos de ética tentam fazer: regras que sirvam para todos. Mas não é isso que pode nos servir. Se pensarmos que o inconsciente é ético, a ética da psicanálise só pode ser ligada à singularidade do desejo e sua articulação com a falta e com a Lei simbólica.

Lição 14. A ética da interpretação

Depois de Lacan ter passado por Aristóteles e por Kant, ele se dirige à tragédia, da qual toma a essência do herói — e principalmente da heroína Antígona — para tentar extrair o que o move, sabendo sempre que o herói trágico se ferra no final da tragédia. Este faz uma ação determinada por uma escolha ética e paga um alto preço por suas consequências. Essa escolha ética é que faz com que Antígona avance sem temor nem piedade, sem covardia nem hesitação sustentando seu desejo.

Lacan diz ser essa a ética do desejo, sem covardia e sem piedade, na qual a psicanálise deve se basear. Tem seu componente trágico sim, o que não quer dizer que todo desejo tenha o fim de Antígona, que será emparedada viva. Porém é esse o fio, no sentido da faca afiada, do desejo que é aquilo que deve reger a ação do analista e que é a ética que ele não encontrou nem em Kant e foi encontrar na arte trágica. Principalmente o desejo de Antígona, porque ela coloca o desejo dela versus o desejo da pólis, representado por Creonte, que havia determinado que esse seu irmão, que tinha atacado Tebas, não seria enterrado com as honras fúnebres. Antígona prestou-lhe um ritual fúnebre, não deixando o cadáver do irmão exposto como carniça para ser devorado por animais. Ao fazer isso, ela sabia que seria condenada à morte. Eis a determinação de um desejo individual que pode se contrapor a todos, não obrigatoriamente, mas como um paradigma do não todo, que vem furar o todo da determinação. Trata-se de um dizer "não!" à ordem geral em função da ética do seu desejo. Mas esse desejo não era um desejo qualquer. Era um desejo determinado pelo inconsciente ético — o desejo ético estava na sua herança simbólica da família dos Labdácidas.

Lacan fala que ao longo da peça Antígona depura toda a lei que a determina, que é a lei simbólica. Então, é um desejo dela individual, mas é também um desejo que está determinado pela cadeia histórica, simbólica, ancestral, de sustentar um desejo da família. Ela depura, como diz Lacan, o escrutínio da lei que a rege, que é a lei do desejo. Mas não é um desejo solto, sexual, é um desejo determinado pela lei simbólica.

Lacan fala que, na verdade, a não existência do Bem Supremo corresponde ao que Freud chamou de castração, que corresponde ao Outro barrado. Que haja um rochedo da castração com o qual nos deparamos aponta justamente para o não todo fálico. Ele diz:

> A questão do Bem Supremo se coloca ancestralmente para o homem, mas ele, o analista, sabe que essa questão é uma questão fechada. Não somente o que se lhe demanda, o Bem Supremo, é claro que ele não o tem, como sabe que não existe. Ter levado uma análise a seu termo nada mais é do que ter encontrado esse limite onde toda a problemática do desejo se coloca.[5]

Lacan se refere aqui ao texto de Freud, "Análise terminável e interminável", em que se pode ler, do ponto de vista da ética, que ao levar uma análise até o fim você se depara não com o Bem Supremo, mas com a castração, em suma, com a reafirmação da falta, e que o Outro não tem para dar aquilo que poderia completá-lo. Então, o que o analista tem a dar? Ele não tem a dar a promessa do Bem Supremo. Ele diz: "O que o analista tem a dar, contrariamente ao parceiro do amor, é o que a mais linda noiva do mundo não pode ultrapassar, ou seja, o que ele tem. E o que ele tem nada mais é do que seu desejo, como o analisado, com a diferença de que é um desejo prevenido".[6]

Trata-se do desejo do analista como um desejo advertido de que o analisante vai colocá-lo no lugar daquele que pode responder do lugar do Outro. "Advertido e procurando prevenir-me contra isso, ou, dito de outra maneira, sempre livre."[7] Aí entra a questão da liberdade do analista em determinados pontos, do pouco de liberdade que ele tem sobre a interpretação. "Sempre livre quanto ao momento, ao número e também à escolha de minhas intervenções, a tal ponto que a regra parece ter sido inteiramente ordenada para não atrapalhar em nada meu trabalho de executante."[8]

O desejo prevenido não pode prometer o impossível, diz: "O que pode ser um tal desejo, propriamente falando, o desejo do analista? Desde já, podemos no entanto dizer o que ele não pode ser. Ele não pode desejar o impossível".[9] Está, portanto, excluída a promessa de felicidade.

Lacan disse certa vez que teria gostado de ter escrito um texto sobre o que desenvolveu nesse seminário sobre a ética da psicanálise, o que não

Lição 14. A ética da interpretação

fez, mas temos algumas indicações inclusive posteriores a esse seminário. Em *Televisão* ele se refere à ética da psicanálise — dando um passo adiante — como a ética do bem-dizer. Essa ética do bem-dizer é uma ética que rege a análise, tanto para o analisante como para o analista, de forma diferente. Para o analisante é: "Diga mais, diga sempre, diga cada vez melhor", dizer a mesma coisa para aquilo não ficar lhe dizendo imperativamente o que é e o que você deve fazer. Diga melhor o seu sintoma — dentro da teoria do sintoma de Lacan, esse bem-dizer vai até o bem-dizer do sintoma. Mas, no que você diz, você já localizou, já o reduziu, acabou sabendo lidar com aquele seu sintoma. Não como sintoma, compromisso, mas como sintoma na sua forma de gozar inconscientemente. A ética do bem-dizer é também o que deve nortear a ética da interpretação do psicanalista. Interpretar é uma forma de bem-dizer.

Lição 15. Tática, técnica e ética

O ANALISTA NÃO RESPONDE do lugar do Outro, o que não o impede de dirigir a análise. É ele quem dirige o tratamento. Se vocês deixarem o analisante dirigir, não tem análise possível. Então, o próprio título do texto de Lacan sobre a técnica analítica "A direção do tratamento e os princípios de seu poder" implica que há uma direção, sim, só que é uma direção dada pelo analista e não pelo analisante. Não se trata de dirigir o sujeito, e sim o tratamento analítico.

A primeira resposta do analista à pergunta "Doutor, o que é que eu tenho?" é "Não sei, fale e veremos". Não deixa de ser uma resposta. É uma resposta negativa e também positiva. "Eu não sei o que você tem, o que posso responder é: 'Fale!'" E esse "fale" não é um falar qualquer, é um falar livremente qualquer coisa. O que na verdade é impossível, pois tudo o que se fala é determinado pelo inconsciente. A primeira resposta do analista é enunciar a regra da associação livre, e não vejo por que não enunciá-la. As pessoas acham que já sabem o que é análise. O próprio Lacan diz que o analista tem que enunciar a regra da associação livre porque nela não é apenas o enunciado que está sendo colocado, mas principalmente a enunciação por meio da qual é veiculado o desejo do analista.

O analista intérprete

Quando o analista fala alguma coisa, ele fala para além do que é dito, assim como o analisante também. Ele coloca ali o próprio desejo do analista, que passa por sua enunciação. Você pode enunciar a regra da associação

Lição 15. Tática, técnica e ética

livre de milhares de maneiras. Pode fazê-lo até como Freud fazia, por que não? Algo do tipo "Fale os pensamentos que lhe ocorrerem como quem está num trem olhando uma paisagem e a descreva". A paisagem é o fluxo de seus pensamentos.

Mesmo que você repita as palavras de Freud, cada um põe algo de si nisso. Saibam que uma das coisas mais difíceis de fazer é a associação livre, porque não somos livres, há toda uma determinação significante que faz com que repitamos o mesmo discurso como um disco arranhado, sempre voltando aos mesmos lugares. Lacan não abre mão disso: "A direção do tratamento é outra coisa. Consiste, em primeiro lugar, em fazer com que o sujeito aplique a regra analítica".[1] Ele mesmo diz que essa comunicação do analista não é unívoca, pois cada analisante a escuta de certa maneira. Então, não se enganem achando que vocês estão enunciando apenas uma regra. Tem algo do analista que é aí colocado, e a equivocidade do significante funciona também quando se apresenta essa regra de ouro da psicanálise.

Não é só interpretação, mas também o ato analítico, como um discurso sem palavras, que sustenta o dizer do analista e que não é necessariamente da ordem da fala. Pode ser um gesto, uma ação, uma interjeição. Um ato pode ter um efeito interpretativo sem que haja nenhuma fala, como o corte da sessão.

Quando falamos de interpretação analítica, precisamos redefinir o que é interpretação, já que não é a interpretação no sentido comum do termo, que é buscar um significado para determinada coisa. Deixaremos isso com o psicótico, porque ele é o mestre desse tipo de interpretação — a interpretação delirante. Paranoico é aquele que dá um sentido único para todos os significantes da sua realidade.

A primeira coisa que Lacan fala em "A direção do tratamento e os princípios do seu poder", de forma muito bonita, é a definição do analista como um intérprete: "Intérprete do que me é apresentado em colocações ou atos, decido acerca de meu oráculo e o articulo a meu gosto, único mestre/senhor em meu barco, depois de Deus". Aqui Lacan faz referência ao fato de que o analista é submetido à estrutura da linguagem capitaneada pelo Nome-do-Pai, e continua: "E, claro, longe de poder avaliar todo o efeito de minhas palavras, mas justamente advertido".

Na regra da associação livre, onde cada um fala o que quer, o analista também tem essa liberdade, fala o que quer. "Ao que é correlato o aspecto de 'material' sob o qual minha ação aborda aqui o que ela produziu." Em outros termos, a associação livre é produzida pelas intervenções do analista, e portanto não é algo que esteja fora da transferência. "Quanto ao manejo da transferência, minha liberdade, ao contrário, vê-se alienada pelo desdobramento que nela sofre minha pessoa, e ninguém ignora que é aí que se deve buscar o segredo da análise." Assim, o analista é mais livre na interpretação do que no manejo da transferência, pois depende do lugar em que o analisante situa o analista.

A resposta do analista é a interpretação tendo por base o manejo da transferência. Lacan propõe nesse texto pensarmos no jogo de bridge, que é sempre em parceria, em que depois do leilão aquele que conduz o jogo diz para o seu parceiro calar a boca e colocar todas as cartas na mesa e ele será "o morto". Quem conduz o jogo usa o seu jogo que está velado e o do "morto" que está aberto. Lacan faz essa comparação com o jogo de bridge em que o analista joga usando as cartas do morto. E o que são as cartas do morto? As cartas que o analisando vai colocando na mesa, é com isso que ele joga.

Lacan traz em seguida a famosa tríade da técnica analítica: a tática, a estratégia e a política — todas sustentadas pela ética da psicanálise calcada no desejo do analista.

Na psicanálise, a tática equivale à interpretação; a estratégia equivale ao manejo da transferência; e a política é norteada pela falta-a-ser. Lacan toma esses três termos do tratado de guerra do general Carl von Clausewitz, teórico e historiador militar prussiano, como abordamos no início deste livro. A tática é usada em cada batalha numa guerra com o inimigo baseada na estratégia que traça uma sequência de batalhas para atingir um objetivo. A política da guerra existe para conquistar, para fazer o inimigo ceder, é para acabar com a guerra. Todo objetivo da guerra é chegar à paz. Aqui ele nos diz que a estratégia traça o plano

Lição 15. Tática, técnica e ética

da guerra e tem como propósito planejar a série de atos que vai chegar a um determinado propósito.

A estratégia de planificação é o que Lacan considera o manejo da transferência. A tática é o manejo de cada sessão, e Lacan diz que o importante na tática é a interpretação. Então, a estratégia deve estar presente em cada batalha com o exército e precisa levar em conta todos os detalhes do terreno e fazer as modificações no plano geral, o que é incessantemente necessário. Assim, em cada sessão a estratégia do manejo da transferência deve estar presente, sustentando a tática da interpretação, para deixarmos à tática a tarefa de acertar o golpe, diz Lacan.

A tática é isso, é o golpe. A cada batalha um determinado golpe, como um golpe de estado, uma rasteira, ou a cada sessão uma interpretação, um corte, um golpe. O encontro é para efetuar o golpe, então cada encontro deve levar em conta a estratégia como a arte de usar com habilidade os meios para tal fim. Então, a arte se encontra no manejo da transferência que deve calcar a sua interpretação como um golpe.

Na questão da estratégia precisamos ter astúcia, habilidade e a arte para desferir o golpe da interpretação. Lacan nos diz que, no manejo da transferência, o analista é bem menos livre do que na tática. Por quê? Porque ele tem que levar em conta o lugar em que o analisante o coloca, então não pode ser qualquer coisa. É, portanto, a transferência que sustenta a interpretação. Tomemos o matema do discurso do analista e encontraremos isso:

$$\frac{a}{S_2} \equiv \frac{\text{interpretação}}{\text{transferência}}$$

A interpretação corresponde aqui ao objeto *a*, ou seja, o analista fazendo sua interpretação a partir de seu lugar de semblante de objeto *a*. Ele o faz como um ato (do lugar de objeto, do lugar do "não penso") tendo por base o saber (S_2) que ele tem sobre a transferência e que é depositada nele pelo analisante. O manejo da transferência é o saber que sustenta o ato e a interpretação do analista.

Política da falta-a-ser

E a política? Trata-se da política da falta-a-ser. Lacan fez essa proposta para a política do psicanalista na época do texto "A direção do tratamento" (1958) porque estava combatendo os analistas do ego que sustentavam a análise em seu próprio ser e em sua contratransferência, ou seja, naquilo que eles sentiam, e não naquilo que o paciente dizia. Lacan indica que o analista tem que sustentar a análise mais com sua falta-a-ser do que com seu ser, porque não é com a sua pessoa que você atua como analista e sim abdicando do seu eu, de seu ser e de gozo.

Enfim, é preciso abdicar de muita coisa para sustentar esse lugar. O analista paga com sua pessoa, abolindo-se como eu e como sujeito. Paga com palavras, é a interpretação. Paga também com o que há de essencial para intervir numa ação que vai ao cerne do ser do analisante, e para isso tem de abdicar do seu ser para estar nesse lugar. Notamos que são indicações que se sustentam numa ética. Então, o que você acha como sujeito, como cidadão, como mulher, como homem, não interessa.

Se vocês trabalharem bem o texto "A direção do tratamento" do princípio ao fim, indo a todas as referências, isso equivale a uma formação analítica inteira. Nessas páginas, Lacan retoma Freud e o desejo, a interpretação dos sonhos, o Homem dos Ratos, Dora, a Bela Açougueira e o Homem dos Miolos Frescos. É um dos textos mais clínicos de Lacan. Ele avança toda a teoria da direção do tratamento baseado no texto "A instância da letra", no qual ele situa duas leis fundamentais do inconsciente: metáfora e metonímia. Ele emprega, justamente, a metonímia para falar do desejo e a metáfora para falar da demanda. Ele mostra que toda a direção da análise se encaminha para dar voz ao desejo, à metonímia do desejo, que corre de significante em significante. O desejo como princípio da direção do tratamento está articulado à política definida como política da falta-a-ser, pois o desejo é justamente a "metonímia da falta-a-ser".

A partir de "A instância da letra", como veremos adiante, Lacan situa as operações de condensação e deslocamento de Freud no campo da linguagem como as leis do inconsciente: metáfora e metonímia. A partir

Lição 15. Tática, técnica e ética

daí produz dois textos fundamentais dos *Escritos*: "A direção do tratamento", baseado na metonímia do desejo, e "Todo tratamento possível da psicose", baseado na metáfora, no caso a paterna, que será um divisor de águas de neurose e psicose. Esse é o momento fundamental e ao mesmo tempo fundador do ensino de Lacan, onde o próprio termo "A direção do tratamento e os princípios de seu poder" é muito forte, pois indica que o poder do tratamento analítico está na palavra e, no final, consiste em tomar o desejo ao pé da letra. O poder está na fala e a direção é dada pelo desejo.

Lacan dá uma primeira definição da interpretação quando diz:

> A interpretação, para decifrar a diacronia das repetições inconscientes, deve introduzir na sincronia dos significantes que nela se compõem algo que, de repente, possibilite a tradução — precisamente aquilo que a função do Outro permite no receptáculo do código, sendo a propósito dele que aparece o elemento faltante.[2]

Na repetição significante tem algo que o analista introduz que, a partir de um significante, abre para outros significantes o que esse significante está condensando. O analista deve introduzir algo para que apareça outra cadeia, que produza uma tradução possível que abra outra cadeia significante. O que ele está chamando de tradução aqui é um significante que possa aparecer e que esteja vinculado àquele significante que o analista introduz, e que o sujeito, a partir daquela palavra, vá para outro lugar. O que é muito diferente de você dizer "Isso quer dizer aquilo".

Aqui temos a associação livre — como diacronia de significantes num eixo horizontal articulados um a um trazida pelo analisante — endereçada ao analista como aparece no matema da transferência. A interpretação analítica incide num desses significantes que se articula com outros em sincronia, num eixo vertical, que estão recalcados, condensados.[3]

$$S \longrightarrow S^q$$
$$s\,(S^1, S^2, \ldots S^n)$$

S — significante da transferência do analisante

S^q — significante qualquer atribuído ao analista

$s\,(S^1, S^2, \ldots S^n)$ — associação livre

Outra característica da interpretação diz respeito a seu efeito. Lacan nos aponta que não é sinal de justeza o consentimento do sujeito a uma interpretação do analista. Não importa se ele diz: "é isso mesmo" ou "não, não tem nada a ver". Não importa o grau de convicção que o analisante tenha quando você fala alguma coisa, por isso não devemos falar muito, o que importa é o efeito que isso terá. A interpretação precisa da anuência do sujeito, ela deve provocar ondas de significantes. "O que importa não é a convicção que ela acarreta, já que melhor se reconhecerá seu critério no material que vier a surgir depois dela".[4]

Se algo que dissemos foi uma bobagem que não teve o menor efeito ou se realmente teve e foi uma interpretação, só é possível saber depois. Você pode sacar uma coisa brilhante, dizer uma coisa maravilhosa e isso não surtir efeito nenhum. Então, não foi uma interpretação. Só sabemos se foi uma interpretação a posteriori, ou seja, pelo efeito que ela produz. É interessante o que Lacan aponta mais à frente: "Cabe formular uma ética que integre as conquistas freudianas sobre o desejo: para colocar em seu vértice a questão do desejo do analista".[5]

A resposta do analista é ética e tem por base o desejo do analista, nisso que podemos associar "resposta" com "responsabilidade" — ambas têm a mesma raiz. Você é responsável pela resposta que dá. E sabemos como é difícil não dar a resposta que o analisante está querendo ouvir e não responder à demanda. O que vai te guiar é a ética e o desejo do analista.

Lacan nos dá dicas preciosas, que não servem apenas para efeito técnico — ele nos indica como devemos ouvir, começando por não procurar compreender o analisante. Freud nos diz que o analista não tem que pres-

Lição 15. Tática, técnica e ética

tar atenção, é uma atenção flutuante. E Lacan nos diz para não compreen-dê-lo. Compreender é o pior obstáculo que nós, analistas, temos a ouvir. Lacan desenvolve mais essa questão, dizendo: "Tomo o caminho de ouvir, e não de auscultar".[6]

Não compreender é um preceito para se poder ouvir a enunciação para além do enunciado. Lembremos que o enunciado é o texto e a enunciação é a maneira de dizê-lo. Você pode falar a mesma frase de mil maneiras, tal como fazemos nos exercícios de teatro, como vimos na primeira parte deste livro, e Lacan nos chama a atenção para isso: "Ouvir não me força a compreender. O que ouço não deixa de ser um discurso, mesmo que tão pouco discursivo quanto uma interjeição".

Não é só uma interjeição, um "ah!". Pode ser qualquer tipo de pontua-ção que o analisante utiliza ao se expressar. É diferente "não, foi o meu pai quem me bateu" de "não foi o meu pai quem me bateu". Para poder ouvir a pontuação é preciso abster-se de compreender. Então, é fundamental para o analista poder ouvir a enunciação, a maneira de dizer, pois aí se encontra propriamente a posição do sujeito.

Desejo e demanda

Em toda fala temos o texto, que é o enunciado, e o subtexto, como se diz no teatro, que é a enunciação. Nesse subtexto que se apresenta sob a forma de enunciação está o sujeito do desejo, aparece o sujeito.

$$\frac{\text{texto}}{\text{sujeito do desejo}} \equiv \frac{\text{enunciado}}{\text{enunciação}}$$

O texto é sustentado pelo sujeito do desejo que desliza no modo de dizer o texto, incluindo aí o ritmo, o timbre, o volume, a velocidade do débito verbal e todas as características da enunciação. Pode ser apenas uma interjeição, mas em toda fala há uma demanda.

A estrutura da demanda implica que o sujeito espere receber o complemento do outro, pois toda demanda é demanda de amor, demanda que o outro complete o sujeito que é falta-a-ser. Lacan utiliza o conceito da demanda para retomar o de transferência em Freud e o desejo para abordar a interpretação. O binômio demanda e desejo corresponde ao binômio freudiano transferência e interpretação.

Na transferência, o sujeito demanda ao analista, situado no lugar do Outro, que lhe dê o complemento que lhe falta para ser, que lhe dê o objeto perdido. E é justamente isso que o analista não deve responder, mas sustentar a demanda de amor presente na transferência. Vejam que coisa complicada! Você tem que sustentar a demanda, o lugar da demanda, mas dizer não, para frustrar, para o sujeito retomar a história de suas frustrações em que se fixou esse desejo. "Por intermédio da demanda, todo o passado se entreabre, até recônditos da primeira infância", diz Lacan

A vida é uma sucessão de frustrações nas quais o desejo se fixa e se transforma em dor. Então, não atender à demanda é a única possibilidade de aflorar o desejo. É frustrando a demanda que se torna possível fazer aparecer o desejo. Podemos dizer que frustrar a demanda, lacanianamente falando, corresponde à regra de abstinência de Freud. A transferência é uma fala que se dirige ao Outro do amor para que esse Outro sustente o sujeito suposto saber. O analisante se dirige ao Outro que quer que ele responda e é justamente ao não responder que aparece o desejo.

A pulsão se inscreve no inconsciente com os significantes da demanda ao/do Outro. É justamente essa pulsão que Lacan escreve no seguinte matema:

$$\$ \lozenge D$$
Sujeito diante da Demanda.

Temos aí o sujeito diante da demanda ao Outro (oral)/demanda do Outro (anal). O que temos aqui nesse matema é o que da pulsão está inscrito no inconsciente, onde estão todas as suas frustrações. A pulsão tem um pé

Lição 15. Tática, técnica e ética

no inconsciente (simbólico) e um pé no gozo (real). Ao não responder a essa demanda é que vem a associação livre e faz com que o sujeito se depare com o seu código inconsciente e os significantes da demanda de sua história.

É falando das bobagens que nos frustraram que continuamos pedindo a mesma coisa, que é amor. É o pedido de uma boneca, de uma bola de futebol, de uma bicicleta — todos esses pedidos são pulsionais, é por isso que doem, que fazem gozar.

O que o analista tem que fazer? Tomar o desejo ao pé da letra, nos aponta Lacan nesse texto de 1958. E aqui Lacan fala de vários casos, ele fala do desejo na Bela Açougueira, na *Interpretação dos sonhos*, num caso de um sujeito obsessivo etc. Há um preceito ético muito importante e que diz o seguinte: "Nossa ciência só se transmite ao articular oportunamente o particular".[7] Por isso, tudo que é detalhe é absolutamente fundamental, pois o inconsciente está nos mínimos detalhes, na bobagem, na vírgula, num pequeno esquecimento, numa pequena escorregadela.

O analista deve focar no desejo e não na demanda, e para isso precisa saber diferenciá-los. "A importância de preservar o lugar do desejo na direção do tratamento requer que esse lugar seja orientado em relação aos efeitos da demanda, os únicos atualmente concebidos como princípio do poder da análise."[8] O que ele mostra é que não é a demanda que deve assumir o posto de comando de uma análise, e sim o desejo. A condução do analista se baseia em se deixar orientar pelo desejo.

"Tornemos a partir mais uma vez [do princípio] de que, antes de mais nada, é para o sujeito que sua fala é uma mensagem, porque ela se produz no lugar do Outro."[9] O sujeito é muito mais falado do que fala, então é isso que o analista tem que ouvir e fazer com que ele ouça. É esse Outro, que ao mesmo tempo se constitui ao falar, que me faz tropeçar e dizer coisas que nem sei, e ao mesmo tempo eu instituí o Outro que me escuta ao endereçar minha fala para o analista. Esse lugar, que é o lugar da alteridade da fala, e esse Outro a quem me dirijo acabam sendo muito parecidos. O sujeito desloca para o analista esse lugar que presentifica esse Outro ao qual ele se dirige. Eis a transferência. O lugar do Outro é a poltrona do analista.

"Toda resposta à demanda na análise conduz a transferência à sugestão." É uma referência de Lacan quase implícita ao texto de Freud "Psicologia das massas", no qual ele indica que quando o analista responde à demanda ele vira o hipnotizador e transforma a análise numa sugestão. Isso porque ele responde, freudianamente falando, do lugar do Ideal do Eu, assim como o líder tem efeito de hipnotizador. Daí decorrem todos os fenômenos histéricos que podemos ver nas igrejas evangélicas. O pastor está nesse lugar de líder, ou seja, de Ideal do Eu do sujeito, é por isso que tem o efeito de sugestão. Se você responde à demanda, você vira um pastor, está catequizando o seu analisante.

Ao articular essa fala para o Outro, o sujeito desfila os seus significantes e assim surge o desejo. O desejo é o fio articulado aos significantes que

$$\frac{S \longrightarrow S^q}{s\ (S^1, S^2, \ldots S^n)}$$

$$\frac{s\ (S^1, S^2, \ldots S^n)}{d}$$

Significantes da demanda sob a
qual corre o vetor do desejo (d).

conduz a fala do sujeito como demanda ao Outro. Em outros termos, é através dos significantes da demanda da fala do analisante que aparece o desejo, o qual é um vetor da direção do tratamento. Se o analista responde à demanda, ele interrompe o fluxo do desejo.

Os significantes da demanda são os significantes da associação livre na análise que situa o analista no lugar do Outro suposto responder. O desejo é um vetor que é articulado aos significantes da demanda, mas é paradoxalmente inarticulável. Uma criança no shopping diz: "Eu quero uma bala, quero sorvete, quero pipoca etc". Vejam como ela vai deslizando de significante em significante, os quais representam seus desejos, mas afinal qual é o desejo dela? É o desejo impossível de ser satisfeito, impossível

Lição 15. Tática, técnica e ética

de ser realizado, um desejo insatisfeito por estrutura. O desejo acaba se satisfazendo com o blá-blá-blá... Ele se satisfaz de significante em significante, na metonímia da cadeia significante, mantendo o deslizamento e a falta que o caracteriza.

Há uma outra definição muito indicativa de Lacan da interpretação analítica: "É de uma fala que suspenda a marca que o sujeito recebe de seu dito, e apenas dela, que poderia ser recebida a absolvição que o devolveria a seu desejo".[10] O sujeito ao falar recebe as marcas de seus ditos que estão na ordem da demanda, o sujeito está alienado desses significantes marcantes. A interpretação introduz uma desalienação do sujeito em relação a essas marcas. É isso que Lacan aponta nesse trecho. Mas sabemos que esse dito não é dele. O dito vem do Outro; como ele é mais falado do que fala, a marca que recebe do seu dito não é sua.

$$\text{Interpretação} \longrightarrow \begin{array}{c} \$ \\ S_1 \end{array} \Big\downarrow \quad \text{Suspenso da marca do sujeito } (S_1)$$

$$\$ > < D \longrightarrow \text{desalienação da Demanda ao/do Outro}$$

A interpretação suspende, reverte, faz o sujeito "cuspir" essa marca, e o efeito é de separação da marca (S_1) que o alienava. É o que podemos ler na parte esquerda do matema do discurso do analista: o sujeito "produz" o significante alienante.

Lição 16. Os princípios e o poder da palavra

A ÉTICA DA INTERPRETAÇÃO IMPLICA levar o desejo ao pé da letra sabendo que o desejo dá no pé. Você não o agarra, ele está sempre pulando de galho em galho, de significante em significante. "O desejo é a metonímia da falta-a-ser",[1] na medida em que é o deslocamento da falta. Você adquire uma coisa e acha que se satisfaz, no que comprou já não se satisfaz mais e então quer outra coisa, e daqui a pouco é outra coisa e mais outra e mais outra, e deslizando de objeto em objeto vai marcando com a falta tudo aquilo que não vai preenchê-la. Por isso não é possível agarrar o desejo e dizer "Meu desejo é isso!". É bem verdade que, após uma análise, sabemos por onde corre o desejo, pelo menos é isso que se espera de uma análise. Há caminhos preferenciais do desejo inconsciente que você descobre na análise.

"O eu é a metonímia do desejo", nos diz Lacan. O que quer dizer isso? No texto de Freud "Introdução ao narcisismo", o eu é o primeiro objeto do sujeito, ou seja, o investimento do narcísico é o investimento libidinal que faz do eu um objeto. O que Lacan resumidamente mostra é que nesses objetos do mundo, por onde o desejo corre, que o desejo trilha, de um a um, entre eles está o próprio eu. Sendo o desejo metonímia da falta-a-ser, o desejo também me marca como faltante em meu eu.

O meu desejo também não se satisfaz só narcisicamente. As pessoas precisam de outros objetos para além do eu. O eu é a metonímia do desejo, significa que eu invisto no outro, meu semelhante, como outro imaginário com o meu desejo. Mas se ele é o reflexo do meu eu, eu sou o reflexo do outro, vide o estádio do espelho; eu também entro nessa jogada, eu como ego corporal, eu como outro imaginário.

Lição 16. Os princípios e o poder da palavra

A direção do tratamento deve levar em conta que o desejo é essa metonímia deslizante, para o analista não ficar dizendo: "Seu desejo é isso!". Temos o exemplo do Homem dos Miolos Frescos, que vimos na primeira parte deste livro, em que o analista aponta "O seu desejo é isso, você não é plagiário", e o sujeito vai e come os miolos dos outros, fazendo um *acting out* para mostrar ao analista que ele está errado e que o desejo dele de plagiário de comer os miolos dos outros continua em atividade.

A interpretação não deve ser do tipo "dedo na ferida" nem "dedo no desejo": "Você está querendo é isso, agora assuma que você está querendo". Isso é sugestão, não é interpretação analítica. Tipo: "O que você quer mesmo é se separar da sua mulher" — o que pode ter uma consequência nefasta. O que Lacan está mostrando na questão da metonímia do desejo é que você não pega o desejo pelo rabo, mas você pode apontar os seus percursos e extravios.

Princípios éticos e técnicos

Levando em consideração a análise como *talking cure*, Lacan enumera os princípios do seu poder, o que é o nome do texto. Se o analista encarna o poder, a análise não acontece. O poder da análise está na fala. O analista abdica do poder para dirigir o tratamento analítico.

Aqui estão seis pontos que Lacan enumera:[2]

1. "A fala tem aqui todos os poderes, os poderes especiais do tratamento." Isso é o bê-a-bá do tratamento pela palavra, a *talking cure*. A primeira coisa a fazer no manejo da transferência é abdicar de responder do lugar do Outro e deixar a associação livre do sujeito acontecer.
2. "Estamos muito longe, pela regra, de dirigir o sujeito para a fala plena ou para o discurso coerente, mas que o deixamos livre para se experimentar nisso."
   A direção do tratamento não é dirigir o sujeito, é dirigir o tratamento — princípio ético. Você não dirige o sujeito como se ele fosse um carro.

Ao contrário, você deve dirigir o sujeito para ele falar o que quiser, para a fala livre. Toda palavra tem sua importância, então você não tem que ficar dirigindo "Vamos ao que interessa", e sim "Fale". Trata-se de não dirigir nem para o discurso "coerente" nem para uma fala supostamente plena. Aqui cabe lembrar o preceito de Freud para o analista: manter-se em atenção flutuante acompanhando a associação "livre" do paciente.

3. "Essa liberdade é o que ele tem mais dificuldade de tolerar."

Ninguém obedece à associação livre, pois o sujeito é um prisioneiro dos circuitos de repetição significantes de suas cadeias inconscientes. Ele não determina ele mesmo suas associações, pois é mais falado do que fala. Ele é determinado por seu inconsciente, por alguns significantes que o fazem percorrer sempre os mesmos caminhos, cabendo à interpretação analítica abrir outros percursos que proporcionem a emergência de significantes recalcados. Devido à sua neurose, o analisante não tolera sair dos percursos conhecidos (por mais dolorosos que sejam) por temor de enfrentar outros por onde passa seu desejo. Seu desconforto é, no entanto, sua zona de conforto.

4. "A demanda é propriamente aquilo que se coloca entre parênteses na análise, estando excluída a hipótese de que o analista satisfaça a qualquer uma."

Como já dissemos, a regra freudiana de abstinência se traduz com Lacan como não resposta à demanda, nos alertando para o fato de que em qualquer tipo de demanda (até mesmo uma simples demanda de troca de horário) está embutida a demanda de amor gerada pela própria transferência.

5. "Não sendo colocado nenhum obstáculo à declaração do desejo, é para lá que o sujeito é dirigido e até canalizado."

O que dá a orientação da análise e até mesmo da vida é o desejo. Num outro texto, usando a metáfora da estrada de ferro, Lacan diz que o trilho é o objeto *a* por onde corre o desejo. O sujeito é canalizado na análise pelo analista para seguir no trilho percorrido pelo desejo.

6. "A resistência a essa declaração, em última instância, não pode ater-se aqui a nada além da incompatibilidade do desejo com a fala."

O desejo é incompatível com a fala, porém ele circula na fala. Olhem o paradoxo: o sujeito é conduzido para falar e declarar o seu desejo, mas

Lição 16. Os princípios e o poder da palavra

já sabemos que o seu desejo não pode ser totalmente dito, porque o desejo por estrutura é falta e desliza pela cadeia significante. O sujeito deseja isso e aquilo e aquilo outro e por aí vai no trilho metonímico. Mas não há um único significante que possa dizer o que é o desejo. O desejo simplesmente é. O desejo ex-siste à cadeia significante da fala.

Se princípios podem ser recebidos como preceitos técnicos, eles têm sua base na ética da psicanálise, que é a ética do desejo e do bem-dizer. Esses princípios éticos são os que regem a direção do tratamento.

O silêncio

Freud e Lacan insistem sobre a importância do silêncio como uma das formas de não responder à demanda. O analisante pergunta: "E aí, como vai o senhor, tudo bem?". E o analista responde apenas: "Continue!" ou simplesmente não responde nada. O analista, como tal, não é ele mesmo, não pode responder como "ele mesmo", pois seu lugar é o do semblante que é sua maneira de manejar a transferência. Então uma forma de não responder à demanda é o silêncio do analista.

"A que silêncio deve agora obrigar-se o analista para evidenciar, acima desse pântano, o dedo erguido do *São João* de Leonardo da Vinci, para que a interpretação reencontre o horizonte desabitado do ser em que deve se desdobrar sua virtude alusiva?"[3] O pântano a que Lacan está se referindo é nada mais nada menos que toda a literatura psicanalítica. Ele chega a dizer: "Quem varrerá esse estrume descomunal dos estábulos de Augias, a literatura analítica?".[4] Ele considerava estrume tudo que estava sendo produzido até então, e dizia que seria um trabalho herculeo ter que retomar toda a psicanálise a partir da função da fala no campo da linguagem.

Há uma eloquência no silêncio do analista! O dedo do são João da pintura de Leonardo da Vinci, como paradigma da interpretação, é um dedo que aponta para "o horizonte desabitado do ser" — lá onde está a falta causada pelo objeto *a*. Lacan está dando o exemplo de uma interpretação onde não há fala (quando o dedo aponta). É um silêncio em ato que não deixa de incluir um gesto que aponta para uma direção, não é um "dedo na ferida", e sim um dedo que aponta um caminho.

O silêncio interpretativo é da ordem de um dizer, mas não é da ordem de um dito, pois é sem palavras. É um dizer que constitui um ato.

$$ato \cong dizer \longrightarrow dito^1, dito^2, dito^3$$
$$analista \qquad\qquad analisante$$

O analisante só pode falar, mas cabe ao analista o ato. Fazer ato, não no sentido do *acting out*, é da ordem da atuação no sentido teatral, no sentido de que ele pode passar uma interpretação com gestos e enunciação corporal que possa dispensar um dito, que seja sem palavras. Isso seria o exemplo do silêncio eloquente, paradoxo da interpretação analítica. Ele pode ficar tão silencioso, usando o semblante de objeto *a*, dejeto do discurso, a ponto de provocar angústia no analisante, que pode ser também acompanhada de um silêncio eloquente.

O silêncio eloquente do analista é da ordem de um dizer que, longe de ser "dedo na ferida", é alusivo. Lacan mais uma vez se serve da clínica da psicose para avançar um conceito psicanalítico no caso da interpretação, que é a alusão.

A alusão e a psicose

A alusão é algo que se encontra no quadro da paranoia, e não da esquizofrenia, em que temos uma significação cujo significado está em suspenso. A alusão, no caso do paranoico, faz parte do que na psiquiatria alemã se chamou a significação pessoal, fenômeno no qual o sujeito dá uma significação extremamente pessoal a qualquer coisa que aconteça, até mesmo uma folha que caia de uma árvore ele acha que tem algo a ver com ele, alude a ele. E isso pode incluir qualquer palavra que o outro pronuncie,

Lição 16. Os princípios e o poder da palavra

ele acha que tem uma alusão a ele. A significação pessoal e a alusão a si próprio compõem o quadro do delírio de observação,[5] no qual o sujeito se sente observado e julga que estão falando dele. O delírio começa com a significação pessoal e a alusão e vai até a interpretação delirante. O paranoico tem um determinado postulado — ele me odeia —, que é a base do delírio de perseguição. Isso que é chamado de postulado paranoico, por excelência, é uma significação para a qual convergem todos os significantes que aparecem no mundo para o sujeito.

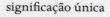

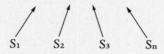

Se uma senhora simpática traz uma bandeja com um copo e uma jarra d'água, um paranoico pode pensar que ela colocou a bandeja de uma certa maneira e desconfiar: "Aí tem!". E julga que aquele gesto se refere a ele. Trata-se da autorreferência, que está na base da significação pessoal, que é o primeiro momento da interpretação delirante no qual está presente a alusão.

No início do delírio, o sujeito começa a achar que determinadas coisas têm a ver com ele, não sabe o que é, mas tem a certeza de que se referem a ele, o mundo se mexe fazendo alusões cujo conteúdo desconhece. É o momento de significação pessoal, o momento da alusão. Nesse instante há uma suspensão de significação determinada, porém há significação, e essa significação se dirige a ele. É muito importante entender isso até chegarmos à interpretação delirante. Dessa forma, temos:

Momento 1 — significação pessoal — ela colocou a bandeja querendo dizer algo sobre mim.

Momento 2 — interpretação delirante — ela colocou a bandeja assim meio torta para dizer que eu não estou direito. Se a bandeja está torta, ela está me chamando de torto.

Momento 3 — a constituição do delírio — vinculação da interpretação desse fenômeno ao postulado paranoico "o Outro me odeia". Ela fez isso a mando do fulano de tal, que quer me matar para ter o argumento de que não estou agindo direito, que eu sou torto.

Antes de chegar à interpretação da significação temos o momento da alusão, onde há uma significação cujo conteúdo não é claro. Isso é importante para entendermos a "virtude alusiva da interpretação", indicada por Lacan.

Vejamos um exemplo clínico. Trata-se do relato de um filho preocupado com o pai, pois considerava que este estava vivendo um relacionamento abusivo com a nova esposa, sua madrasta. Ele suspeitava de que ela fosse paranoica. Um dia, pai e filho estavam conversando sobre o avô, pai do pai, e o filho exclamou: "Ele era escorpião". Nesse momento a madrasta, que tinha entrado na sala para pegar um cigarro com o marido, ouviu a conversa e logo se retirou. No mesmo dia, mais tarde, estando a sós com o marido, ela se queixa do enteado acusando-o de tê-la xingado. "Seu filho me chamou de cobra". O marido, perplexo, perguntou: "Como assim? Ele nunca falou nada disso!". E ela retruca: "Quando entrei na sala vocês estavam conversando e ele disse 'Escorpião', querendo dizer que eu era uma cobra. Ele falou 'Escorpião' para disfarçar, mas eu entendi muito bem a ligação. Vocês estavam falando de mim e para disfarçar ele disse 'Escorpião'. Mas era a mim que ele estava se referindo".

Nesse exemplo de alusão, assim que a mulher escutou o significante ESCORPIÃO imediatamente aconteceram as duas características da alusão: a significação pessoal e a interpretação delirante.[6] Nesse caso, a mulher pega para si o que era dirigido ao outro, momento de significação pessoal. Só que não houve o momento de alusão tipo "ele está se referindo a mim, mas o que isso está querendo dizer?". O que veio imediatamente foi a interpretação delirante: "Ele está me xingando de cobra".

A diferença de um delírio de observação, que é muito semelhante, é quando o paranoico está andando na rua e, de repente, passa uma pessoa desconhecida e o olha de uma determinada maneira. Ele logo sente angústia. Se a angústia é o índice do objeto a, ali naquele momento surge o olhar

Lição 16. Os princípios e o poder da palavra

e ele se sente olhado e visado, às vezes sem nenhuma significação, mas ele sente que é para ele e isso o visa pessoalmente, momento da significação pessoal. É claro que isso pode acontecer durante a análise.

Na alusão como interpretação, o analista coloca um significante enigmático, ou o colhe da fala do analisante e o repete para o analisante com sua própria enunciação reforçando algo que queira apontar, indicando algo de forma alusiva, mas sem nomeá-la.

Essa alusão é uma significação em suspenso colocada para o analisante que deve provocar outras associações. Ao fazer isso, o analista sustenta o enigma do desejo do Outro. O analista suspende a significação dada pelo inconsciente como discurso do Outro para que se presentifique o enigma do desejo, do *"Che vuoi?"*. E assim, com essa interrogação, abrem-se novas vias associativas de interrogação sobre o desejo, em outros termos: abrem-se novos trilhos significantes por onde corre o desejo. Daí a importância de, com a alusão, apontar para a falta constitutiva do desejo, para a falta de um sentido último.

A virtude alusiva da interpretação aponta para o vazio da significação levando o sujeito a entrar no trilho do objeto *a* com seu bonde chamado desejo.

Lição 17. A direção do tratamento

A INTERPRETAÇÃO ANALÍTICA é um dito oracular. Como já citado anteriormente, Lacan confere ao analista a liberdade de escolher o que dizer em sua interpretação, comparando-a como a um oráculo: "Decido acerca de meu oráculo e o articulo a meu gosto, único mestre/senhor em meu barco, depois de Deus".[1] A referência ao oráculo para o fazer do analista se mantém ao longo de todo o ensino de Lacan, assim como a indicação de que a interpretação não se dá só a partir da fala, e sim a partir de atos do analisante. Mas de que oráculo se trata? Analista não é cigana nem cartomante, tampouco sabe ler a sorte na borra de café nem o destino num lance de búzios. Mas sua interpretação está à altura de um oráculo.

O analista e o oráculo

A referência de Lacan é Heráclito: "O oráculo não fala nem cala, ele assinala"[2] ou, em outra tradução possível, "o oráculo não responde, ele aponta". O oráculo faz uma indicação, ele não responde diretamente à pergunta daquele que vem consultá-lo, ele não aponta exatamente o que é, indica um caminho. O oráculo é um dito enigmático que cabe ao sujeito interpretar. O oráculo de Delfos, onde Édipo vinha consultar a pitonisa, não respondeu à sua pergunta: "Quem são meus pais?". Poderia ter respondido "Laio e Jocasta". Mas respondeu: "Matarás teu pai e casarás com tua mãe". E Édipo recalcou a pergunta sobre sua origem ("Quem são meus pais?") e deu por certo — sem que nada do oráculo o levasse a isso — que ele era filho de Mérope e de Pólibo. E, ao decidir não voltar mais para Corinto,

Lição 17. A direção do tratamento 189

a fim de não cumprir o vaticínio do oráculo, aí mesmo é que se dirigiu a Tebas, matou seu pai, Laio, que encontrou no caminho, e se casou com a mãe, Jocasta, tornando-se Édipo rei. Mas vejam bem que o oráculo não respondeu à pergunta dele, e sim assinalou uma verdade, apontou para o pior. Respondeu com um enigma que não se apresenta como tal. Da mesma forma, a interpretação não deve ser uma resposta direta e sim uma fala enigmática. O verdadeiro intérprete é o analisante.

A interpretação analítica traz em seu nome o "embaraço que deixam transparecer campos tão dispersos quanto o oráculo e o fora-do-discurso da psicose, através do empréstimo que lhes faz do termo 'interpretação'".[3] Lacan lamenta que a interpretação venha de campos tão distintos quanto o oráculo da cultura da Grécia antiga e a clínica da psicose. A interpretação em psicanálise não é nem o oráculo nem um delírio. Na psicose, principalmente na paranoia, é a interpretação delirante, como vimos na lição anterior. Tudo o que acontece à sua volta na vida o sujeito remete sempre à mesma significação delirante, interpretando tudo a partir dela. Não é isso a interpretação do analista, como sabemos. De uma certa forma, o próprio termo "interpretação" não é o melhor para se referir ao que o analista diz, mesmo porque remete também à hermenêutica que nada tem a ver com o dizer em ato do psicanalista. Mas é o que temos, e esse termo foi mantido na psicanálise, só que precisamos lhe dar outro significado, conceituando-o a partir das premissas e dos princípios analíticos. A interpretação em psicanálise é um conceito específico que, a partir do conceito de semblante, aproximo da interpretação teatral para revelar que ela está articulada com o fazer semblante de objeto *a* da parte do analista.

Continuemos nosso comentário do trecho citado de "A direção do tratamento". Nessa comparação, Lacan também nos adverte de que modo a palavra do analista pode ser recebida como um oráculo que sela um destino — o que desvela o poder do analista que a transferência do analisante lhe confere. Por outro lado, a interpretação do analista não tem regra, ele a formula como bem entender. Não há interpretação-padrão, já dada, pronta. A interpretação não é prêt-à-porter. Lacan afirma em seguida que o analista "é o único mestre/ senhor em [seu] barco, depois de Deus". Isso parece uma ironia, mas eu interpreto como uma referência não ao deus da religião, mas a um deus como representação do grande Outro da linguagem, ao qual o analista está submetido, pois o analista não está fora da linguagem.

Lacan prossegue afirmando que o analista está longe de poder avaliar o efeito de suas palavras, pois quando ele interpreta, não pode avaliar qual será o efeito disso. De certa forma, toda interpretação tem algo de incalculável, é um risco. Você não sabe qual é o efeito. Pode não ter efeito nenhum, pode ter um ótimo efeito, mas pode fazer o sujeito surtar. O analista não pode avaliar qual é o efeito da sua interpretação, mas deve estar advertido. Esse termo "advertido" Lacan retoma para qualificar, mais tarde, o desejo do analista. O analista não é um tonto, ele está advertido de que terá um efeito — pode até não ter —, mas não sabe qual exatamente. Então, há sempre um risco na interpretação. Na verdade, a interpretação só se verifica como tal a posteriori.

Lacan dá voz ao analista dizendo ser "sempre livre quanto ao momento, ao número e também à escolha de minhas intervenções".[4] Há uma liberdade total quando você fala; o quanto você fala; como você falará, quais as palavras utilizadas na interpretação. "A tal ponto que a regra parece ter sido inteiramente ordenada para não atrapalhar em nada meu trabalho de executante."[5] A qual regra ele se refere aqui? Ora, à única regra da psicanálise, que é para o analisante: a associação livre, que é o "material" que o analisante traz. E o trabalho do executante, que é a interpretação, se dá a partir da atenção flutuante do analista. E ele acrescenta: "Ao que é correlato o aspecto de 'material' sob o qual minha ação aborda aqui o que ela produziu".[6] O que ele designa como ação mais tarde irá elaborar o conceito de ato analítico, apontando aqui como o material trazido pelo analisante é produzido pela condução do analista: a interpretação e o manejo da transferência.

Transferência

No parágrafo seguinte desse texto, Lacan entra no segundo tópico, que será abordado ao longo de todo o artigo, que é o manejo da transferência.

Lição 17. A direção do tratamento

Se o analista é totalmente livre em relação à interpretação, ele já é menos livre em relação ao manejo da transferência. "Quanto ao manejo da transferência, minha liberdade, ao contrário, vê-se alienada pelo desdobramento que nela sofre minha pessoa, e ninguém ignora que é aí que se deve buscar o segredo da análise."[7]

O analista é menos livre em sua estratégia do que em sua tática, ou seja, se ele é livre para escolher sua interpretação, na manobra da transferência o analista não é tão livre assim, porque o analisante atribui o que Lacan chama o desdobramento da sua pessoa, ou seja, além de estar no lugar do pequeno outro (a pessoa) o analisante vai colocá-lo no lugar do grande Outro, lugar onde, para ele, se situam os ditos daqueles que ocuparam esse lugar como pai, mãe etc. É a partir daí, não se esqueçam, que o analisante recebe tudo o que vem do analista, seu ato e sua interpretação. Daí a necessidade do semblante para o analista não ser tomado como papai ou mamãe. E não é qualquer semblante — o semblante de objeto *a*.

Lacan combatia a ideia dos analistas da época que diziam ser a partir da contratransferência — o que o analista sente, ou do ponto de vista da realidade do analista — que este deveria interpretar, ou seja, analisar com o seu ser. Lacan diz exatamente o contrário: é a partir do que ele não sabe, do que ele não é, a partir da castração, a partir de um não saber que o analista deve responder. É a partir da falta-a-ser que ele deve conduzir a análise — essa deve ser sua política.

No início do texto "A direção do tratamento", Lacan faz uma lista do que o analista paga. Todos sabemos que o analisante paga com dinheiro. Mas o analista também paga. Como? Ele diz: "Digamos que, no investimento de capital da empresa comum, o paciente não é o único com dificuldades a entrar com sua quota".[8]

O capital dinheiro não está desvinculado do capital da libido, tem algo de uma cota da libido que o paciente paga. A análise mostra que é muitas vezes melhor sofrer com o bolso do que com a vida esvaziada pela libido desviada para o sintoma e a angústia. Desenvolvo essas questões no meu livro *As 4 + 1 condições da análise*. E o analista, como ele paga? Ele paga com palavras, que é a interpretação. Ele paga com a sua pessoa apagando-a, pois a empresta para ser o suporte dos fenômenos da transferência. Há pagamento do analista em relação à tática, à estratégia e à política. E mais: "Ele tem que pagar com o que há de essencial em seu juízo mais íntimo".[9] O analista deve abrir mão de qualquer julgamento e até mesmo do que ele julga ser o essencial de seu ser. Poderíamos dizer que o juízo mais íntimo é aquilo ao qual o analista chegou em sua própria análise. E, além disso, é aquilo que é essencial para ele, aquilo que o fez virar analista. É com isso que ele paga, com aquilo que lhe é mais essencial em seu ser, para conduzir a análise a partir da falta-a-ser, do ser que se furta com um objetivo: "Intervir numa ação que vai ao cerne do ser (*Kern unseres Wesens*, escreveu Freud)".[10] Essa é a visada da política do analista que orienta a interpretação e o manejo da transferência. Ela vai ao cerne do ser do analisante, aquilo que Lacan formulará mais tarde como a visada do ato analítico que é o gozo que se expressa nos atos e falas do analisante.

Tradução

Encontramos também uma comparação da interpretação como tradução nesse texto de 1958. "A interpretação, para decifrar a diacronia das repetições inconscientes, deve introduzir na sincronia dos significantes que nela se compõem algo que, de repente, possibilite a tradução."[11]

Diacronia e sincronia são referências temporais em relação à cadeia significante, ou seja, a fala do analisante em associação livre. A diacronia se refere ao próprio desenrolar da cadeia, o eixo horizontal, o conteúdo manifesto, os significantes que sucedem uns aos outros dentro de um tempo cronológico. A sincronia denota a simultaneidade, o eixo vertical, os significantes ocorrem na mesma temporalidade, no mesmo instante. Trata-se aqui dos significantes que estão recalcados — conteúdo latente —, que não aparecem na cadeia significante da associação livre, aqueles que estão "embutidos" nos que são ditos em associação livre e que são trazidos à tona, ou melhor, traduzidos através da interpretação do analista. Com ela ocorre a decifração das repetições do inconsciente. Trata-se da repetição,

Lição 17. A direção do tratamento 193

conceito de Freud ligado à pulsão de morte, trazendo o gozo mortificador e amarrando o sujeito num círculo infernal aparentemente sem saída. Não há repetição sem gozo, os significantes que se repetem são condensadores de gozo e remetem a outros significantes recalcados com os quais se encontram em sincronia. A interpretação possibilita a tradução, levando o sujeito a recordar, por exemplo, de uma cena traumática vinculada a esses significantes que se repetem. Numa ocasião, um sujeito em análise compara sua situação corrente a uma lagarta já metamorfoseada em borboleta, com asas para voar, sem, no entanto, conseguir sair do casulo. O analista interpreta equivocando: "Largada?", e o sujeito traz uma cena recalcada em que foi largado pelo Outro. A tradução da lagarta era o abandono do Outro que largou a paciente.

A diacronia se refere à temporalidade da cadeia significante que, manifestamente, está no tempo. E também ao tempo de uma sessão e, indo mais além, ao tempo de uma vida na qual você repete os mesmos significantes gozosos, os significantes traumáticos que fazem você viver, atuar e amar — e se ferrar — sem se dar conta.

O analista colhe "precisamente aquilo que a função do Outro permite no receptáculo do código".[12] O grande Outro, que é o campo da linguagem, é composto por um código que são os significantes da língua, justamente. É na língua, a partir da língua, no caso o português, se a análise é em português, que o analista recolhe os significantes de sua interpretação para introduzir ali, na diacronia das repetições, uma coisa que, de repente, torne algo possível de aparecer, de inconsciente. O código corresponde ao tesouro dos significantes de cada língua e a mensagem é a maneira como você colhe algo do código e transmite, de forma linguística.

Acerca da interpretação, não é tão importante o analisante perceber ou se conscientizar de alguma coisa que o analista aponte em sua interpretação. E você pensa: "Mas ele não entendeu nada do que eu falei!". Porém não é isso que interessa. Ele pode não sacar nada, o que é frustrante para o analista, mas na sessão seguinte o paciente elabora um sonho que tem relação com o que se passou na sessão anterior. Lacan aqui é muito claro, ele diz o seguinte: "Para confirmar a pertinência de uma interpretação, o que importa não é a convicção que ela acarreta, já que melhor se reconhecerá seu critério no material que vier a surgir depois dela".[13]

O que importa, como efeito da interpretação — aí podemos dizer que é um pouco diferente de Freud —, não é tornar o inconsciente consciente. Como por exemplo o analisante se convencer de que ele quer matar o pai. É muito mais importante que ele faça algum sonho em que o inconsciente responda, por exemplo, com uma formação do inconsciente. A interpretação, dirá mais adiante Lacan, é feita para produzir ondas, ondas de associações. Seria ótimo se lá pelos anos 1970 Lacan tivesse escrito um texto com esse mesmo título, "A direção do tratamento e os princípios de seu poder", atualizando-o para o campo do gozo e a função do ato. Mas não escreveu. É o que tenho tido a pretensão de fazer há alguns anos na minha transmissão da psicanálise, como desenvolvo na primeira parte deste livro.

Lacan, nesse texto, diz que todo poder é dado à palavra, e podemos dizer que todo poder é dado à palavra para que o gozo que se expressa nos atos e falas do analisante seja atingido. O que a interpretação e o ato visam é o gozo que está na enunciação do analisante. Então, tudo deve ser pensado e idealizado tecnicamente para que não seja um comando. Digo comando porque o analista, como objeto *a*, pode estar situado no lugar de objeto *a* como supereu nas suas duas modalidades de olhar e voz, como Lacan define o supereu no Seminário 17. O objeto *a* é o supereu. É uma instância vocal e uma instância de vigilância. Encontramos essa indicação muito cedo na obra de Freud, mesmo antes de ele avançar o conceito de supereu da segunda tópica: na "Introdução ao narcisismo", quando Freud se refere à instância crítica, que mais tarde ele chama de supereu. Ele diz que essa instância crítica se encontra desvelada no delírio de observação na paranoia como uma instância que vigia e que critica. Ou seja, nós temos a instância que vigia como olhar e a instância que critica como voz. Mas não é que o analista vá encarnar isso para o paciente, é como semblante.

Se Lacan insistia que o lugar do analista era o lugar da falta-a-ser, é justamente para ele não ser uma instância superegoica imperativa: "Seja isso", "Seja aquilo". Qualquer "Tu és" é mortífero. Lacan mostrou a partir da língua francesa como o *tu es* se revela como *tuer* (matar). Qualquer

Lição 17. A direção do tratamento

"Tu és" vindo da transferência que é atribuída ao analista é, portanto, mortífero. Mesmo que seja "Você é bom, você é bonzinho, você é legal!", é mortífero. O poder da palavra é mortal.

Por isso o analista tem que dar todo o poder da palavra para o analisante. E é a partir da sua falta-a-ter que nós podemos desdobrar ou declinar em falta-a-ter — falta-a-ser — falta de saber — falta de previsão. Não é oráculo como dizem por aí, de fazer mapa astral... Aí é o poder mesmo, esse poder de dizer "Tu és isso ou aquilo".

O que pode se contrapor ao poder de comando do significante é o equívoco, como veremos mais adiante. Quando Lacan se refere ao oráculo é no sentido heraclitiano: ele assinala, ele aponta, ele equivoca... O equívoco é outra maneira de você aliviar ou combater o imperativo do significante. O equívoco não é nem uma determinada coisa nem outra, é um entre-dois. A proposta de Lacan no campo do gozo para a interpretação é equívoca. É o oposto de usar o significante como imperativo. Então, o abdicar do seu poder está presente aí também: abdicar do poder imperativo da palavra.

Lição 18. A instância da poesia no inconsciente

PROPONHO FAZER UM RETORNO ao texto de Lacan "A instância da letra no inconsciente ou A razão desde Freud", no qual ele faz uma referência direta a Descartes, para abordarmos a interpretação poética, que é a última referência de Lacan à interpretação psicanalítica, que a meu ver ilumina, como uma anamorfose — que se enxerga pelo ângulo certo para visualizar a imagem a posteriori —, todas as referências de Lacan anteriores sobre a questão da interpretação e sobre as operações de linguagem. Nesse texto fundante dos *Escritos*, a razão de que se trata é a razão como conceito da filosofia. Nesse texto de 1958, trata-se para Lacan de mostrar como o inconsciente é da ordem do pensamento, do encadeamento de frases, palavras, significantes, do "Penso, logo sou" cartesiano, do sujeito da razão definido pelo pensamento.

A razão freudiana

A razão desde Freud, como tal, diferenciada da de Descartes, será formulada por Lacan muito mais tarde, no seminário sobre o ato analítico. Trata-se de "penso onde não sou e sou onde não penso", fazendo uma distinção estrutural e topológica entre o "penso" relativo ao pensamento inconsciente (constituído por significantes) e o "sou" relativo ao objeto *a*, fora do simbólico da linguagem. Em *Televisão*, ao definir o Inconsciente como um saber sem sujeito, Lacan dessubjetiva o Inconsciente apontando que o sujeito vinculado ao Inconsciente é, como tal, uma suposição que se erige numa análise na figura do sujeito suposto saber atribuído ao analista.

Lição 18. A instância da poesia no inconsciente

O Inconsciente é o lugar do Outro da linguagem e também sede do saber gozoso de lalíngua.

Nesse texto, o inconsciente é definido por ser estruturado como uma linguagem, e a letra que se encontra no título não se refere ao conceito de letra, que Lacan desenvolverá como conceito mais tarde no seu ensino, trata-se do significante. É um texto de base para se entender a revolução promovida por Lacan na psicanálise, seu retorno a Freud e suas reformulações posteriores. O "pé da letra" para se apreender a verdade do sujeito é ao pé do significante, e suas leis da linguagem são as mesmas do inconsciente: a metáfora e a metonímia aqui desenvolvidas. No entanto, a *letra*, como Lacan desenvolverá mais tarde em seu ensino, remete e aponta para a escrita, enquanto o significante se refere à fala devido à sua sonoridade, à sua materialidade sonora, sem a qual a análise não seria possível.

Gostaria de acentuar que este é um texto fundador da psicanálise lacaniana, pois ao desenvolver a tese de que o inconsciente é estruturado como uma linguagem e que suas leis são a metáfora e a metonímia, Lacan parte para sua aplicação à psicanálise subvertendo-a.

Com a metonímia, cuja definição é "de significante em significante", Lacan aborda a técnica psicanalítica em seu texto "A direção do tratamento e os princípios de seu poder", situando o desejo como metonímico, deslizando na cadeia de significantes, "articulado porém inarticulável". O desejo é a metonímia da falta-a-ser e a direção do tratamento é seguir o desejo ao pé da letra na associação livre, sendo que o poder de que se trata na análise é o poder da palavra por onde circula o desejo.

Com a metáfora, cuja definição é um significante substituído por outro significante, Lacan dá uma base para pensarmos as estruturas clínicas, uma vez que posiciona o Édipo freudiano na linguagem com a "metáfora paterna", fazendo dela um grande divisor de águas entre neurose e psicose e abrindo um campo inédito para o tratamento possível da psicose cuja questão preliminar é a foraclusão do Nome-do-Pai. É o que vemos desenvolvido no livro 3 do Seminário, *As psicoses*, e no texto "De uma questão preliminar a todo tratamento possível da psicose". Desenvolve também a "metáfora do sujeito" a partir de sua definição do sujeito como "aquilo que o significante representa para outro significante" e sua possibilidade de metaforização na linguagem e seu deslizamento pelos significantes que o representam. Em "A instância da letra", Lacan aponta a metáfora como a operação que produz a "centelha poética". É muito importante entendermos esse funcionamento da metáfora no inconsciente para a abordagem da poesia no estudo da interpretação psicanalítica, pois há uma "conaturalidade" da metáfora com a poesia. Tradicionalmente na linguística a poesia está para a metáfora como a prosa está para a metonímia. Para a psicanálise, no que concerne aos mecanismos de formação dos sonhos, a metáfora está para a condensação assim como a metonímia está para o deslocamento. A metáfora concerne à substituição de significantes e a metonímia, à sua associação. Numa frase, o eixo da metonímia corresponde à sua horizontalidade e a metáfora, ao eixo vertical relativo a cada significante. A fórmula da metáfora é "uma palavra por outra" e a da metonímia, "de palavra em palavra".

Lacan começa apontando a diferença entre o texto escrito e o falado. É bom lembrar também da diferença da abordagem entre um texto escrito por Lacan e um seminário transcrito; não é a mesma coisa, não se pode ler da mesma maneira nem ter o mesmo grau de confiabilidade. No seminário, Lacan está em seu *work in progress*, muitas vezes associando livremente, em estado de experimentação, e muitas vezes muda a concepção de algum tema mais adiante em seu ensino. No entanto, seus escritos são muito mais elaborados e têm efetivamente o objetivo de uma transmissão via leitura de suas elaborações, conceitos e matemas, leitura na qual o leitor tem que "colocar de si".

Ele diz: "O escrito distingue-se, com efeito, por uma prevalência do *texto*, no sentido que veremos ser assumido aqui por esse fator do discurso — o que permite a concisão que, a meu ver, não deve deixar ao leitor outra saída senão a entrada nele, que prefiro difícil".[1]

Lacan assume que seu escrito é difícil. O texto de sua autoria ao qual se refere aqui, sem nomeá-lo, é "A carta roubada", que é a letra roubada, que já é a primeira abordagem da *letra*, uma vez que em francês *lettre* é ao mesmo tempo carta e letra. Ele trabalha a questão da linguagem, e já no primeiro subcapítulo, "O sentido da letra", aponta como essa letra deve ser tomada:

Lição 18. A instância da poesia no inconsciente

Nosso título deixa claro que, para além dessa fala, é toda a estrutura da linguagem que a experiência psicanalítica descobre no inconsciente. Pondo desde logo o espírito prevenido em alerta, porquanto é possível que ele tenha de reavaliar a ideia segundo a qual o inconsciente é apenas a sede dos instintos.[2]

Ele está se contrapondo à ideia do inconsciente como uma sede das pulsões, aqui chamadas de instintos (algo que se refere mais ao animal, tendo sido assim traduzido para o inglês e para o português inicialmente pelos primeiros tradutores de Freud). Não, o inconsciente é linguagem. E deixa bem claro que não se trata de uma metáfora e sim da materialidade da letra. Materialidade sonora, sua qualidade de fonema. "Mas essa letra, como se há de tomá-la aqui? Muito simplesmente, ao pé da letra. Designamos por letra esse suporte material que o discurso concreto toma emprestado da linguagem."[3]

Ele faz a letra equivaler ao significante — trata-se de tomar o que se escuta ao pé da letra, sem tentar entender o que significa e sim deixar o analisante associar e ele mesmo dar os significados a seus significantes.

Em seguida, ele se refere às afasias que já trabalhou no livro 3 do Seminário. Ele se refere ao sujeito como assujeitado ao significante. Diz que: "O sujeito, se pode parecer servo da linguagem, o é ainda mais de um discurso em cujo movimento universal seu lugar já está inscrito em seu nascimento, nem que seja sob a forma de seu nome próprio".[4]

Trata-se daquilo que é a base da teoria lacaniana: o Outro da linguagem é prévio e você aí se inscreve como um servo dessa linguagem que já preexiste a você. O sujeito é esse servo da linguagem, cujo lugar é designado antes de nascer nem que seja pelo nome próprio, que de próprio não tem nada, pois é dado por alguém que toma do Outro da linguagem um nome e o dá para você. Quem na análise não se interroga do porquê de seu nome? E encontra ali um monte de coisas, sim: que tipo de desejo isso veicula, do pai, da mãe, ou sei lá de quem. E daí todas as significações que a pessoa dá àquele nome. E também de todos os nomes, apelidos, qualidades, defeitos, xingamentos que foram proferidos e que te marcaram como um ferro em brasa desde pequeno ou pequena. O sujeito é servo desses significantes alienantes que lhe são soprados, atirados, vomitados por aqueles que vieram ocupar para ele o lugar do Outro. São esses significantes que o sujeito em análise cospe fora, separando-se deles num processo de emancipação que é a própria análise.

A barreira à significação

Tudo isso é para introduzir a questão que Lacan desenvolve em "A instância da letra", onde fala da metáfora e da metonímia a partir de sua interpretação dos dois mecanismos utilizados pelo inconsciente para formar os sonhos desenvolvidos por Freud: condensação e deslocamento:

> A *Verdichtung*, condensação, é a estrutura de superposição dos significantes em que ganha campo a metáfora, e cujo nome, por condensar em si mesmo a *Dichtung*, indica a conaturalidade desse mecanismo com a poesia, a ponto de envolver a função propriamente tradicional desta.[5]

E mais adiante indica claramente que o efeito metafórico é um efeito poético: "A estrutura metafórica [...] indica que é na substituição do significante pelo significante que se produz um efeito de significação que é de poesia ou criação, ou, em outras palavras, do advento da significação em questão".[6] Eis uma indicação muito importante para a tática da interpretação como uma substituição de significante para ter um feito de significação que surpreenda abalando a fixação das significações às quais o sujeito já se havia habituado e achava imutável.

Para abordar a metáfora e a metonímia, Lacan retoma o signo linguístico de Saussure, desenvolvido em seu *Curso de linguística geral*, invertendo a relação entre significante (S) e significado (s) ao colocar o significante no numerador acima da barra, que ele faz corresponder à barra do recalque, e o significado no denominador, abaixo desta: S/s. Por que Lacan tem essa ousadia em relação ao papa da linguística estrutural? Porque o incons-

Lição 18. A instância da poesia no inconsciente

ciente é feito de significantes em cadeia cuja significação acontece só no a posteriori quando a frase, por exemplo, receber um ponto-final. Além do mais, cada significado atrelado àquele significante do signo linguístico é também um significante, que nada mais é do que o som daquela palavra. Por outro lado, Lacan acentua que a barra entre o significante e o significado é a barreira no signo linguístico.[7] O signo linguístico não tem apenas dois elementos, e sim três, pois deve-se contar a barra. E essa barra é uma barreira à significação. A questão é: como se dará a significação? Qual é a relação entre significante e significado? Como Lacan desenvolve, há produção de significação na metáfora, mas não na metonímia. Mas tem a questão da barra, de como é que se liga o significante com o significado.

Tomando o exemplo do próprio Saussure, se eu digo a palavra *"Árvore"*, eu me remeto a uma árvore, uma planta, pois a palavra dicionarizada com seu som e seu sentido é o signo da linguística, sendo que o som da palavra, o significante, está atrelado ao que ela significa, o significado. Quando eu digo "Xícara", esse som da palavra tem como referente convencionalmente esse objeto no qual tomo o café, conferindo-lhe portanto seu significado. Mas atentem: o signo linguístico não tem referente, nele não se encontra o objeto, apenas o som e o sentido da palavra. Para Lacan, entre a xícara significante e o objeto de louça no qual eu coloco o café para beber há uma barreira de significação, pois xícara pode não se referir àquele objeto. Tudo depende da localização do significante xícara na frase, ou seja, quais significantes vêm depois dele, qual o contexto etc. Posso matar minha sede de vingança com uma xícara de ódio. Há uma barreira à significação no signo linguístico para a psicanálise, e não uma equivalência ou fixação. Lacan alertava os psicanalistas para se absterem de compreender, ou seja, suspendam o sentido, pois a linguagem não é feita para comunicar, a linguagem é mal-entendido. O que importa é essa barreira à significação. O que importa para o inconsciente não é essa xícara. O que importa, por exemplo, é a xícara que me faz pensar em Xícara da Silva, Xica da Silva, Zezé Motta no filme etc. Daí posso equivocar e falar "Zezé Morta" e isso me remeter à questão da morte, e assim por diante.

Outro exemplo de Lacan. Tomemos duas portas:

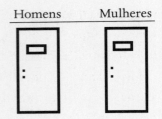

A porta como objeto é o significado de cada palavra colocada acima dela, indicando que ali é um banheiro para os homens entrarem porque tem o significante que indica que aquela porta é para os homens, e idem para as mulheres, na outra porta. O significado do significante "homem" é "porta". Com esse exemplo, Lacan começa a quebrar a suposta fixação de um significante em cada significado. Mas seu exemplo se complica com a seguinte anedota: duas crianças chegam a uma estação de trem e olham a palavra "Homens" e a palavra "Mulheres" por janelas opostas; uma das crianças diz: "Chegamos a Mulheres!" E a outra retruca: "Não está vendo que nós estamos em Homens?".[8] Cada um fala do lugar em que está conferindo outro significado às palavras "Homens" e "Mulheres", que aqui viram estações ou cidades.

Temos ainda outra característica do significante em sua autonomia ao significado, pois o significante se significa em relação a outro significante, ou melhor, em oposição a outro significante.

Nesse exemplo, Lacan situa o significante "Homens" em oposição ao significante "Mulheres". Assim, o significante "Homens" só se significa a posteriori a partir do significante "Mulheres", e não a partir de um significante que lhe seja próprio. Porque se eu colocar aqui "Homens" × "Marcianos", "Homens" × "Animais", "Homens" × "Meninos", o significado de "Homens" muda.

Não à toa esse exemplo de Lacan, em 1958, já antecipa a questão da diferença de sexos à qual ele se dedica bem mais tarde em seu ensino, começando por insistir na falta de essência dos ditos homens e das ditas mulheres, insistindo que "Homens" e "Mulheres" são apenas significantes. E ainda situa essa separação dos sexos no texto de "A instância da letra" designando-a como "segregação urinária".

Lição 18. A instância da poesia no inconsciente

No signo linguístico, reinterpretado por Lacan, o significante, no numerador da fração, tem como significado não uma coisa que seria o seu referente, e sim outro significante. Então, não vou poder definir um determinado significante fixando-o a um determinado significado. Por isso há o mal-entendido da linguagem: eu falo xícara e cada um entende o que quiser. Cada palavra pode significar qualquer coisa e pode surpreender. Como os poetas nos ensinam. "[A] simples justaposição de dois termos cujo sentido complementar parece ter que ser consolidado por ela [produz] a surpresa de uma inesperada precipitação do sentido."[9]

O que Lacan insiste, ao dar o exemplo da estação de trem, é que "a barra do algoritmo saussuriano de uma forma [...] é a conta certa para sugerir que sua resistência pode ser outra".[10] Trata-se da resistência à significação. A metáfora é justamente o mecanismo que rompe essa barreira à significação e produz um efeito de poesia que toca no gozo do analisante.

As propriedades do significante

Lacan destaca três propriedades dos significantes — que são a base para o analista saber escutar e interpretar.

A primeira propriedade é o fato de que os significantes estão articulados em cadeias e seguem uma determinada ordem. O Inconsciente apresenta uma estrutura significante articulada. Não é caótico, não é qualquer coisa. Quando você fala, quando ouve o seu paciente em associação dita livre, você acaba percebendo que está tudo articulado numa rede de significantes composta por unidades. Essas suas unidades são os fonemas, os significantes, propriamente ditos. Assim, a rede pode ir se reduzindo a um elemento diferencial último, que é o /*xi*/ da xícara, por exemplo. É uma unidade que permitiu falar "*Xícara da* Silva". Eu posso dizer "Xí-cara", eu posso ficar no "Cara" — "cara de xícara", "cara de pau".

Essa ordem obedece à sincronia e à diacronia, respectivamente os eixos vertical e horizontal da frase. Significantes sincrônicos que podem ocupar o mesmo lugar na frase e os diacrônicos que sucedem uns aos outros.

Lacan aborda em seguida o pareamento na abordagem da sincronia da linguagem, em que os significantes vêm aos pares: "O sistema sincrônico dos pareamentos diferenciais necessários ao discernimento dos vocábulos numa dada língua".[11]

Isso é muito importante: a própria definição do significante é que ele é aquilo que o diferencia de outro significante. Você só entende os significantes a partir dos pares de oposição apontando que o significante só se define em "oposição" a outro significante e que na língua temos pares de significantes já dados que fazem o sentido variar do significante de acordo com o outro significante ao qual está pareado.

Como por exemplo par-ímpar, dia-noite, adulto-criança, claro-escuro etc. O significante como tal não tem o menor sentido, a não ser em relação a outro significante, ao par dele, com o qual faz oposição. Posso dizer: "Que dia é hoje?" e também "Ainda está de dia". Não se trata aqui do mesmo "dia". No primeiro o significante "Dia" se refere ao par dia-mês ou dia-semana, o segundo dia faz oposição ao significante noite. Torquato Neto aponta numa poesia que "Todo dia é o dia D", fazendo referência ao desembarque na Normandia em 1944, ao término da Segunda Guerra Mundial, e também à sua guerra interna.

Voltando ao texto, Lacan diz:

> Por onde se vê que um elemento essencial na própria fala estava predestinado a fluir nos caracteres móveis que, qual Didots ou Garamonds a se imprimirem em caixa baixa, presentificam validamente aquilo a que chamamos letra, ou seja, a estrutura essencialmente localizada do significante.[12]

Didot e Garamond são tipos de fonte. A letra é portanto aqui definida como aquilo que fixa o significante num lugar. A letra é a estrutura essencialmente localizada do significante. A letra localiza. O significante voa.

A segunda propriedade do significante é topológica.

Com a segunda propriedade do significante, de se compor segundo as leis de uma ordem fechada, afirma-se a necessidade do substrato topológico do qual a expressão "cadeia significante", que costumo utilizar, fornece uma aproximação: anéis cujo colar se fecha no anel de um outro colar feito de anéis.[13]

Lacan já se interessava em fazer uma topologia no inconsciente. Ele propõe então que esses significantes se deem numa cadeia significante, só que ele propõe uma estrutura que não é linear como uma frase escrita, mas circular e articulada como anéis cujo colar se fecha no anel de outro colar feito de anéis, e esse colar se fecha em outro, e assim por diante. Por exemplo, há um significante num anel articulado a outro que está em outro anel. No que o analista faz uma interpretação, o percurso das associações pula para outro anel e faz um outro circuito. E de repente entra em outra cadeia circular e a associação do alisante pula daquela cadeia para outra que se abre. Isso muitas vezes se expressa como: "Ah, isso me fez lembrar de um episódio da minha infância...", entra em outra, e outra, e vai adiante. É essa estrutura que ele propõe nesse momento para pensarmos a topologia. E esse esforço topológico de Lacan irá até os nós borromeanos. Neste texto encontramos uma primeira proposta topológica de Lacan para se formalizar o funcionamento do inconsciente estruturado como uma linguagem.

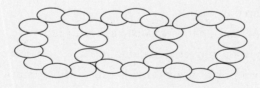

A terceira propriedade do significante refere-se ao sentido, à produção de sentido.

Pois o significante, por sua natureza, sempre se antecipa ao sentido, desdobrando como que adiante dele sua dimensão. É o [...] termo significativo: Eu nunca..., A verdade é que..., Talvez, também... Nem por isso ela deixa de fazer sentido, e um sentido ainda mais opressivo na medida em que se basta ao se fazer esperar.[14]

Quando você interrompe uma frase no meio, todo mundo fica esperando — o que vem em seguida para que eu entenda essa frase? O significante, como tal, tem esse aspecto imaginário, que é chamar para si o sentido. E é difícil nos desgarrarmos dele porque é próprio do significante. Quando eu digo "Copo", todo mundo pega o sentido de copo, ao invés de ouvir que eu falei "Copo". Isso não é burrice, isso é assim mesmo. O ser humano é um burro do sentido. Ele é captado pelo sentido. E o maior esforço que nós fazemos como analistas e como analisantes é poder escapar do sentido. Pois intrinsecamente o significante como tal não tem sentido.

Lacan dá quase esses contraexemplos semelhantes às frases interrompidas de Schreber, que escutava, por exemplo, alucinatoriamente: "Agora eu vou…" e então ele mesmo completava: "… me render ao fato de que estou louco". Há outras, que o próprio Lacan retoma no livro 3 do Seminário e em "De uma questão preliminar a todo tratamento possível da psicose". Numa frase interrompida, vocês esperam a continuação que dará sentido a ela, e quando a continuação não vem… nossa tendência é completá-la.

Então, a essa propriedade de antecipar o sentido, o que o analista faz na sua interpretação? Ele diz: "Continue… Continue…", ou seja, faz deslizar o sentido. Isso serve para ele mesmo não ficar grudado no sentido do que está ouvindo, não dar sentido.

Freud recomendava para o analista a *atenção flutuante*, isto é, não prestar atenção ao sentido convencional daquilo que o analisante está falando, a fim de que você possa ouvir outra coisa, como a enunciação, os equívocos, as aliterações, as hesitações, as trocas de palavras, os tropeços, as incoerências.

A interpretação poética é uma arma contra essa propriedade do significante, porque faz enigma, equivoca, evoca outra coisa, faz rir. A interpretação como enigma traz à cena analítica a questão do desejo do Outro. O que ele quis dizer? Com a poesia, você abre, de certa forma, a possibilidade de outros sentidos. Não é um não sentido, é o cúmulo do sentido, como a metáfora. O sentido é opressivo; a interpretação analítica, longe de dar sentido, deve liberar o sujeito da opressão do sentido. Pois a vida do ho-

Lição 18. A instância da poesia no inconsciente

mem é o teatro do oprimido. O homem é oprimido pelo sentido, eis sua servidão. O sentido não nos dá um vidão, e sim uma servidão.

Na análise, o analista deve promover a associação livre do analisante, relançar o deslizamento da cadeia significante para propiciar a desfixação dos sentidos consistentes para aquele sujeito. Por exemplo, quando o sujeito colocou um ponto-final numa frase, você como analista poderia acrescentar: "Mas...". E assim você transformou o que era um ponto-final numa vírgula ou no início de uma outra frase para o sujeito continuar. "Donde se pode dizer que é na cadeia do significante que o sentido *insiste*, mas que nenhum dos elementos da cadeia *consiste* na significação de que ele é capaz nesse mesmo momento."[15]

A repetição significante, ou seja, a insistência de alguns significantes da cadeia, promove a consistência deles, consistência de significação que cabe ao analista esvaziar, pois estruturalmente, em toda a cadeia associativa, há significantes que insistem, mas na verdade não consistem, pois a significação desliza.

Muito mais tarde em seu ensino, Lacan afirma que o sentido é como o tonel das Danaides da mitologia grega.[16] Esse é um dos castigos de Hades no mundo subterrâneo: aquele que é castigado, no caso as Danaides, deve permanentemente preencher com água um tonel que não tem fundo. O sentido é isso: por mais que você vá encher, está sempre vazando, nunca preenche. Essa imagem é muito legal para vermos como o sentido insiste, mas não consiste, ele vaza. No nó borremeano, Lacan aponta o furo do sentido que é real, mas, como se encontra na conjunção com o imaginário, este o enche de sentido.

É por isso que temos de ir a Hölderlin, Heidegger e Lacan, que nos diziam que o homem habita a terra como poeta, e não como servo do sentido. A poesia é uma arma contra essa propriedade do significante de dar consistência ao sentido. O sentido oprime. O sintoma é um nó de significação, é um sentido fechado, que está fixado, congelado, como uma imagem congelada no filme da vida, da *travelling life*. O sintoma se condensa, se congela num determinado sentido. É contra isso que nós temos que lutar com a interpretação poética.

O que é irredutível numa análise não é o sentido, e sim determinados significantes ali presentes no Inconsciente. Podemos dizer que, depois de o sujeito percorrer mil e uma sessões pelas suas cadeias significantes, há algo que fica irredutível, que é a presença de determinados significantes esvaziados de seus sentidos. Ele descobre na sua *travelling* análise quais são seus significantes primordiais, que se repetem de uma determinada maneira e que são mais importantes do que outros. A análise promove uma mudança do sujeito em relação a esses significantes, na lida com eles para se deslocar, se desalienar, se separar deles, descolar, decolar e continuar sua viagem.

Lição 19. Viajando na poesia

O INCONSCIENTE É POETA e por isso a interpretação analítica não pode ser outra coisa senão da mesma matéria — eis ao que chega Lacan no final de seu ensino. Ele nos diz que "o fato de enunciar a palavra 'inconsciente' nada mais é do que a poesia com a qual se faz a história".[1] E também que "é pelo fato de uma interpretação justa apagar o sintoma que a verdade se especifica por ser poética".[2] A poesia é fundamental para o fazer do psicanalista em sua arte da interpretação.

Poatassaz

"Só a poesia permite a interpretação, e é por isso que não consigo mais, em minha técnica, sustentá-la; não sou o suficiente poata [*pouâte*], não sou poatassaz [*pouâtassez*]."[3] Lacan faz aqui uma referência a Leon-Paul Fargue, que considera o homem um *"pouète de Pouasie"*:[4] o homem é um poeta, um habitante do país Poasia, o poata. Podemos também interpretar que Lacan, ao introduzir a letra "a" no poeta, esteja propondo introduzir aí o objeto *a*, como mais-de-gozar, que confere à poesia seu brilho, o brilho do desejo, *hímeros*. É um mais-de-gozar na linguagem que faz acender a centelha poética, essa centelha é "poática". Mas nunca somos poeta o suficiente, pois a poesia é inesgotável, assim como as brincadeiras com a linguagem, assim como os equívocos de lalíngua e também como o objeto *a* que, ao emergir num instante poético, se eterniza.

O homem é um ser-para-a-poesia. Eis como leio a tese de Aristóteles na *Poética*, em que sustenta que aquilo que especifica o ser humano é sua capacidade para a *mimesis*, a representação, a capacidade de representar as coisas simbolicamente através da arte.[5] Em termos teatrais, a *mimesis* é a própria atuação, a representação teatral que faço equivaler ao fazer semblante de Lacan. Mas a *mimesis*, ou seja, a arte de representar própria ao humano, se estende para todas as artes. Pois só ele tem acesso ao simbólico porque é um ser de linguagem. E toda arte tem por base a poesia, o que lhe possibilita representar na fala, na escrita, na tela, na pedra, no palco, no som, todas as coisas do mundo e fora do mundo. De onde lhe vem isso? É o talento, a inspiração, a criação que faz ver o mundo com poesia? Uns dizem que é Deus, como Adélia Prado: "De vez em quando Deus me tira a poesia/ Olho pedra, vejo pedra mesmo". Não será do inconsciente como o discurso do Outro, como o tesouro de significantes com suas leis de metáfora e metonímia? Não será do inconsciente como saber de lalíngua, que carrega em si as infinitas possibilidades de equívocos, rimas, trocadilhos, calembures e cambalhotas de cada idioma?

Passando pela vida

Vamos aos poetas e viajar com "Travelling life", um poema de Paulo Leminski. *Travelling* em inglês significa "viajando", mas no cinema é uma tomada sem cortes em que a câmera fica em cima de um trilho e filma direto uma cena montada ou uma paisagem. Como vocês traduziriam esse título, "Travelling life"? Viajando pela vida, passando pela vida... Uma vida sem edição... O que está implicado nessa metáfora? Como vocês a explicam? Tem como explicar? "A poesia é efeito de sentido, mas é também efeito de furo", diz Lacan.[6] Ela é plena de sentido, mas também aponta para o não sentido, o furo no sentido.

Proponho traduzir por ora *"travelling life"* por "passando pela vida". Viajar é igual a passar por. Quando você viaja, passa por lugares — viajar não é estático e sim colocar-se em movimento, embora possa haver escalas, paradas. Mas mesmo nas escalas a vida não para, como o tempo. E a vida passa. Na viagem temos o "passando" e na vida nós temos o "passa". Se eu disser:

Lição 19. Viajando na poesia

a viagem é uma forma de você passar de um lugar para o outro, não existe metáfora nenhuma. Se eu disser: "A vida é uma passagem de uma idade para a outra" ou "com a passagem do tempo nada é igual", não estou me servindo de metáfora alguma. Mas na poesia de Leminski os significantes passagem, passando e tempo estão implicados em ambos os significantes: *travelling* e *life*. A metáfora é isso: quando um termo que é comum a dois significantes está omitido. Por exemplo, na metáfora "Maria é uma flor" há pelo menos um significante comum à Maria e à flor; pode ser "delicada", "bela" etc. Eu suprimo esse significante (ou esses significantes) comum e provoco uma identificação de Maria com a flor. A metáfora implica sempre significantes omitidos — ou recalcados, como dizemos em psicanálise.

Eis o poema "Travelling life":

é como se fosse uma guerra
onde o mau cabrito briga
e o bom cabrito não berra

é como se fosse uma terra
estrangeira até pra ela
como se fosse uma tela
onde cada filme que passa
toda imagem congela

é como se fosse a fera
que a cada dia que roda e rola
mais e mais se revela[7]

É complexo e enigmático. Faremos a análise para saber onde tem e onde não tem metáfora.

é como se fosse uma guerra
onde o mau cabrito briga

Então, pensamos que o bom cabrito não briga, o mau cabrito é quem briga. O bom cabrito não berra. Isso é uma descrição, não tem metáfora. Mas se pensarmos que o cabrito é o homem, aí sim é uma metáfora. Há frases que não são necessariamente metáforas, mas são poéticas. Lacan concentra a definição da poesia do lado da metáfora, pelo menos nesse texto de "A instância da letra no inconsciente ou a razão desde Freud". Temos aqui uma mensagem pacifista contra a guerra e uma distinção entre o homem mau que berra e briga e o bom que não berra nem briga.

O que faz também aumentar a significação do poema é o título. Se ele está falando que isso é a vida que passa, então será contextualizado de outra forma. O enunciado do poema está enquadrado no título, que dá o contexto da poesia que é propriamente sua enunciação. É importante frisarmos isso: é o contexto que confere a enunciação, entre outras coisas. O enunciado "Eu te amo" não tem o mesmo significado se proferido durante uma transa, no meio de uma briga ou no leito de morte, pois a enunciação varia e aponta para a significação.

Eu vou ter que tomar todo o contexto do poema a partir da significação do título. E pensar a cada momento para onde vai a significação.

É como se fosse uma terra
estrangeira até pra ela

Aqui não há metáfora alguma. A terra é uma coisa estrangeira até para si mesma. Não há uma identidade de si para si nessa terra, ou seja, é algo que você não consegue definir, fixar numa significação. Mas é uma metáfora se considerarmos que a terra é uma extensão do homem que é sujeito dividido, estrangeiro de si mesmo, pois nele habita uma terra estrangeira que Freud chamou de inconsciente.

como se fosse uma tela
onde cada filme

A expressão "como se fosse" abole a estrutura metafórica. Se eu digo a vida é uma tela, aí teríamos a metáfora.

Lição 19. Viajando na poesia

como se fosse uma tela
onde cada filme que passa
toda imagem congela

Toda imagem congela, mas a vida continua passando. Isso aponta para determinadas cenas de nossa vida que nos congelam de terror e/ou que ficam congeladas para nós, cenas traumáticas indeléveis que, apesar da vida continuar passando, permanecem lá congeladas. Essa metáfora explode em múltiplos sentidos, inclusive com o paradoxo de que a vida ao mesmo tempo congela, estagna, paralisa e também passa, não para, segue viagem.

é como se fosse a fera
que a cada dia que roda e rola
mais e mais se revela

É como se fosse a fera, certo. Uma vez isso posto, já compramos a ideia de que a vida é fera. A fera é violenta, feroz e perigosa. Vocês sempre devem pensar no termo que está omitido e que coloca essas duas palavras juntas e dá o que Lacan chama a centelha poética. A vida é uma fera. Mas uma fera que roda? O que roda? O filme, o *travelling*, o filme que roda e rola e mais e mais se revela. E revelar aí também nos dois sentidos, de revelação de fotografia e de alguma coisa que aparece e que estava oculto.

A repetição poética

Há uma outra poesia de Leminski parecida em que ele não usa tanto a metáfora, e sim a repetição, característica do próprio Inconsciente. Ao se repetir o significante na mesma frase, ele já não é o mesmo. Quando uma pessoa diz: "Eu sou objetivo, pires é pires", por mais que o sujeito negue a metáfora, por mais que diga, como FreudMagritte, "Um charuto é apenas um charuto", nada impede o efeito metafórico de se fazer ouvir. O que é uma rosa? Gertrude Stein responde: "Uma rosa é uma rosa é uma rosa é uma rosa".

O que significa isso? Isso não é propriamente uma metáfora. Gertrude pode estar dizendo que a rosa não tem qualidade, não tem qualificativo e que ao repetir ela procura captar a essência da rosa. Como vocês interpretam isso? Quando o analisante encalha numa palavra, como diz Clarice Lispector, e a repete, o que está acontecendo? Não seria um condensado de significantes que estariam ali recalcados?

Um significante que se repete é um disco arranhado ou estamos no deslizamento significante? Em termos da própria estrutura do significante, é o mesmo significante. Então não teria o deslizamento. O significante, aquele que insiste, que se repete e que é o mesmo. Ele, de certa forma, impede o deslizamento do significante, e aí estamos na metonímia.

O poema dela continua:

Uma rosa é uma rosa é uma rosa é uma rosa
Encanto extremo.
Botina extra.
Encanto extremo.
O mais doce sorvete.
Página épocas página épocas página épocas.[8]

Nesse poema, ela define a rosa com o qualificativo encanto extremo, mas daí abre para as metáforas botina e sorvete para em seguida explodir a significação apontando que podemos escrever páginas e páginas sobre a rosa por distintas épocas infinitizando o sentido até que ele se perde. Assim, a metáfora é uma pletora de sentidos e ao mesmo tempo aponta para o não sentido. A interpretação do analista como poética tem essa característica: é enigma por ser prenhe de sentido e também aponta o não sentido absoluto.

Há um outro poema de Leminski que se chama "Vezes *versus* reveses". Aí já temos uma condensação. Só que o *versus* aqui não está representado por um ×, como poderia ser. Como a gente diz: a × b, a *versus* b.

Isso é bem enigmático. Para Lacan, o enigma não é o sem sentido, mas é o cúmulo do sentido, o máximo do sentido.[9] E você fica perplexo com a

Lição 19. Viajando na poesia 215

quantidade de sentidos que isso tem. Há os reveses que podemos pensar da vida, que são as reviravoltas. Ou o re-vezes. Versus, um contra o outro, várias vezes, contra que também é múltiplo, que também não é contra. E tem o versus que é o avesso. E versus que equivoca com o plural de verso. Ei-la:

> *um flash back*
> *um flash back dentro de um flash back*
> *um flash back dentro de um flash back de*
> *um flash back*
> *um flash back dentro do terceiro flash back*
> *a memória cai dentro da memória*
> *pedraflor na água lisa*
> *tudo cansa (flash back)*
> *menos a lembrança da lembrança da lembrança*
> *da lembrança*

Há metáfora aqui? Aqui nós estamos na metonímia. Ele está no que nós chamamos, em arte, de *mise-en-abîme*, literalmente colocação em abismo. Todo mundo tem essa experiência: quando se está entre dois espelhos exatamente planos e paralelos, a imagem refletida tende ao infinito. Há uma repetição infinita da imagem. E com o inconsciente também acontece isso, uma memória que está dentro da outra e dentro da outra e dentro da outra... numa associação de recordações que em suma não é tão livre assim, pois é uma repetição determinada inconscientemente.

Temos aqui uma primeira metáfora "pedraflor" e que é um oximoro. O que é um oximoro? É a conjunção de duas coisas contrárias, a reunião dos dois elementos de um par de oposição, por exemplo, um clarão escuro, uma frieza quente, uma alegria triste. A pedra tem o seu aspecto de pesado e a flor, de leve. Mas elas estão juntas. É uma pedra que é uma flor, uma pedra que tem as características de uma flor sem deixar de ser pedra. O máximo da condensação é o oximoro, em que você junta dois significantes díspares numa só palavra. Algo como as duas faces da mesma moeda.

Nós estamos aí e, de repente, cai a memória dentro da memória na água lisa. Ele está descrevendo "cai dentro da memória/ pedraflor na água lisa", digamos que é uma imagem — não sei se água lisa é a vida, ou é a realidade... Mas a água lisa é uma descrição, não existe metáfora em si. Mas o leitor vai tender a interpretar o que é essa água lisa, e aí sim ele metaforiza.

É preciso saber o que é metáfora e o que não é. A repetição não é metáfora. É um S_1 que se repete. Podemos dizer que não é nem um deslizamento significante. Não é um significante que se associa com outro e que se associa com outro e com outro, que é típico da metonímia.

No soneto de Luís de Camões, a frase "Amor é fogo que arde..." *é uma metáfora, pois o amor pode me queimar, pode me machucar, posso ficar chamuscado e me consumir. Uma descrição e uma comparação não são metáforas.* A metáfora é o cúmulo de sentido, pois condensa vários significantes num só. A metonímia aponta para a falta de sentido, pois o sentido desliza, de significante em significante, infinitamente. Até que venha um ponto interromper o deslizamento da cadeia.

Lição 20. Pontuação, significação e metáfora

LACAN MOSTRA DESDE CEDO em seu ensino a importância da pontuação para a precipitação de sentido de uma frase ou de uma sessão de análise. Se a pontuação corresponde a um ponto, ela pode promover retroativamente o sentido da frase. A cadeia significante por definição não tem fim, assim como a associação livre, a interpretação de um sonho, o relato de uma cena que se encadeia na outra etc. É necessária uma pontuação para que ela se interrompa e desse ponto a posteriori se precipite sua significação, mesmo que não faça sentido. A pontuação pode fazer enigma para o analisante. Daí a pontuação ser aquilo que confere o sentido e também o que suspende o sentido e enigmatiza.

Essa pontuação pode, como dissemos, equivaler a um corte de sessão. Esse corte pode ser conclusivo ou suspensivo, promover a precipitação de um ato arrancando o sujeito de sua hesitação neurótica ou suspender suas certezas, ou ainda abalar a fixação de sentido que se expressa nos sintomas ou nos devaneios.

"Não há cadeia significante, com efeito, que não sustente, como que apenso na pontuação de cada uma de suas unidades, tudo o que se articula de contextos atestados na vertical, por assim dizer, desse ponto."[1] A cadeia significante corresponde ao eixo horizontal de uma frase, que é o eixo sintagmático da linguística segundo Saussure, ou seja, da combinação de significantes, do deslizamento da cadeia. O eixo paradigmático é o eixo vertical que atravessa cada significante que, como tal, condensa vários outros significantes e que é considerado o eixo das escolhas — é o que o analisante "escolhe" para falar e também para recalcar os outros significantes ligados a ele. São os "contextos" ligados àquele significante, como Lacan descreve na citação acima.

Arbre, barra, erva

Qual a unidade da cadeia significante? É o fonema. O significante, em Lacan. "Assim é que, retomando nossa palavra *arbre*, não mais em seu isolamento nominal, mas ao término de uma dessas pontuações, veremos que não é apenas pelo fato de a palavra *barre* ser seu anagrama que ela transpõe a barra do algoritmo saussuriano".[2]

Por que ele utiliza *arbre*? Porque é o exemplo que Saussure dá e que Lacan toma: significante/significado. Então Lacan faz uma brincadeira com as palavras *arbre* e *barre*, que é barra em francês, e uma é um anagrama da outra. Não é um mero jogo de palavras. Trata-se de apontar a resistência, barreira à significação e como transpor essa barreira. Em Saussure, essa barra é uma solda, digamos, que funde o significante com o significado numa palavra considerada como um signo linguístico, ou seja, o som e a definição, a imagem acústica e o conceito da palavra. Esta não carrega a coisa ou o objeto que ela nomeia. Que o significado está ligado ao significado, não está ligado à coisa.

O desenho da árvore no signo linguístico em Saussure (♣) não é a árvore objeto, é a árvore como conceito: a árvore é um vegetal que tem caule e folhas. No signo linguístico não há objeto, não há a coisa. Esse desenho é um problema, pois se presta a equívocos. Eu posso pôr no lugar dele o conceito de árvore. O importante é que, primeiro: não é do objeto que se trata, é do conceito. Em segundo lugar, esse conceito é um significado. Em terceiro lugar, na verdade, esse conceito não é um significado, é um significante. Em quarto lugar, o que importa é a barra da significação, e quando ela é ou não transposta. Na metonímia, caso do deslizamento significante, não há transposição da barra, e a relação entre Significante (S) e significado (s) é representada por (–). Na metáfora há transposição dessa barreira, o que se expressa com o sinal (+) na relação entre S e s.[3]

Lição 20. Pontuação, significação e metáfora

$$f\,(S...S')\,S \cong S\,(-)\,S \qquad \text{(metonímia)}$$

$$f\left(\frac{S'}{S}\right)\,S \cong S\,(+)\,S \qquad \text{(metáfora)}$$

Tiramos essa árvore do seu isolamento nominal e veremos de que forma ela, como tal, transpõe a barra. O efeito de significação é a transposição da barra. Quem transpõe a barra? A metáfora. A transposição da barra — representada pelo sinal (+) — ocorre na metáfora. Na metonímia encontramos a barra da resistência à significação, representada pelo sinal (–), ela não é transposta. Na metonímia, a relação entre significante e significado é intransponível: a relação entre eles é negativa; não há, portanto, efeito de significação. Na metáfora a relação entre significante e significado é positiva. Nesta há uma transposição da barra, onde o significado irrompe no significante, em que há um efeito de significação, efeito de poesia, condensação de significantes. Quando você rompe essa barra, que é a barra do recalque também, ocorre o retorno do recalcado. Nessa transposição pode ter poesia, a centelha poética, a explosão de sentido ou, dito de outra forma, uma condensação de vários sentidos, porque nós temos várias vozes. "Não é apenas pelo fato de a palavra *barre* ser seu anagrama que ela transpõe a barra do algoritmo saussuriano."[4]

E Lacan vem então com o texto poético em que brinca com a palavra *arbre*. É um texto difícil... Em que ele mostra as várias significações "embutidas" na palavra "árvore", as diversas acepções de *arbre*.

> É que, decomposta no duplo espectro de suas vogais e suas consoantes, ela evoca, juntamente com o carvalho e o plátano, as significações de que é carregada em nossa flora, as de força e majestade. Drenando todos os contextos simbólicos em que é tomada no hebraico da Bíblia, ela ergue sobre um outeiro sem fronde a sombra da cruz. Depois, reduz-se ao Y maiúsculo do signo da dicotomia que, sem a imagem que historiza o armorial, nada deveria à árvore, por mais genealógica que ela se diga.[5]

Percebam como em seguida Lacan encontra a árvore em mil e um lugares.

> Ó, árvore circulatória, árvore vital do cerebelo, árvore de Saturno ou de Diana, cristais precipitados numa árvore condutora do raio, será talvez tua figura que traça nosso destino no casco chamuscado da tartaruga, ou teu clarão que faz surgir de uma inominável noite a lenta mutação do ser no *hen panta* da linguagem [...].[6]

Esse *hen panta* é o "em tudo" dos pré-socráticos. Vê-se como ele explode os significados. É um texto no qual Lacan demonstra poeticamente para onde vai a árvore se você a retira de seu isolamento nominal e a situa em outros contextos. Aí ele segue:

> *Não! diz a Árvore, diz ela: Não! no cintilar*
> *Em sua ramagem soberba,*
> versos que consideramos tão legítimos de ouvir nos harmônicos da árvore quanto seu reverso:
> *Que a tempestade trata universalmente*
> *Como faz a uma erva.*[7]

A árvore, tratada como uma mera erva pela natureza, pode na linguagem cintilar com sua ramagem soberba. Ou seja, todo mundo em todas as línguas usa essas propriedades do significante e de sua musicalidade com os harmônicos da melodia. Trata-se da musicalidade da palavra "árvore" e a questão da transposição da barra de significação.[8] E aí já vem outro pequeno parágrafo teórico poético:

> Como se vê na modalidade comum do ente em que são escolhidas a árvore e a erva, para que aí advenham os sinais, signos de contradição do dizer "Não!" e do "tratar como", e para que, através do contraste categórico do particularismo do *soberba* com o *universalmente* de sua redução, complete--se, na condensação da cabeça com a tempestade, o indiscernível cintilar do instante eterno.[9]

Lição 20. Pontuação, significação e metáfora

O ente aqui é a árvore como ser em termos *heideggerianos*, como a erva é também um ser, um ser empírico. A árvore e a erva são tratadas da mesma maneira. Ela é rainha da flora e ao mesmo tempo é tratada de uma forma universal pela natureza, sendo portanto qualquer uma. Ela é a soberba, ela é a rainha e ao mesmo tempo é qualquer uma. Todo mundo é um pouco árvore e um pouco erva. E aí vem a própria imagem da poesia: o indiscernível cintilar do instante eterno — a centelha poética é isso. É o efeito da transposição da barra. A poesia é um instante que cintila fora do tempo cronológico, seu tempo é o da eternidade. Eis o efeito de *hímeros*, o brilho do desejo.[10]

A thing of beauty is a joy for ever, diz Keats, apontando para a eternidade de algo que é belo. Como traduzir? Uma coisa bela é uma alegria eterna. Uma coisa linda é um gozo para sempre. Escolham, façam a sua tradução, mas mantenham a eternidade da faísca da beleza que incendeia a eternidade.

A centelha poética

O sonho, o chiste, o ato falho são expressões da centelha poética do Inconsciente artista que faz brilhar o desejo num instante eterno. Freud compara o sonho com o fogo de artifício — uma metáfora poética do sonho. Ele diz que o sonho é como fogo de artifício, que leva muito tempo para ser preparado e que se acende num instante. É como um espetáculo teatral em que os atores ensaiam por semanas e meses e apresentam seu produto numa efêmera efeméride, numa apresentação que é sempre única para aquela plateia que se reúne uma única vez com os atores para nunca mais se repetir. A apresentação seguinte jamais será igual à anterior nem à seguinte. É como um sonho que jamais se repete da mesma forma, ainda que se apresente o mesmo roteiro. A centelha poética das formações do Inconsciente são sinais do fogo do sujeito que brilha com seu desejo.

A centelha poética é o "indiscernível cintilar do instante eterno", é a transposição da barra, da barreira à significação, onde se localiza o sujeito. A emergência do sujeito como sujeito desejante é esse "indiscernível cintilar do instante eterno". "Mas todo esse significante, dirão, só pode operar por estar presente no sujeito. É justamente a isso que respondo ao supor que ele passou ao patamar do significado."[11]

Vejam que interessante: o significado do significante não é efetivamente um conceito ou uma definição, ou até mesmo outro significante, e sim o sujeito. Daí seu matema: S/$. O sujeito é representado por um significante... para outro significante que é o significante que se acopla ao primeiro que o representa. Essa transposição da barra é que Lacan faz equivaler ao sujeito.

Aí ele diz algo interessantíssimo e fundamental para a interpretação psicanalítica e o próprio processo analítico: "O que essa estrutura da cadeia significante revela é a possibilidade que eu tenho, justamente na medida em que sua língua [...] existe, de me servir dela para expressar *algo completamente diferente* do que ela diz".[12] Lembrem-se do Homem dos Ratos que xingou com ódio seu pai de "seu prato", "seu guardanapo", e outras palavras aparentemente anódinas, por não ter à sua disposição um repertório de palavrões. Podemos usar cada palavra para significar o que queremos e assim fazemos constantemente, inclusive poesia.

Assim como Lacan afirmou não ser poeta o bastante, nós também somos muito pouco poetas, pois ficamos preocupados com problemas imobiliários, como diria Heidegger. E aí não nos movemos, ficamos imóveis. Esquecemos que nosso habitat é a linguagem.

Habitamos a linguagem e temos como medida a poesia, que é a única régua possível entre a terra que pisamos e o céu infinito sobre nossa cabeça. A poesia é a medida do sujeito entre a terra e o céu. A concretude do real da vida dura nos torna preocupados com problemas de moradia. Não vamos negar esse real, claro. O real dos sem-teto. Mas tampouco podemos esquecer que o homem é um ser-para-a-arte. O sujeito do desejo é um poeta. E para deixar fruir a poesia que lhe é própria, tem que abrir a cabeça e olhar as estrelas. O poeta é um "sem telha", ele tem o céu na cabeça.

A interpretação psicanalítica como poética joga com as palavras servindo-se dessa propriedade da linguagem que faz com que eu possa expressar com uma palavra "algo completamente diferente do que ela diz".

Lição 20. Pontuação, significação e metáfora

A poesia é a base de todo tipo de arte. Significa que eu vou expressar na arte algo que aquela palavra me diz, ou aquela imagem me diz, diferente dela mesma, a metáfora, para fazer emergir algo do sujeito "sem telha". Seus harmônicos e desarmônicos, para desarmá-lo da suposta compreensão do *imundo* que ele habita.

Para abordar a metonímia, Lacan parte da clássica definição de *a parte pelo todo* com o exemplo: "Trinta velas despontam no horizonte". Nessa frase, a vela é a metonímia de barco — não é uma descrição realista, pois cada barco tem certamente mais de uma vela e a metáfora descreve aqui a chegada de trinta barcos. Essa lei da linguagem só é possível pela proximidade dos significantes relativos ao mesmo contexto, objeto ou situação. Daí Lacan associar a metonímia ao deslizamento significante, ao deslocamento freudiano.

> [...] pelo fato de a palavra "barco" nele ocultada parecer multiplicar sua presença, por ter podido, no próprio repisamento desse exemplo, assumir seu sentido figurado — menos velava essas ilustres velas do que a definição que lhes competia ilustrar. Com efeito, a parte tomada pelo todo, dizíamos a nós mesmos, se a coisa é para ser tomada no real, não nos deixa uma grande ideia do que convém entender sobre a importância da frota que, no entanto, essas trinta velas supostamente aquilatam: um navio ter apenas uma vela é, na verdade, o caso menos comum.[13]

Se eu pegar um barco e contar quantas velas ele tem, geralmente são três; então, se eu disser trinta velas despontam no horizonte, na verdade são uns dez navios. Mas nós não entendemos dez navios, é isso que Lacan está querendo dizer. Então, não se trata efetivamente na metonímia "da parte pelo todo". O que se vê na ligação do navio com a vela não está em outro lugar senão no significante. Porque eu vou por associação: vela/navio. A fórmula da metonímia é "de palavra em palavra", corresponde ao deslizamento significante, ao deslocamento como aponta Freud em *A interpretação dos sonhos*, no qual não há significação nem transposição da barra.

Falemos da outra, a metáfora.[14] Nesse trecho ele toma como exemplo a poesia "Booz adormecido" de Vitor Hugo: "Seu feixe não era avaro nem odiento…".[15] Esse feixe representa o falo, a fecundidade que se conecta com a árvore do sonho do personagem que é a metáfora também do falo e das gerações que dele vão vir (veremos isso a seguir em detalhes). Mas o surrealismo traz exemplos também significativos.

Digamos que a poesia moderna e a escola surrealista fizeram-nos dar um grande passo nisso, ao demonstrar que qualquer conjunção de dois significantes seria equivalente para constituir uma metáfora, caso não se exigisse a condição da máxima disparidade entre as imagens significadas para a produção da centelha poética, ou, em outras palavras, para que tenha lugar a criação metafórica.[16]

Dois significantes são suficientes para fazer uma metáfora, mas não para fazer acender a fagulha poética. Como se cria uma boa metáfora? Pegam-se dois significantes bem diferentes, pois se exige a máxima disparidade entre as imagens significadas para a produção da centelha poética. Mas esta se acende no entre-dois significantes a partir da substituição de um significante por outro que se associa a ele de forma metonímica:

A centelha criadora da metáfora não brota da presentificação de duas imagens, isto é, de dois significantes igualmente atualizados. Ela brota entre dois significantes dos quais um substituiu o outro, assumindo seu lugar na cadeia significante, enquanto o significante oculto permanece presente em sua conexão (metonímica) com o resto da cadeia.[17]

No exemplo de "Maria é uma flor", o significante oculto — "delicada", por exemplo — se liga por contiguidade ao significante "flor", permitindo a metáfora. Temos aqui essa centelha poética que se dá na transposição da barra e que deixa oculto um significante. Daí: uma palavra por outra, eis a fórmula da metáfora, e, caso você seja poeta, produzirá, para fazer

Lição 20. Pontuação, significação e metáfora

com ela um jogo, um jato contínuo ou um tecido resplandecente de metáforas.[18]

Há outra característica importante que Lacan aponta sobre a metáfora que tem relação com essa criação: a metáfora se situa no ponto exato em que o sentido se produz no não sentido. A produção metafórica tem sentido, mesmo que você não saiba qual é ele. Além disso, o sentido pode ir se multiplicando quando se coloca em funcionamento metonimicamente suas associações com outros significantes. É a questão do enigma. Um enigma é uma pletora de sentido, que você tenta decifrar, pois induz à busca do sentido.

Vemos que a metáfora se coloca no ponto exato em que o sentido se produz no não senso, isto é, na passagem sobre a qual Freud descobriu que, transposta às avessas, dá lugar à palavra que é, em francês, "a palavra" por excelência, a palavra que não tem outro patrocínio senão o significante da espirituosidade [...].[19]

Lacan joga aqui com a expressão em francês para designar o chiste, literalmente *mot d'esprit*, palavra espirituosa. De fato, toda palavra é chistosa. Você pode fazer de qualquer palavra uma palavra espirituosa, no sentido de um chiste. "E onde se vislumbra que é seu próprio destino que o homem desafia através da derrisão do significante."[20] Que destino é esse? O destino é aquilo que o ser falante interpreta a partir da determinação inconsciente. Destino é o que é traçado pelo Outro. Na Grécia antiga, o Outro do destino eram os deuses, desde Freud sabemos que é o Inconsciente. É nesse lugar do Outro que estão inscritos os ditos legiferantes e proféticos que vão traçando a trajetória do sujeito na alienação significante. Desafiar o destino é o que a análise propõe através do processo de brincar com os significantes, mostrar o quanto são derrisórios e submetidos às operações de linguagem como a metáfora e a metonímia.

Cada sujeito em análise decifra o enigma dos sentidos que vão emergir do que supõe ser seu destino e assim deslizar, substituir, trocar, brincar com as palavras e perceber seu fundo de não sentido. E nesse caminhar na busca da verdade ele se deixa guiar pela tocha do desejo. E vemos também "o algo que aqui impõe sua forma no efeito da verdade sobre o desejo. Mas, acaso já não sentimos há algum tempo que, por ter seguido os caminhos da letra para chegar à verdade freudiana, ardemos em seu fogo, que consome por toda parte?".[21]

Nesse caminhar se dá a revelação dos efeitos de verdade produzidos pela letra, que essa revelação se fez a Freud e que ele deu à sua descoberta o nome de inconsciente.

Num determinado contexto, numa determinada hora, falar de determinada maneira cria uma pletora de sentidos. E é isso que é, propriamente, a metáfora, essa condensação, essa pletora de sentidos. A questão que veremos é essa passagem ao sentido, que não encontramos na metonímia. Como nós vimos no *flashback... do flashback... do flashback, uma pedra flor na água lisa*. Metonímia da metonímia da metonímia e de repente: pedra flor na água lisa. E nós vemos que há milhares de sentidos. Há uma pedra na água fazendo aquelas ondas, afundando, mas é uma flor, que não tem peso. É um oximoro, pedra flor, que são duas palavras com sentidos opostos, uma é leve, a outra é pesada.

A polifonia e a interpretação

Muito antes de propor o Inconsciente como um saber sobre lalíngua e a interpretação poética, Lacan aborda a musicalidade da poesia. "Mas basta escutar a poesia, o que sem dúvida aconteceu com F. de Saussure, para que nela se faça ouvir uma polifonia e para que todo discurso revele alinhar-se nas diversas pautas de uma partitura."[22]

Imagine um discurso, qualquer discurso. Vocês podem gravá-lo e transformá-lo em música, jogar numa partitura e ter a musicalidade do discurso. Mas Lacan fala também da polifonia, que significa várias vozes. Eu aprendi também, com músicos, que às vezes uma determinada nota tem condensadas várias notas. Como nós estamos falando do sentido, podemos dizer

Lição 20. Pontuação, significação e metáfora

que essa polifonia remete à polissemia de qualquer tipo de discurso, ou seja, a seu sentido múltiplo. Mas também polissemia de cada palavra. Uma palavra simples como "prato" tem vários sentidos: uma peça de louça, uma refeição, a parte de uma balança etc. A poesia tem várias vozes, como uma música polifônica, além de vários sentidos determinados por suas metáforas.

A poesia quando não é falada é letra morta; ela só é vivificada, ela só entra na dimensão gozosa do real quando é falada. Não é à toa que esse aspecto da dimensão do falar, do presentificar aquilo que é escrito, faz com que Lacan vá definir a partir dos anos 1970 o sujeito não mais como o sujeito da linguagem, mas como o *fala-a-ser, le parlêtre* — porque o ser de linguagem se manifesta na fala. Quando ele não fala, ele é o sujeito da linguagem, pode estar morto, como o nome numa lápide. É preciso escutar, falar a poesia para vivificar a linguagem, para o gozo se presentificar no real de lalíngua.

Sobre a musicalidade de lalíngua, Lacan a aborda *avant la lettre* desde os anos 1950 fazendo referência à música e aos harmônicos, aquelas notas que estão de acordo entre si. De alguma forma, toda nota musical tem uma série de sons harmônicos, que fazem com que ela tenha um determinado timbre, que se modifica de um instrumento para o outro. A sonoridade de um instrumento é diferente da do outro porque a qualidade dos harmônicos é diferente. Os sons harmônicos graves, médios e agudos que estão dentro daquela nota — eis o que caracteriza um determinado timbre de instrumento. A quantidade de harmônicos enriquece o timbre de uma mesma nota.

Isso tudo é muito importante para a interpretação psicanalítica. Vocês têm que pensar que o analisante pode escutar sua interpretação como poesia, ou seja, com uma determinada polifonia que vibra nele, ressoa em seu corpo. E isso não está só no conteúdo da interpretação e sim na sua forma de enunciá-la com o tom, o timbre, os harmônicos. Vocês têm que pensar que o silêncio também é repleto de harmônicos, daquilo que o analista acabou de falar, daquilo que ecoa ou daquilo que o próprio sujeito acabou de falar, e que fica ressoando. Por outro lado, na análise o sujeito em sua fala faz aparecer a polifonia, as diversas vozes do Outro, dos diversos sons, dos diversos instrumentos de uma orquestra que é seu Inconsciente com os diversos ditos daqueles que efetivamente ocuparam o lugar do Outro com suas vozes, seus ditos, suas desditas, seus harmônicos e desarmônicos, elogios, xingamentos, profecias e lamentos. Cada fala traz a polifonia do discurso e as melodias de cada um.

Lição 21. Booz e o efeito de sujeito

COMO VIMOS NO TEXTO "A instância da letra", Lacan escreve as duas fórmulas da metáfora e da metonímia como duas relações distintas entre significante (S) e significado (s). Eis as duas leis da linguagem que são as próprias leis que constituem o Inconsciente estruturado como uma linguagem. Metáfora e metonímia são as duas únicas que regem o Inconsciente.

A metonímia expressa a relação entre os significantes que se sucedem como na associação livre, o deslizamento significante. Na relação entre o significante e o significado há uma barreira. Não há uma passagem, não há uma transposição do significado para o significante, não há produção de significação e tampouco efeito de sujeito.

Na metáfora, em que há uma relação de substituição de um significante por outro, há uma transposição da barra e efeito de sujeito. O que é, propriamente, o efeito poético da metáfora é a substituição do significante que produz um efeito de significação, efeito poético que remete a um sujeito — o sujeito se acende e faz aparecer a centelha poética do Inconsciente artista.

Booz revisitado

Lacan introduz o sujeito em sua abordagem linguística a partir da psicanálise. E utiliza como exemplo o poema "Booz adormecido", de Victor Hugo, chamando a atenção para a frase "seu feixe não era avaro nem odiento". É a história de Booz e Rute e que vai dar origem a toda a linhagem moabita do Velho Testamento. É um conto escrito de forma poética. E sem nomear, Lacan retoma nesse exemplo uma outra metáfora da árvore que aparece no sonho do protagonista. Booz já está com oitenta e tantos anos e Rute, linda e jovem, tem uma relação amorosa com ele e dá origem a toda uma geração. Eis o poema completo:

> Booz adormeceu vencido pela fadiga;
> Após o dia todo a trabalhar na sua terra,
> Arrumara sua cama no sítio habitual
> Booz dormiu junto aos campos cheios de trigo.

> Esse ancião possuía campos de trigo e cevada.
> Embora rico justo se mostrava:
> Não havia lama na água de seu moinho;
> Não havia inferno no fogo de sua forja.

> Sua barba era prateada como um riacho de abril,
> Seu feixe não era avaro nem odiento;
> Quando via uma pobre colhedora passar:
> — Deixe cair de propósito algumas espigas, ele dizia.

Seria esse feixe uma metáfora do falo? Veremos mais adiante que sim, mas o resto da poesia propõe também outras metáforas ao falo, como a árvore. As metáforas nos dizem que Booz é rico, trabalha ainda, é generoso e idoso, como um riacho de abril, pois na França, no final do inverno, o rio está meio prateado. Inverno da vida, metáfora da velhice, final do inverno, próximo da morte.

> Andava puro longe de caminhos tortuosos,
> Vestido com cândida probidade e linho branco;
> E sempre ao lado dos pobres que passam como o rio,
> Seus sacos de grãos jorravam como fontes públicas.

> Booz era amo bondoso e fiel para os seus
> Era generoso embora econômico.

Lição 21. Booz e o efeito de sujeito

> As mulheres olhavam Booz mais do que um jovem,
> Pois tem beleza, mas o idoso é majestoso.
>
> O idoso que retorna à fonte primeva,
> Entra nos dias eternos e dos efêmeros sai.
> Vemos chama nos olhos dos jovens,
> Mas nos olhos dos idosos vemos a luz.

Vemos aqui várias metáforas, como a imagem de grãos jorrando dos sacos indicando sua generosidade, a chama efêmera do fogo de palha dos jovens que carecem de tenacidade em contraposição ao saber que irradia dos idosos etc.

> Assim, Booz de noite dormiu entre os seus;
> Junto às mós, que pareciam escombros,
> Os colhedores deitados formavam grupos escuros;
> E isso aconteceu em tempos muito antigos.
>
> As tribos de Israel eram lideradas por um juiz;
> A terra, onde o homem vagava em tendas inquieto
> Com as pegadas de gigantes que via,
> Ainda estava úmida e amolecida pelo dilúvio.
>
> Assim como Jacó e Judite dormiam,
> Booz, de olhos fechados, jazia nas folhagens;
> E então a porta do céu se entreabriu
> Sobre sua cabeça e um sonho desceu.
>
> E o sonho era tal que Booz viu um carvalho
> Que saía de seu ventre até o céu azul;
> Uma raça subia como uma longa corrente;
> Um rei cantava embaixo, um deus morria em cima.

E Booz murmurou com a voz da alma:
"Como pode isso vir de mim?
Meus anos já passaram dos oitenta,
E não tenho filho, nem mulher.

"Há muito tempo que aquela com quem eu dormia,
Ó Senhor! trocou minha cama pela sua;
E ainda estamos todos misturados,
Ela meio viva e eu meio morto.

"Uma raça nasceria de mim! Como acreditar nisso?
Como poderia eu ter filhos?
Quando se é jovem, as manhãs são triunfantes;
O dia sai da noite como uma vitória;

Mas quando velhos, trememos como a bétula no inverno;
Sou viúvo, estou só, e a noite cai sobre mim,
E inclino minha alma, ó meu Deus, para a tumba,
Como um boi sedento inclina sua fronte para a água."

Assim falou Booz em sonho e êxtase,
Voltando a Deus seus olhos pelo sono afogados;
O cedro não sente o cheiro da rosa em sua base,
E ele não sentia uma mulher a seus pés.

Enquanto ele dormia, Rute, uma moabita,
Deitara-se aos pés de Booz, com os seios nus,
Esperando por algum raio desconhecido,
Quando do despertar viria a luz repentina.

Booz não sabia que uma mulher ali estava,
E Rute não sabia o que Deus dela queria.
Perfumes frescos saíam das touceiras de asfódelos;
O sopro da noite flutuava sobre Galgala.

Lição 21. Booz e o efeito de sujeito

A penumbra era nupcial, augusta e solene;
Os anjos estavam certamente voando por ali obscuramente,
Pois, por um momento, podia-se ver passar na noite,
Alguma coisa azul que uma asa parecia.

A respiração do Booz adormecido
Misturava-se ao ruído surdo dos riachos sobre o musgo.
Estávamos no mês em que doce é a natureza,
As colinas tinham lírios em seus topos.

Rute sonhava e Booz dormia, a grama era negra;
Os sinos dos rebanhos tremulavam vagamente;
Uma grande bondade caía do firmamento;
Era a hora tranquila em que os leões bebiam.

Tudo estava em repouso em Ur e Jerimadeia;
As estrelas brilhavam no céu profundo e escuro;
A lua crescente, fina e clara entre as flores de sombra
Brilhava no oeste, e Rute se perguntava,

Imóvel, com os olhos entreabertos sob os véus,
Que deus, que colhedor do verão eterno,
Teria descuidadamente jogado
Essa foice de ouro no campo das estrelas.

No campo das estrelas se dá o encontro de dois sonhos, do qual nasce toda uma geração. Esse é o contexto do "seu feixe não era avaro nem odiento". E a partir daqui Lacan pega esse "seu feixe" que vem substituir o nome próprio Booz apontando para sua potência (generosidade) — teria ele ainda sêmen para semear uma mulher e ter com ela uma descendência? Lacan chama a atenção para essa substituição significante na metáfora: feixe por Booz. E aqui, diz Lacan, é nesse feixe, nessa metáfora que encontramos toda a significação do que acontece com ele. Porque é a partir desse "feixe" — com seus qualificativos indicando munificência, generosidade, prodigalidade, bondade — que toda uma nação surge. "Sua afirmada generosidade vê-se reduzida a *menos do que nada* pela munificência do feixe".[1]

Um homem de oitenta e tantos anos, que já não tem mais nada a esperar, nada para fecundar, tem um sonho com toda uma nação subindo por esse carvalho plantado em seu corpo, em seu baixo-ventre, como um falo gigantesco que nasceu de seu corpo e do qual sairá toda uma nação. O doador de trigo e cevada é transformado em doador da semente que semeia a terra e faz nascer e crescer todo um povo. Booz, como pessoa bondosa e generosa e doadora de seus produtos da terra para os mais pobres, é representado por esse feixe (o produto de suas terras cultivadas). Ele desaparece nessa metáfora como nome próprio com suas doações para aparecer como o objeto de doação: o feixe de trigo. Como diz Lacan, "o doador desaparece junto com o dom, é para ressurgir naquilo que cerca a figura em que ele se aniquilou".[2]

O feixe e o carvalho

O nome próprio se aniquila para fazer surgir outra coisa. "Pois há a irradiação da fecundidade — que anuncia a surpresa celebrada pelo poema, ou seja, a promessa que o ancião receberá, num contexto sagrado, de seu advento à paternidade."[3] É a metáfora da paternidade que interessa a Lacan nesse poema. E sabemos que é a partir da metáfora paterna que Lacan fará toda a leitura do Édipo freudiano a partir da tese do Inconsciente estruturado como uma linguagem. O nome próprio como um índice do Nome-do-Pai, que é propriamente falando o significante da paternidade.

Booz sonha com o carvalho, Rute sonha com as estrelas, esses dois sonhos juntos podem ser uma metáfora de uma relação sexual — o carvalho que sobe até as estrelas. Só que não, são dois sonhos, cada qual com o seu, Rute sonha com as estrelas, Booz com a paternidade. Mas Lacan acentua o feixe, na sementeira, e que espirra espiga para todos os lados apontando para a metáfora da ejaculação, o jorro do sêmen, de onde vem

Lição 21. Booz e o efeito de sujeito

a semente de uma nova geração. Vocês veem como o feixe é muito mais rico como metáfora em imagens do que a árvore. O feixe já é também o que ele colhe do que planta. Essa pequena metáfora irradia a questão da fecundidade pelo poema inteiro. E anuncia, portanto, o advento da paternidade. Lacan comenta:

> É entre o significante do nome próprio de um homem e aquele que o abole metaforicamente que se produz a centelha poética, ainda mais eficaz aqui, para realizar a significação da paternidade, por reproduzir o evento mítico em que Freud reconstruiu a trajetória, no inconsciente de todo homem, do mistério paterno.[4]

É a partir da abolição do nome próprio, nessa transposição, que surge a centelha poética. Assim se produz uma metáfora do sujeito.

Esta é distinta da representação do sujeito pelo significante que o representa para outro significante, esse é a própria fórmula da identificação. Você se identifica com o S_1, que te representa, como um nome próprio.

Nome próprio

O nome próprio é um S_1, o significante amo, o significante mestre, que te representa. Isso é uma coisa, não tem poesia nenhuma. Mas quando você chama: "Oh, minha gata! Oh, tchutchuca!", ao invés de chamar a namorada pelo nome, temos então um efeito de criação. A primeira coisa que o amor faz é criar um nome para a pessoa amada. Quando você está apaixonado, você cria um nome para o seu parceiro ou parceira, que substitui o nome próprio — isso o abole e daí surge a centelha poética. E aí nós temos o efeito de sujeito. O amor tenta alcançar o sujeito de alguma forma, captar. A metaforização, abolindo o nome, faz surgir o sujeito. Não será isso que é fazer amor? No livro 20 do Seminário, Lacan faz equivaler o fazer amor com o fazer poesia. Pois o amor não é aquilo exatamente que "se faz", mas o que se diz e o que se escreve.

Para o pai ou a mãe, colocar tal nome no filho pode até ter algum sentido, mas o nome próprio como tal não tem sentido algum. É um S_1 sem sentido que representa o sujeito para o resto dos significantes, a rede de significantes representado pelo S_2. Mas ao substituir o nome próprio por um significante, na metáfora poética, como no exemplo do feixe/Booz, tem-se um efeito de sujeito que acende como uma fagulha, uma centelha, uma chama.

O que diz Lacan a respeito de Booz:

Não é outra a estrutura da metáfora moderna. Daí o dardejamento: *O amor é um seixo rindo ao sol* recria o amor numa dimensão que pude dizer que me parece sustentável, contrariando seu deslizamento sempre iminente para a miragem de um altruísmo narcísico. Vemos que a metáfora se coloca no ponto exato em que o sentido se produz no não senso [...].[5]

A metáfora é produtora de sentido, sim, mas preserva o não sentido. "A metáfora se coloca no ponto exato em que o sentido se produz no não senso."[6] Como um feixe pode ser avaro? A coisa em si é sem sentido, mas produz um sentido. Mas acho importante acentuar que o sentido na metáfora não cobre o não sentido estrutural, pois existe um furo no sentido, como o tonel das Danaides.

Lição 22. O transporte de gozo

O SUJEITO DO INCONSCIENTE só habita esta terra como poeta. Não há lugar para o sujeito na ciência, mas na poesia sim.[1] A psicanálise é o Outro da ciência, ou melhor, uma Outra ciência que inclui a poesia, expressão do saber sobre lalíngua, como veremos adiante. A psicanálise é uma arte poética, tanto que Lacan insistiu no final do seu ensino não ser suficiente poeta, não ser poeta o bastante, não ser assaz poeta. Ninguém é poeta o suficiente, você pode ser sempre mais, porque a poesia é infinita, já que nossa capacidade de metaforização é infinita. E ele define a interpretação analítica como caracteristicamente poética, ou seja, ela está no jogo significante, no jogo metafórico, de substituição significante, de equívocos, trocadilhos, brincadeiras palavreiras. É através do jogo do significante que você pesca o sujeito. Não é dizendo: "O que você está querendo dizer é isso". É nesse efeito tão efêmero quanto fugaz, e inapreensível, que existe no efeito da poesia, da metáfora, é nessa centelha que está o sujeito. O analista não "pega" o analisante com sua fala. O sujeito é um fulgor no horizonte da palavra. É uma centelha poética no horizonte do ser.

Lacan inventa, como vimos, um neologismo que dá margem a múltiplas interpretações: o *poâte*. Encontramos aí em ressonância *hâte*, pressa, que está implicada no tempo lógico e na certeza antecipada no manejo do tempo da sessão analítica. Sabemos que a pressa de falar precipita os equívocos, os tropeços e os trocadilhos — e assim a emergência do inconsciente poeta.

A metonimização é infinita também, eu posso falar uma palavra atrás da outra, e atrás da outra, da outra etc. A metonímia não é totalmente separável da metáfora, porque ao fazer as minhas associações eu não deixo de fazer metáforas. A metonímia, como tal, não para. A não ser quando eu coloco um ponto-final ou corto. A metáfora faz você parar, para fazer surgir o sujeito, que desaparece tão logo aparece.

Metáforas

A segunda fórmula da metáfora (além de "uma palavra por outra") desenvolvida por Lacan é uma fórmula com quatro termos atribuída a Chaïm Perelman, que ele usa no texto "A metáfora do sujeito", um adendo dos *Escritos*, para acentuar que na metáfora há sempre um significante oculto. Este é o significante comum aos dois significantes da metáfora: o que é substituído e o que o substitui. Tomaremos a metáfora do "feixe generoso", no qual o significante "Booz" não aparece — ele foi suprimido para causar o efeito metafórico. Quem é generoso é Booz, e não o feixe. Quando eu digo que o feixe é generoso estou indicando que ele é volumoso, farto, correspondendo ao homem rico que deixa cair o feixe para os pobres se beneficiarem de sua generosidade, como aparece no poema de Victor Hugo. Com isso, um elemento é suprimido.

Já um xingamento é uma "metáfora radical", cujo exemplo encontramos no acesso de raiva, relatado por Freud, do menino ainda inerme em grosserias que foi seu Homem dos Ratos, o qual, ao ser contrariado pelo pai, interpela-o: "Seu lâmpada!", "Seu toalha!", "Seu prato!", e assim por diante, por não ter acesso aos palavrões. Esse é o exemplo que Lacan dá de radicalidade da metáfora. É a utilização do significante do jeito que você quiser. Mas no final das contas o significado da metáfora é enquadrado na enunciação na qual ela é expressa, ou seja, pela forma como você a diz.

Vocês podem usar qualquer palavra para xingar, podem usar qualquer palavra para fazer uma declaração de amor. E é isso que Lacan introduz aqui, que é na dimensão da injúria, no insulto, no xingamento que se origina a metáfora. Quando eu digo: "O senhor é um filho da puta", eu não estou querendo dizer que a mãe dele é uma prostituta. É a dimensão metafórica da injúria. E Lacan diz: "Pois é dela que provém a injustiça,

Lição 22. *O transporte de gozo*

cometida gratuitamente contra qualquer sujeito, de um atributo com que um outro sujeito qualquer é levado a atingi-lo".[2] Em outros termos, todo atributo que você dá a uma pessoa provém da injustiça, porque você reduz o sujeito àquele significante. Eu posso reduzir alguém assim: "Você não passa de uma mulher!" — e vai aí qualquer tipo de preconceito: veado, judeu, negro, puta, galinha. Eu reduzo aquele sujeito ao que seria um único significante. Mas você também pode dizer: "Linda!", como diz: "Escrota!". Você não está fazendo uma referência ao saco escrotal, evidentemente. A metáfora guarda isso, de você designar a pessoa por um significante. Assim, todo significante pode ser usado como uma injúria.

O bullying é isso também, é você reduzir a pessoa a uma determinada coisa, por exemplo orelhudo, se um garoto tem a orelha um pouco grande. Vejam o que Lacan diz: "O que equivale a dizer que a realidade mais séria, e até, para o homem, a única que é séria, se considerarmos seu papel de suporte da metonímia de seu desejo, só pode ser abarcada na metáfora".[3] A identificação que representa um sujeito, na verdade, ela não faz emergir aquele sujeito, ela antes de tudo o aliena. O sujeito emerge quando há uma transposição da barra e o efeito metafórico.

Lacan situa o amor na ordem da metáfora. Encontramos a metáfora do amor no livro 8 do Seminário, sobre a transferência: a mão que sai de uma flor que encontra outra mão que sai de outra flor. No livro 20, Lacan indica que o amor se faz através das cartas, das letras, porque ele emprega as metáforas. Fazer amor é fazer poesia. Você se utiliza constantemente das metáforas para expressar o amor, e expressa o que é o outro para você utilizando desde aqueles apelidos ridículos que os namorados usam entre si até as metáforas mais elaboradas e poéticas. E, fazendo uma repartição, Lacan articula a metáfora ao amor e a metonímia ao desejo. O desejo sempre deslizando de objeto em objeto e o amor como metáfora, substituindo um objeto por outro.

No final do texto "A metáfora do sujeito", Lacan se refere à enunciação, o que me parece importantíssimo para abordarmos a interpretação. Por mais técnica que se tenha numa poesia escrita, quando se vai lê-la em voz alta é possível transformá-la em outra coisa a partir da enunciação, ou seja, a partir de sua interpretação, no sentido teatral da leitura da poesia. E ele diz: "A enunciação jamais se reduzirá ao enunciado de qualquer discurso"[4] E conclui na última página dos *Escritos* com a referência a um famoso poema de Mallarmé: "Jamais um lance de dados abolirá o acaso".

> O único enunciado absoluto foi dito por quem de direito, ou seja, que nenhum lance de dados no significante jamais abolirá nele o acaso pela simples razão — pela simples razão, acrescentamos, de que nenhum acaso existe senão em uma determinação de linguagem, e isso, sob qualquer aspecto que o conjuguemos, de automatismo ou casualidade.[5]

Em outros termos, jamais a interpretação dos jogos de palavras, equívocos, chistes, malabarismos do significante abolirão o Real do acaso que está fora da linguagem e que corresponde ao sujeito como resposta do Real em sua emergência no jogo de dados da determinação da linguagem. O real do acaso é retomado no livro 11 do Seminário, com as causas acidentais de Aristóteles que inexistem sem a linguagem: *automaton* e *tykhe*.

Retornemos à metáfora paterna para apreendermos não só a substituição de um significante por outro, mas para apontarmos o desaparecimento de um significante, no caso o significante do Desejo da Mãe.

Em "De uma questão preliminar a todo tratamento possível da psicose", Lacan escreve a metáfora paterna[6] como uma operação de substituição do significante Desejo da mãe pelo significante Nome-do-Pai: DM/NP.

$$\frac{\text{Nome-do-Pai}}{\text{Desejo da Mãe}} \cdot \frac{\text{Desejo da Mãe}}{\text{Significado para o sujeito}} \longrightarrow \text{Nome-do-Pai} \left(\frac{A}{\text{Falo}} \right)$$

Nessa operação encontramos dois tempos. O primeiro corresponde à fração DM/x, a "identificação pela qual o sujeito assumiu o desejo da mãe".[7]

É uma identificação na qual o sujeito toma o lugar desse "x", ele é o significado do Desejo da Mãe com o qual se identifica. Então o sujeito está ali, identificado a esse significante do desejo da mãe, que pode se expressar por "Quero que meu filho seja tal coisa!" antes mesmo de ele nascer. "Quero

Lição 22. O transporte de gozo

que meu filho seja homem!" "Independentemente de vir xx ou xy, vai ser homem!" Ou "Quero que seja uma mulher!", "Quero que seja bailarina!". Eis expresso o desejo da mãe — às vezes inconsciente e às vezes nem tanto.

Todos são significantes ligados a isso que ele chama de "identificação ao Desejo da Mãe", identificação essa que não é tão simples assim, que é a identificação ao significante, mas já está na triangulação de *criança, mãe e falo*, como aparece no livro 4 do Seminário. É uma identificação significante, que corresponde à identificação imaginária com o falo. A mãe, pelo seu próprio complexo de Édipo, espera seu filho no lugar do falo, e a criança responde desse lugar. O que corresponde, no nível do significante, à identificação simbólica. Isso é importante porque o Nome-do-Pai é o elemento separador dessa identificação. O Nome-do-Pai é o que vem abalar, como diz Lacan, essa identificação com o falo, que é sustentada pela significação simbólica.

O segundo tempo corresponde à primeira fração NP/DM, quando o Nome-do-Pai vem substituir o Desejo da Mãe completando a operação da metáfora paterna — é a metaforização do Desejo da Mãe pelo Nome--do-Pai. O Nome-do-Pai substitui o Desejo da Mãe e nós temos como resultado o Nome-do-Pai inscrito no Grande Outro e, como significado, o Falo, elemento separador. Então, o significante Desejo da Mãe sumiu daqui, está recalcado: é o que possibilita a metáfora. O Desejo da Mãe não está explícito, é inconsciente, por isso a identificação imediata do sujeito a esse significante é abalada — e o sujeito pode ser outra coisa que não o que papai e mamãe gostariam que ele fosse.

O transporte de gozo

Ao enfocarmos a questão do gozo, eu diria que a metáfora é um modo de transportar o gozo. A centelha poética proporciona prazer, ela é da ordem do gozo. É um efeito do sujeito, mas é também efeito de gozo. Há algo aí que é próprio do significante e que vemos bem na metáfora, que é de onde vem o termo "metáfora": *meta*, que é ir para além, e *foro*, que indica local. Então *meta fora* = deslocar do local. Daí que a tradução perfeita para "metáfora", que é um termo grego, é transporte. É mudança de lugar, é exatamente transporte. Podemos pensar que a metáfora é esse transporte de gozo, o significante gozoso. Quando eu digo: "Seu lâmpada!", há um gozo em jogo. No xingamento há o gozo do insulto, como também há gozo da metáfora do amor: "Minha tchutchuquinha!". Na injúria e no amor fica mais evidente, porém toda metáfora é gozosa.

A transposição da barreira do recalque é equivalente ao transporte do gozo. É o que eu venho desenvolvendo a partir da tragédia e a partir de Hölderlin, que nos diz que há um transporte que permite (como na tragédia, por exemplo) ao apolíneo da medida representar o dionisíaco da desmedida. Ou seja, algo do textual ou da medida, que seria das palavras, poderem transportar a desmedida do próprio gozo. A "medida do homem" sendo a poesia, esta não pode ser senão desmedida. Essa (des)medida se encontra na distância entre o céu e a terra, no entre-dois entre o solo que tocam meus pés e o céu acima de minha cabeça. Pois é essa a medida do homem, que é uma desmedida. E a única forma de medir isso é com outra medida desmedida. Essa outra medida desmedida é a poesia.

Assim, vemos que podemos pensar a metáfora como transporte de gozo ou em outros termos, mais lacanianos, uma simbolização do real. Algo que você consegue transportar na palavra, que é da ordem do simbólico, do gozo, que por definição é inapreensível. Porque ele é da ordem do real, que as palavras não apreendem.

Porém a poesia, por causa dessa fagulha — que podemos chamar de uma centelha de gozo, que acende um foguinho ali, o fogo da poesia —, implica um transporte. O simbólico transporta o real. Isso significa que devemos ficar atentos a determinados significantes na própria fala do analisante, que se serve das palavras para transportar o seu gozo. E é ali que nós temos que captar, com a interpretação, a qual tem que ser, como Lacan propõe, dessa ordem. Ou seja, de transportar o gozo, o que não significa detê-lo ou aprisioná-lo. Daí a importância da interpretação analítica como poética, ela é transporte de gozo.

Lição 22. O transporte de gozo

Transportar o gozo não significa detê-lo ou aprisioná-lo. O significante poético no teatro transporta o gozo para outro significante, no caso a plateia. O artista, quando pretende fazer arte, usa a palavra, que é da ordem do simbólico, para transportar o real do gozo. Ele leva o gozo para (*meta*) outro lugar (*foro*). E é isso que cria um mundo: o mundo da arte, que pode, como uma extensa rede de pescador, ser jogada sobre a realidade do mundo. O mundo não tem outra realidade que não seja metafórica. A realidade da medida da ciência não dá conta do que é a realidade do homem, só a psicanálise e a arte o conseguem. A poesia é o que torna suportável o poder viver na pólis e fazer da pólis onde ele vive uma *polieses*, jogo de palavras com *poieses*, em grego criação. Porque só criativamente é que podemos aguentar a vida, ou seja, enfrentar a pólis com a poesia própria ao humano que é um ser-para-a-arte.

O inconsciente é poeta que está sempre inventando modos de dizer, repertoriados por Freud, que são formas de transpor a barreira do recalque e transportar o gozo.

Lição 23. O avesso e o enigma

A PARTIR DO LIVRO 17 DO SEMINÁRIO, Lacan aborda a psicanálise pelo avesso da civilização e a interpretação pelo avesso do senso comum do que convencionalmente se chama de interpretação. Esse seminário, que começa em 1969-70, é um momento muito importante, depois da revolta estudantil de maio de 1968, quando ele sai de onde tinha sido chamado para fazer seu ensino, a École Normale Supérieure, e vai para a faculdade de direito, e aí coloca a psicanálise como o avesso do discurso do mestre que foi tão contestado na revolta estudantil. (Lacan começara seu ensino no Hospital Sainte-Anne, depois fora para a École Normale Supérieure e em seguida para a faculdade de direito.)

Lacan indica logo de início que o lugar de onde falamos determina o estilo que usamos. E isso vale para a interpretação. Na verdade, o contexto em que a fala é enunciada fornece a enunciação dos enunciados que se enunciam. Vejam que ele já está apontando como a mudança de lugar muda a interpretação. Um hospital, a Escola Normal Superior e uma faculdade de direito são lugares bem distintos. A fala é a mesma e não é. Podemos pensar que não só se trata de um caso geográfico, como também do lugar do discurso. Quando você muda de discurso, a mesma fala tem outra interpretação. No discurso do analista, Lacan diz que se trata do *avesso da interpretação*. Isso poderia ser um novo nome a ser proposto para a interpretação psicanalítica.

Lacan diz: "Vou fazer a interpretação no sentido contrário, na contramão do sentido comum do termo". Ele então se interpreta: "Quando eu falava entre 1953 e 1963, o tom que predominava era da gozação. E o personagem mais exemplar dessa audiência era sem dúvida o médico e

Lição 23. O avesso e o enigma

que alfinetava meu discurso com uma espécie de jato contínuo". Ele então vai para a Escola Normal Superior e diz: "O que eu falava era considerado obsceno". Por um lado ele era alvo de gozação e as pessoas o desconsideravam, segundo ele; depois aquilo se tornou um ensino escandaloso, ignóbil, execrável, imoral; e no terceiro lugar ele diz: "Agora, na faculdade de direito, não sei se virão estudantes de direito, mas na verdade seria capital para a interpretação, será provavelmente o tempo mais importante dos três, pois se trata esse ano de pegar a psicanálise pelo avesso e dar-lhe o seu estatuto no sentido jurídico do termo", ou seja, o estatuto a partir do próprio discurso do analista. Lacan chega ao que considera a interpretação a partir do laço original e específico do psicanalista.

A Terra é azul

A partir dos anos 1970, Lacan realmente fez uma reviravolta, como sabemos, em seu próprio ensino; ele saiu do campo da linguagem e entrou no campo do gozo, foi da *talking cure* para a *acting cure*, ao passar da preponderância da fala para a do dizer, da fala interpretativa para o ato analítico, da palavra falada para o discurso sem palavras que é o laço social.

Abordemos o enunciado e sua interpretação a partir da mudança de discurso, utilizando uma frase simples como "A Terra é azul", tal como disse Iúri Gagárin quando viu pela primeira vez a Terra a partir da Lua. Posso dizer "A Terra é azul" dentro do discurso do mestre, impor que a Terra é azul para um menino que está desenhando a Terra vermelha para que ele mude a cor da Terra que está desenhando. É uma ordem (S_1). No discurso do mestre, vou fazê-lo produzir o que eu quero que ele produza. Determino a verdade, que é a minha como sujeito ($\$$), que a Terra é azul, e vou fazer o outro produzir um objeto que corresponda a esse meu dito.

Posso também passar para o discurso do universitário e ensinar que a Terra é azul, baseado no saber (S_2) dos astrofísicos, e citá-los como os autores (S_1) no lugar da verdade. Aqui o saber como semblante se dirige ao outro como objeto, ou seja, um sujeito-aluno objetalizado e ignorante, desprovido de qualquer atributo.

Ou chega uma histérica no consultório e diz assim: "A Terra é azul", e é um grande problema para ela que a Terra seja azul, porque queria que fosse de outra cor. Ela se dirige para você com um enigma, pois se coloca e diz que vive sonhando com a Terra cor-de-rosa, mas a Terra é azul e ela queria que fosse rosa, e quando ela escolhe um sapato fica entre o cor-de--rosa e o azul e acaba levando os dois, pois é a divisão do sujeito — Azul ou rosa? Isso é coisa de menina? — que está no lugar de semblante como agente do discurso.

Ao abordar o discurso do analista, lembrem-se de que a interpretação pode ser qualquer coisa desde que se submeta à estratégia e à política, como aponta Lacan no texto de 1958 "A direção do tratamento", ou seja, o analista é totalmente livre em relação à interpretação na escolha das palavras, menos livre em relação ao manejo da transferência e pouquíssimo livre em relação à política da falta-a-ser. Não é errado vocês colocarem uma interpretação que num determinado momento pode ser "A Terra é azul!", você pode falar isso de diversas formas, como uma interpretação analítica. Se for uma interpretação, aquilo vai provocar ondas, marolas de novos significantes, mas tem que estar sustentada pelo analista no lugar de semblante de objeto a, e consequentemente haver a não identificação do analista com o lugar do Outro, e daí apontar para o vazio de sentido ou para a divisão do sujeito.

Uma interpretação pode ser qualquer coisa, mas não é uma coisa qualquer. "A Terra é azul" só é uma interpretação se for dentro de um contexto (discurso) determinado que é, repito, o equivalente à enunciação daquele enunciado. Assim, todo enunciado pode ser dito a partir de um discurso e variar também segundo o contexto e a forma como foi pronunciado. Pois tanto o contexto quanto a forma de falar determinam a enunciação.

A enunciação é a forma de dizer, que pode se dar sob diversas formas. O contexto também dá a enunciação daquele enunciado. Lacan falar algo para os médicos é uma coisa, ao falar para os filósofos e intelectuais tem outro sentido. A enunciação do sujeito muda, assim como a maneira como

Lição 23. O avesso e o enigma

ele é escutado muda também de acordo com o lugar e o contexto, para além da maneira de se expressar.

O lugar geográfico interessa pouco, pois podemos usar qualquer um desses discursos estando fora ou dentro do consultório com o analisante no face a face, ambos na poltrona, ou com o paciente deitado, o analista atrás. Não é o *setting* que faz o analista ser analista. Há ali uma dessimetria radical inerente ao discurso analítico: um está como objeto e o outro está como sujeito. Há condições como o uso do divã que favorecem essa dissimetria. Um está vendo o outro, o outro não está vendo um. Mas o que faz o discurso do analista existir é o ato analítico, nada mais.

Lacan, nesse seminário, procura saber o que é o lugar do analista. Temos no matema do discurso do analista o saber no lugar da verdade e o analista no lugar de semblante de objeto a. O que é o saber no lugar da verdade? Em contraposição aos outros discursos, podemos dizer primeiro o que ele não é. O saber não é o agente do discurso, ou seja, não venham fazer semblante de que sabem alguma coisa. Na medida em que você está mostrando um saber para o seu analisante e colocando o saber como dirigindo o tratamento, já está fora do discurso do analista, está no discurso do universitário. Assim como, se ficar espremendo o paciente: "Diga, você sabe!", você está colocando-o no lugar de escravo, o escravo está no lugar de S_2 no discurso do mestre.

Se o analista bancar a histérica também, semblante de sujeito barrado, ele colocará o sujeito ali como mestre e vai acabar se deixando comandar pelo analisante. Aliás, não é raro — o histérico é ótimo nisso — que ele resolva conduzir o tratamento. O obsessivo reclama mas não conduz, porém o sujeito histérico pode dar essa voltinha no analista, uma rasteira que mostra que ele é que acaba conduzindo, isso porque ele atinge a divisão do sujeito no analista. Primeiro furando o analista, dizendo "Você não sabe de nada", desqualificando-o. Há portanto o risco de o analista escorregar para os outros discursos que não sejam o do analista.

O que é o saber no lugar da verdade próprio ao discurso do analista? É o enigma, uma forma de semidizer, que é o que rege a ética da interpretação e se opõe a um dizer tudo. Então, não fiquem querendo mostrar serviço, porque não dá certo. É preciso lembrar, em primeiro lugar, que o analista não sabe tudo, mas algo ele tem que saber. É esse saber que dá o lugar e o contexto em que ele solta a interpretação, saber adquirido na própria análise, dos textos de Freud e de Lacan e sobre o próprio sujeito que está em análise. Enfim, é a conjugação desses três saberes.

Primeiro: o saber adquirido na própria análise para você saber o suficiente das suas coordenadas simbólicas, daquilo que o causa e da sua fantasia. E saber adquirido por ter experimentado o processo analítico até chegar à inconsistência do Outro e ao saber de que a relação sexual não existe.

Segundo: o saber que se adquire a partir do próprio estudo da psicanálise. Todos aqui sabem o esforço que é necessário para isso, e da necessidade dos postulados fundamentais da psicanálise, desse exercício que fazemos constantemente de se elaborar o saber textual.

Terceiro: o saber que é depositado a partir dos significantes da história e da decifração do inconsciente do analisante, os S_1 que vão sendo decifrados, trabalhados, elaborados e que fazem parte desse saber.

Entre enigma e citação

Lacan aborda no Seminário 17, *O avesso da psicanálise*, a interpretação a partir dos binômios enunciado/enunciação e enigma/citação. A citação da fala do analisante pode ser uma interpretação quando enunciada pelo analista em cuja enunciação ele veicula o desejo do analista. Não há regras nem para a enunciação nem para o enunciado do analista. Vamos ao que Lacan diz sobre a interpretação como enigma e citação:

> Se insisti longamente na diferença de nível entre a enunciação e o enunciado, foi justamente para que a função do enigma ganhe sentido. O enigma é provavelmente isso, uma enunciação. Encarrego vocês de convertê-lo em enunciado. Virem-se como puderem — como fez Édipo —, vocês sofrerão consequências. Eis do que se trata no enigma.

Lição 23. O avesso e o enigma

Mas há outra coisa, na qual não se pensa, em que toquei, de raspão, uma vez ou outra, mas que, para dizer a verdade, me concernia o bastante para que não me fosse fácil falar dela tranquilamente. Chama-se a citação.

Em que consiste a citação? No decorrer de um texto em que você avança mais ou menos bem, se você está, digamos, nos pontos certos da luta social, de repente cita Marx, e acrescenta — *disse Marx*. Se você é analista, cita Freud e mete: — *disse Freud*. Isso é capital. O enigma é a enunciação — e virem-se com o enunciado. A citação é — eu exponho o enunciado e, quanto ao restante, trata-se do sólido apoio que encontram no nome do autor, que deixo ao encargo de vocês.[1]

No caso da interpretação analítica numa análise, o autor em questão é o próprio analisante.

Lacan tomou o enigma e a citação como duas formas de semidizer a verdade. Mas como a citação pode ser uma forma de semidizer a verdade? Vocês vão ver que a citação não vai sem o enigma. Quando a citação é enigmática, ela se torna da ordem do semidizer e, portanto, pode ser elevada à dignidade de uma interpretação. Ele prossegue, nesse seminário, dando essa dica técnica, o que é uma raridade em seu ensino:

A interpretação — aqueles que a usam se dão conta — é com frequência estabelecida por um enigma. Enigma colhido, tanto quanto possível, na trama do discurso do psicanalisante, e que você, o intérprete, de modo algum pode completar por si mesmo, nem considerar, sem mentir, como confissão. Citação, por outro lado, às vezes tirada do mesmo texto, tal como foi enunciado.[2]

Você não pode considerar como uma confissão o que o analisante disse, colocando-se no lugar do Outro do juízo, e muito menos completar o que ele disse dando uma significação ou, num momento dele de hesitação, falar o que ele diria ou o que esqueceu. O analista não "ajuda" o analisante a falar. Ao usar o enigma e a citação, você vai contra o poder de comando do significante, o qual, por si só, tem a propriedade de mestria, um poder hipnótico, um imperativo. Então, tudo o que o analista diz pode ser tomado como uma ordem ou uma sugestão — daí Lacan, em seu ensino, como veremos adiante, propor o equívoco e a poesia como paradigmas da interpretação analítica.

O analista deve ser letrado, falar um bom português, conhecer as regras de gramática corretamente e as regras da língua na qual se opera a análise, mas também ter familiaridade com a poesia, os trocadilhos e as equivocações próprios àquela língua. Trata-se de estar aberto à lalíngua, com seu poder de equivocação, chiste e poesia.

Lacan parte de Saussure, o qual considera que existe na língua que nós falamos um aspecto social e um aspecto individual. Ao falar, o aspecto social corresponde ao conhecimento compartilhado por uma mesma comunidade linguística. Se nossa comunidade linguística é o português, nós temos em comum o conhecimento de regras de português. Esse conhecimento é o que ele chama de *a língua*. *A fala* é a realização individual da língua, ou seja, é o aspecto individual, é como você realiza esse conhecimento que você tem da língua.

A enunciação é a apropriação da língua por um ato individual. O que me faz passar da língua para a fala é a enunciação, o ato de dizer. E o enunciado é o dito, é o texto... Então, a enunciação é, em primeiro lugar, essa instância de mediação entre a língua e a fala. E é a partir dessa enunciação que Émile Benveniste mostra que existe o individual. E se vocês forem ler, ele fala da subjetividade, e Lacan aproveitou vários desses conceitos, principalmente sobre a subjetividade incluída na língua que se encontra na enunciação, que é o aspecto individual.

O Analista-Esfinge

A primeira referência que Lacan faz para a interpretação como enigma é o enigma que a Esfinge apresenta a Édipo.[3] A Esfinge é um ser mitológico composto por pedaços de corpo heterogêneos: a cabeça e o peito de mulher, corpo e patas de leão e asas de pássaro. Quando alguém se aproximava de Tebas, ela pousava no visitante e dizia o enigma, e quem

Lição 23. O avesso e o enigma 251

não o decifrava era devorado por ela. Lacan nos diz que Édipo se ferra porque ele aboliu a verdade, retirou o suspense da verdade. A Esfinge falou: "dois pés", *dipous*; "três pés", *tripous*; "quatro pés", *tetrapous*; e Édipo não entendeu que isso se referia a ele. Ele não olhou para o próprio pé inchado, para o pé manco que ele tinha; estava escrito no seu nome e no seu corpo. Ele não ouviu o enigma, ele foi guiado pelo sentido do enunciado e não pelo equívoco significante. Ele respondeu "O homem", e assim aboliu a dimensão da verdade.

O enigma da Esfinge é o enigma dos pés, pois *Óidipous* contém *pous*, o pé: Oidipous, pé inchado, pé-que-sabe. O enigma da Esfinge usou *pous*, o significante do nome dele, Óidipous — *dipous*, *tripous* e *tetrapous*, ou seja, o equívoco significante que é próprio da interpretação psicanalítica. Se fôssemos traduzir o enigma da Esfinge seria assim: "O que são dois pés, três pés, quatros pés, Pé-Inchado?".

Não lhe foi dito: "Você tem uma marca no pé que concentra a história do seu pai, que tentou te matar". Se Édipo tivesse interpretado direito e ouvido o equívoco significante, teria percebido que ele mesmo é a criança ("quatro pés", engatinhando) que foi amarrada pelos pés e jogada às feras no monte Citéron; que ele é o adulto ("dois pés", caminhando bípede); e que, ao ocupar o lugar do pai junto à sua mãe, Jocasta, ele se iguala a um velho andando com um bastão ("três pés"). Caso tivesse percebido isso, sua história não teria o desfecho trágico. O enigma é vinculado, portanto, ao equívoco significante de lalíngua, como veremos mais adiante.

Lacan diz no livro 17 do Seminário que o enigma é uma enunciação; e ele se conjuga com a citação. O analista em sua interpretação cita uma palavra ou uma frase do analisante e a enuncia com sua enunciação própria para enigmatizar. Interpretar é enigmatizar. Em outro texto, Lacan diz que o enigma é o cúmulo do sentido, porque ao mesmo tempo o enigma é uma forma de enunciar um enunciado, uma forma do semidizer da verdade do enunciado, porém é o cúmulo do sentido, é o máximo do sentido, mas não se sabe qual.

O enigma, ou charada, ou mistério, tem um sentido, é até mesmo a pletora de sentido, mas um sentido oculto. É algo que incita o outro a decifrar, a ir atrás do sentido, e isso pode ser feito das mais diversas formas, inclusive na psicanálise com crianças. A criança chega com determinado enunciado e você faz a mesma coisa e joga outra palavra, faz o enigma. A criança diz que você é louco, ou morre de rir, mas faz efeito.

O que quer dizer enigma em grego? Significa exatamente palavra obscura e que também tem um significado de equívoco, ou seja, a palavra que tem uma equivocidade, uma ambiguidade, como no caso do oráculo, ao qual já nos referimos. O próprio oráculo é ambíguo, no sentido de que você pode interpretá-lo como um vaticínio ("Tu matarás teu pai e te casarás com tua mãe") ou como algo a decifrar ("O que ela quis dizer com isso?").

É muito diferente encarar o oráculo como aquilo que é o seu destino, e que marca o que será o seu futuro, ou como um enigma. Eu diria que um é exatamente o oposto do outro. O filme *Cisne negro* é um ótimo exemplo de uma mãe que vaticina. "Você será bailarina", e a menina tem que ser A bailarina, A melhor, A número um, e ela pira. Vocês viram no que dá um vaticínio oracular materno. Então, nesse sentido, o analista é o oposto, ele é um antioráculo, e a análise é para nos desfazermos desses vaticínios, para nos livrarmos do dito oracular do grande Outro que muitas vezes chamamos de destino. Só que não! A análise permite que se deixe cair os significantes "oraculares" que veiculam o desejo do Outro (mãe, pai etc.).

Qual é a diferença entre vaticínio e fantasia fundamental? Não é a mesma coisa, mas tem alguma relação. Na fantasia fundamental, temos uma polaridade do sujeito: ele é por um lado o sujeito do desejo e por outro lado um objeto. Como sujeito do desejo — a partir dos significantes do Outro "Tu és a bailarina" — o sujeito pode se tornar o cisne negro da mamãe, e assim será a queridinha da mamãe, e aí ele cai no lugar de objeto.

A fantasia fundamental é construída a partir dos significantes de alienação do Outro. No processo da análise você se livra a duras penas deles, mas não totalmente. Você consegue colocar uma distância entre o vaticínio do Outro e você mesmo como sujeito desejante. A análise é um processo de desalienação do vaticínio do Outro, e de travessia da fantasia.

O enigma do analista como interpretação é o avesso do vaticínio oracular, é o avesso do discurso do mestre. A análise permite que o sujeito

Lição 23. O avesso e o enigma

se desaliene da imposição do "Tu és" do Outro, que constitui as identificações que vieram da infância e que determinaram seu "destino". O que chamamos de "destino" é o que está inscrito nos significantes do Outro, nesse "Tu és isso, tu vais ser aquilo", como se vê com o neném no berçário com a camisa do Flamengo. A interpretação analítica traz um enigma para o sujeito decifrar e se contrapor ao que foi traçado para ele pelo Outro, é um "antidestino", pois permite que o analisante "cuspa fora" seu destino.

Lição 24. A partitura da interpretação

NA PRIMEIRA PARTE DESTE LIVRO, recorremos ao teatro para iluminar o conceito do semblante e principalmente esclarecer o fazer do analista, que é o fazer semblante, o qual propomos equivaler à própria representação teatral e aproximamos a interpretação do ator da interpretação psicanalítica. E é justamente a respeito do binômio enunciado/enunciação que incide o trabalho de leitura e interpretação de um texto feito por atores na preparação de um espetáculo teatral.

Proponho mais uma vez recorrermos ao teatro com *Stanislavski*. *Apesar de ele* não ter se referido especificamente à enunciação, vamos encontrá-la com outros nomes que podem nos ajudar a apreendê-la, principalmente quando ele se refere ao par texto/subtexto e ao outro par, entendido/subentendido. O trabalho com a enunciação de um texto é primordial para o ator e central na preparação de todo espetáculo teatral. Passo novamente a palavra a Raul Serrador.

Ritmo

Raul Serrador: Stanislavski se refere a "tempo-ritmo"[1] dentro do contexto em que ele trabalha a sua prática em relação ao fazer do ator. É um conceito que diz respeito a variações possíveis, não só na fala do ator como no movimento também, no corpo do ator. São variações que geram ações com diferentes significações. O "tempo-ritmo" é um procedimento que traz um conteúdo interior determinado que pode ser utilizado para fins criadores pelo ator. Trata-se, justamente, da variação da velocidade e da quantidade

Lição 24. A partitura da interpretação

de repetições com que o ator trabalha na fala, ou seja, na sua enunciação do texto. A forma como ele se apropria do texto será incluir a questão do "tempo-ritmo" que diz respeito a uma verdade que o ator imagina naquele texto e que estará em seu subtexto.

Antonio Quinet: Chamo a atenção sobre a enunciação corporal. Os linguistas propuseram pensar a enunciação na fala junto com o enunciado. O teatro nos mostra que há também uma enunciação realizada pelo corpo que está para além da fala e nem por isso deixa de gerar significações.[2]

Raul Serrador: Stanislavski se detém longamente na fala do ator. Ele começa dizendo que fala é música,[3] o que remete ao que Quinet diz sobre o inconsciente ser estruturado como música.[4]

Quando o ator tem uma voz muito bem trabalhada, o público será involuntariamente envolvido pelo ritmo e pelo tom da sua fala e será tocado e comovido. Ele compara os diferentes timbres vocais aos instrumentos musicais. Faz uma referência direta à estrutura musical e utiliza compassos musicais para trabalhar, com os atores, ritmos diferentes na fala, de forma que eles possam descobrir, a partir do material que têm, alguma verdade. Assim, vai experimentando e permitindo ao ator a vivência dos diversos tempos, diversos ritmos.

Stanislavski propõe que os atores num determinado exercício falem a seguinte frase: "Volte! Eu não posso viver sem você!".[5] E discorre sobre os diversos sentidos que essa fala pode adquirir a partir de mudanças com pausas variando o lugar da pausa e as acentuações, ou seja, que palavras serão mais valorizadas numa mesma frase, criando uma variedade imensa de sentidos para a mesma frase.

Ele aponta, também, para a perda de sentido quando ocorre uma repetição impensada ou uma repetição mecânica do texto. Isso é muito comum nos atores de teatro, que repetem o mesmo texto todos os dias. Se o ator não estiver vivo em cena, ouvindo, atento a uma plateia e reagindo a todo contexto, ele acaba repetindo mecanicamente sua fala, que fica sem sentido algum e não chega à plateia, não toca o público. Stanislavski aponta diferentes entonações a partir das pausas para aumentar a clareza e a expressividade do falar, acentuando e reforçando a comunicação.

Pausa

Raul Serrador: Stanislavski evoca duas formas de pausas. A *pausa lógica*, que modela mecanicamente as medidas, frases inteiras de um texto, e contribui para que se tornem compreensíveis. Essas dizem respeito à questão do conhecimento do uso da língua que é compartilhado por todos, ou seja, as regras gramaticais, vírgulas, tudo que contribui para a compreensão de cada ideia que está sendo dita no texto. E há também a *pausa psicológica*, que dá vida aos pensamentos e às frases. Essa é um silêncio eloquente.

Antonio Quinet: Stanislavski diz: "A pausa psicológica invade com ousadia pontos em que uma pausa lógica ou gramatical pareceria impossível". A pausa lógica refere-se às pausas que fazemos ao ler um texto obedecendo à pontuação. Por que temos que entender as regras de pontuação? A pontuação corresponde à enunciação do texto. É possível fazer um texto inteiro, direto, sem nenhuma pontuação, e há escritores contemporâneos que fazem isso, como James Joyce, pioneiro com sua escrita revolucionária, para o leitor colocar a sua enunciação. Mas se ele coloca vírgula, ponto de exclamação, vários pontos de interrogação, ponto e parágrafo, o que o autor mostra é a sua enunciação no texto. Cabe ao ator se ater a ela, mas dando-lhe corpo e voz, agregando sua própria enunciação.

Lacan parte disso para falar da interpretação como pontuação desde "A instância da letra", dos anos 1950. Nós estamos falando aqui de algo diferente da citação. Com a pontuação você pode interromper uma frase, suspender a sessão da análise, interrogar com um ponto de exclamação, propor continuidade com uma vírgula etc. A pontuação é própria para constituir uma fala num enigma.

Raul Serrador: O dramaturgo Samuel Beckett, ao escrever um texto de teatro, faz grandes rubricas em que "dirige" a peça e os atores. Ele marca

Lição 24. A partitura da interpretação

para os atores aonde eles têm que ir, de que forma aquele texto tem que ser dito etc. Põe no próprio texto a direção dele, que é a enunciação que sustenta o texto dos atores.

Antonio Quinet: Sim, a enunciação que enquadra e extrapola a fala. Tomemos um exemplo no qual Stanislavski diz para seus alunos: "Se vocês não prestarem atenção seriamente às aulas, eu me recusarei a trabalhar com vocês!". Todo mundo fica espantado e ele morre de rir. Ele então mostra a curva da frase: onde ele coloca a entonação forte — "Se vocês não prestarem atenção seriamente às aulas", e ocorre uma pausa — e a entonação fraca — "eu me recusarei a trabalhar com vocês". Isso é a pausa lógica que já funciona para fazer uma enunciação. E todo mundo fica esperando o que vem depois da pausa. Isso tem relação com lalíngua, com o inconsciente estruturado como música. Observem como vão começar a escutar os seus pacientes de outra maneira tentando dar atenção, para além do conteúdo, à forma como dizem seus textos no divã. E também refletir sobre como vocês vão falar para eles de outra maneira a partir dessas mínimas regras básicas, que são regras técnicas da interpretação.

A pausa psicológica não está no texto. Ela invade com ousadia pontos do texto em que a pausa lógica ou gramatical pareceria impossível. Quando se diz: "E o Oscar vai para… (pausa)" nada logicamente diria que depois do "para" deve haver uma pausa quando se dá um prêmio. Mas há ali aquela interrupção que dá o suspense, que suspende o sentido. Cada término de capítulo de uma novela faz esse tipo de pausa.

Raul Serrador: A pausa, na verdade, ela dá espaço para que o outro tente preencher.

Antonio Quinet: Exatamente, você joga para o outro. Quando você está falando e de repente faz uma pausa — você joga a bola para o outro da cena, o seu interlocutor. Ou damos os nomes que Benveniste usa — a enunciação, o enunciado, o enunciador e o enunciatário. O enunciador é quem fala e "enunciatário" é o termo linguístico para o destinatário da sua locução. O enunciatário é o receptor da sua enunciação. É aquele para quem aquilo se dirige. Podemos pensar mesmo num monólogo em que a pessoa está aqui, pensando que o enunciatário está ali na mesma cena ou na plateia. Se a pessoa está falando alto consigo mesma, digamos, falando para si, o enunciatário é ele mesmo. Não deixa de ser uma dupla enunciatária que está presente no teatro sempre. No teatro, sempre que o ator fala ele presentifica um outro a quem se dirige, nem que seja ele mesmo o enunciador e enunciatário.

Música

Raul Serrador: Stanislavski chama a atenção para a dinâmica musical — maior volume, menor volume —, essas variações de volume no som, na fala, que de alguma forma apresentam essa enunciação. Existe uma variedade de sentidos imensa que se dá a partir da dinâmica.

Ele estuda no canto lírico, justamente, a ligação entre os sons, porque é a forma de manter a voz num lugar determinado que é o lugar da colocação da voz cantada, que não é a mesma colocação da voz falada. E ele diz que o ator no teatro deveria colocar a voz no mesmo lugar da voz cantada e pensar na ligação dos sons da mesma forma que o cantor. E trabalhar com as dinâmicas não só da ligação, ou do staccato, que seriam os sons cortados, os sons separados, mas também trabalhar com a questão da dinâmica do forte, fraco, piano, pianíssimo. Então ele pensa musicalmente mesmo, em termos do ator. Ele pensa como uma partitura, mas ao mesmo tempo fala sobre evitar uma forma específica, porque a questão de se buscar uma forma fechada é justamente o que torna o ator mecânico, que faz com que ele perca a enunciação.

A dinâmica diz respeito à execução pelo artista, pelo instrumentista, o cantor. Ele faz escolhas na dinâmica, algumas são escritas que fazem parte do registro musical. Mas muitas dessas variações da dinâmica dizem respeito à interpretação, que é pessoal, que é do artista.

Lição 24. A partitura da interpretação

Ele diz ainda que a acentuação de uma palavra numa frase é um dedo que aponta. Nessa palavra que é acentuada encontra-se um ponto culminante do subtexto expressando a enunciação. O tempo todo ele trabalha com a questão da música e da fala, fazendo sempre essa relação entre uma partitura musical e o texto de um autor.

Ele aborda também o "colorido tonal" possível — que seriam todas as intenções, um complexo de coisas que vão interagir, que vão dialogar para que o ator decida uma determinada intenção. As delineações fonéticas de todas as espécies que seriam, justamente, essas entonações e todos esses usos a respeito da questão fonética, todos os tipos de acentuações e as pausas que falamos: lógica e psicológica. Ele roteiriza assim os aspectos principais da fala do ator.

Antonio Quinet: Tomemos essas indicações para o ator como indicações para a interpretação analítica. É muito importante saber na interpretação qual é a intenção do analista ao colher uma frase na trama da fala do analisante e devolver para ele com sua própria enunciação, tornando aquela frase enigmática. O que ele quer apontar? Em que significante está o seu "dedo"? Assim, o tom, a pontuação, o ritmo (falar lentamente escandindo as sílabas não tem o mesmo efeito de falar corrido), o volume (sussurrar, falar alto ou baixinho)… são os tantos recursos que o analista tem para interpretar, para fazer enigma e suscitar o desejo de saber, e a interrogação do analisante a respeito do *Che vuoi?* sobre o desejo do Outro trazido pelo enigma introduzido pelo analista! Estamos dentro do conceito de inconsciente como um saber sobre lalíngua com sua musicalidade e a interpretação poética.

Lição 25. Lalíngua: Lacan e Saussure

"É EM LALÍNGUA QUE a interpretação opera — o que não impede que o inconsciente seja estruturado como uma linguagem", nos diz Lacan em "A terceira".[1] A partir de 1974, acompanhamos Lacan redefinir o inconsciente e, por consequência, a interpretação a partir do conceito de lalíngua.

A linguagem se refere à relação de significante e significado, à substituição significante, ao deslocamento significante, à gramática, em suma, às leis do Inconsciente estruturado como uma linguagem, como a metáfora e a metonímia. O habitante da linguagem como morada, ou aquele que é habitado por ela, é o sujeito. A linguagem só existe através de lalíngua, que faz falar um corpo que goza.

A pátria de lalíngua

A lalíngua é o que resulta para o sujeito do que lhe vem da língua materna. É a língua como idioma, o português, o francês, mas não só exatamente isso, ou não só o idioma. Lalíngua é aquilo que da língua materna o sujeito recebe como aluvião, chuva, tormenta de significantes próprios àquela língua idiomática e que se depositam para ele como material sonoro, ambíguo, equívoco, repleto de mal-entendidos, com diversos sentidos e, ao mesmo tempo, sem sentido. É "o sedimento, o aluvião, a petrificação que é marcada pelo manejo, por parte de um grupo, de sua experiência inconsciente".[2] Que grupo é esse? Grupo linguístico, grupo familiar.

O conjunto do que foi depositado dos equívocos é a língua. Cada língua tem seus próprios equívocos, e são em geral intraduzíveis, por exemplo a

Lição 25. Lalíngua: Lacan e Saussure

palavra *effaçon*, em francês, neologismo de Lacan, condensação de *effacer* (apagar) com *façon* (jeito, maneira de); ou então *les arts* (as artes), que equivoca com *lézard* (lagarto). Em português, podemos evocar "a vez passada" que equivoca com "a vespa assada", por exemplo. "A interpretação, formulei, não é a interpretação de sentido, mas jogo com a equivocidade, e foi por isso que coloquei o acento sobre o significante na língua."[3]

A forma de falar do bebê entre aproximadamente um ano e dois anos e meio, que parece ser uma língua própria antes mesmo da articulação significante, se refere à lalíngua. A lalíngua é o balbucio, o tatibitate, a *lalação*, da qual Lacan extraiu o termo *lalangue*. "A linguagem, que não tem absolutamente nenhuma existência teórica, intervém sempre sob a forma de uma palavra que seja o mais próximo possível da palavra francesa *lallation* [lalação]: lalíngua."[4]

Lacan inventa o termo *lalangue* a partir de um ato falho, ou de um chiste (o que dá no mesmo) com o equívoco entre Lalande e *lalangue*. André Lalande é o nome do autor de um conhecido dicionário de filosofia em língua francesa. *Lalangue*, lalíngua, é justamente a língua que escapa do dicionário, na medida em que está para além do campo semântico, para além do sentido das palavras.

Lalíngua é o neologismo que adoto para traduzirmos *lalangue*, cuja tradução literal seria alíngua, como tem sido traduzido em muitos textos, inclusive no Seminário 20, *Mais, ainda*. A tradução por "alíngua" introduz o "a" do artigo, mas também um "a" privativo. Já nos *Outros escritos* está traduzido por lalíngua, tradução preferível por se referir ao conceito mesmo de lalíngua, que implica o lá-lá-lá da musicalidade e a lalação do bebê quando começa a falar mas sem, ainda, articular palavras, frases e sua gramática. A tradução por lalíngua é da ordem de uma transcriação.

Na conferência que Lacan deu em Milão em 30 de março de 1974, ele diz: "Eu falo lalíngua, que escrevo numa só palavra porque isso quer dizer lalala — lalação. É um fato que bem cedo o ser humano faz lalações e basta ouvir um bebê e escutá-lo e pouco a pouco há uma pessoa, a mãe, que é exatamente, a mesma coisa que lalíngua".[5] Vemos aí o deslocamento da Mãe (como genitora ou representada por seu desejo, como vemos na metáfora paterna) para a mãe como lalíngua. O português é minha pátria e lalíngua é minha mátria. E nosso grupo lalinguístico é nossa frátria, como nos inspira a dizer com Caetano Veloso, que canta:

> *A língua é minha pátria*
> *E eu não tenho pátria, tenho mátria*
> *E quero frátria.*

O lá-lá-lá

A mãe é lalíngua, lalíngua é mãe, é a mãe encarnada. A mãe dá carne à lalíngua, pois ela se constitui a partir daquilo que o bebê absorve, seleciona, recebe e toma para si de sua língua materna. Assim como o desejo é o desejo do Outro, a lalíngua é a lalíngua do Outro, em particular aquilo que vem da mãe. Lacan situa a mãe como um lugar do outro de onde é emitida lalíngua. A lalação é composta pelos significantes de lalíngua, num momento lógico anterior à articulada gramaticalmente com as suas leis de metáfora e metonímia. Lalíngua não tem sentido a não ser de gozo, *joui-sens*, gozo-sentido.

O lá-lá-lá da lalíngua é justamente sua enunciação, presente nessa lalíngua lalada, ou, melhor dizendo, falalada pelo neném, implicando portanto sua enunciação, seu gozo e sua musicalidade.

É a partir da lalíngua que Lacan, nos anos 1970, propõe sua nova definição do inconsciente: que "o saber inscrito de lalíngua [...] constitui o inconsciente",[6] ou, como ele diz no livro 20 do Seminário, "o inconsciente é um saber, um saber-fazer com" lalíngua".[7] O que não impede que o inconsciente seja estruturado como uma linguagem, com suas leis que regem os circuitos do desejo como a metáfora e a metonímia, como vimos. Decifrar o inconsciente é se confrontar com os enigmas trazidos por lalíngua que afetam o fala-a-ser.

Para Lacan, a lalíngua não é só da ordem da linguagem. Ela é feita de gozo[8] e fonte de "toda sorte de afetos que restam enigmáticos".[9] O gozo

Lição 25. Lalíngua: Lacan e Saussure

contido na lalíngua faz com que toda ela seja uma obscenidade, diz Lacan no Seminário 24, *L'insu que sait de l'une-bévue.*[10]

Como em lalíngua está explicitamente em jogo a fala, a voz sobressai como o objeto da pulsão invocante, cuja satisfação está no gozo do lá-lá-lá. É o gozo do *falalar*. É o gozo que temos ao falar e do qual nos esquecemos, porque o ser humano falante é tão ligado ao imaginário que procura sempre primeiro ouvir o sentido, o que as palavras querem dizer, esquecendo que, antes de tudo, as palavras ressoam. Primariamente, a função de lalíngua não é absolutamente comunicar: é gozar.

Em *Televisão*, Lacan diz que é do *Curso de linguística geral*, de Saussure, que ele extrai sua lalíngua. Assim como a relação entre significante e significado, S\s, ele também bebe na fonte dos linguistas para forjar o conceito de lalíngua, mas é para se diferenciar tanto dos linguistas quanto dos estruturalistas.

Lacan associa o gozo à língua e passa a se referir não mais ao sujeito como o fazia até então, o sujeito do significante, e sim ao *parlêtre*, o *fala-a-ser*, como também transcriamos essa palavra. O fala-a-ser está para lalíngua assim como o sujeito como falta-a-ser está para a linguagem. Esse fala-a-ser é o corpo falante, como nos indica Lacan no Seminário 20.

A mãe interpreta a lalação da criança, com certeza, e lhe dá determinados sentidos, tomando para si o que a criança está "falalando" como uma forma de comunicação. Mas muitas vezes a criança sozinha está lá brincando com o seu lá-lá-lá, gozando com esse objeto dela, que é a voz, curtindo sua lalação que ela ao mesmo tempo produz e escuta, e goza com isso, se diverte, ri abrindo-se à alteridade do Outro de lalíngua.

Retornemos ao *Curso de linguística geral* de Ferdinand de Saussure, ao capítulo 3, "Objeto da linguística", em que ele trata da linguagem e da língua. Ele diz que o objeto da linguística não pode ser exatamente a linguagem, porque "tomada em seu todo, a linguagem é multiforme e heteróclita; a cavaleiro de diferentes domínios, ao mesmo tempo física, fisiológica e psíquica, ela pertence além disso ao domínio individual e ao domínio social; não se deixa classificar [...], pois não se sabe como inferir sua unidade".[11] O que seria a unidade da linguagem? Ele propõe passar para o estudo da língua. Mas é Jakobson quem demonstra as leis da linguagem, que são a metáfora e a metonímia, identificadas respectivamente à condensação e ao deslocamento, que Lacan faz equivaler às leis do inconsciente.

Retorno a Saussure

Saussure, ao se debruçar sobre o estudo da língua, aponta que ela não constitui a unidade da linguagem: a língua é "um tesouro depositado pela prática da fala em todos os indivíduos pertencentes à mesma comunidade".[12] Definição simples e retomada por Lacan para elaborar seu conceito de lalíngua, a partir da língua, o idioma: é aquilo que um determinado grupo fala, tanto que ele usa expressões como a lalíngua francesa, a *lalanglaise* — lalíngua inglesa, que corresponde ao idioma.

A língua é um sistema gramatical que existe virtualmente em cada cérebro, diz Saussure, ou mais exatamente nos cérebros de um conjunto de indivíduos, pois a língua não está completa em nenhum, é só na massa que ela existe de modo completo. E mesmo assim podemos nos interrogar se a língua é toda, pois o próprio Saussure estuda a língua de uma forma sincrônica, ou seja, a partir da própria associação livre num determinado momento, e de forma diacrônica, ou seja, das transformações de uma língua.

Se a língua se transforma é porque ela é não toda estruturalmente. Saussure chama a atenção de que a língua é não toda em cada indivíduo e isso é muito importante porque a língua não faz conjunto, é algo que está sempre em transformação. Se um grupo começa a errar de uma determinada maneira e um grupo cada vez maior continua errando daquela mesma maneira, isso vira parte da língua e ela se transforma, e o que era erro vira regra. Lalíngua não faz conjunto e está sempre em transformação. Ela é não toda, não só para o sujeito, mas para toda uma comunidade. Saussure distingue que a língua não constitui uma função do falante, é o produto que o indivíduo registra passivamente. Esse aspecto é muito importante e Lacan o mantém: o fala-a-ser recebe lalíngua passivamente do Outro, lalíngua o traumatiza. Então, há algo que é passivo do

Lição 25. Lalíngua: Lacan e Saussure 265

sujeito. É a língua que o sujeito falante apassivado recebe, principalmente da mãe, e assim ele é traumatizado, bombardeado pela lalíngua da mãe que lhe cai como uma chuveirada, uma chuva torrencial, uma aluvião, uma enxurrada. E isso desde o ventre materno, pois ao ouvir, na barriga, a mãe cantando, falando, lalando e brincando, gritando e esbravejando, ele recebe um banho de língua da mãe. Um paciente uma vez referiu-se à mãe como uma pessoa "gritadeira", que sua casa era um inferno, todo mundo gritando dentro de casa, e a mãe gritando, reclamando e ralhando, uma "gritadeira", significante que equivoca com britadeira, que denota o aspecto traumatizante da lalíngua. Mas é a mesma lalíngua que embala e faz dormir.

Sobre a diferença entre a fala e a língua, se o sujeito recebe passivamente a língua, que não supõe premeditação, a fala, ao contrário, é o ato individual de vontade e inteligência no qual devemos distinguir as combinações pelas quais os falantes realizam o código da língua, e o mecanismo psicofísico que permite exteriorizar as combinações. Vale destacar o aspecto acústico e a recepção da lalíngua que vem do Outro. É a partir daí que o fala-a-ser capta elementos de lalíngua e vai falalar gozando com os sons que repete, inventa e cria com uma musicalidade própria e seu sotaque, sua enunciação, seu ritmo, volume, pausas etc.

A língua, diz Saussure, "é um objeto bem definido no conjunto heteróclito dos fatos da linguagem. Pode-se localizá-la na porção determinada do circuito em que uma imagem auditiva vem associar-se a um conceito". Isso já remete ao signo linguístico, a palavra remete a um determinado sentido. Ele diz que ela é a parte social da linguagem e exterior ao indivíduo, que por si só não pode nem criá-la nem modificá-la. Aqui vemos que a psicanálise se afasta dessa definição. Concordamos que ela é a parte social da linguagem, ou seja, que lalíngua nos permite estarmos dentro de um laço social e até nos comunicarmos ou achar que estamos nos comunicando, pois sabemos da existência do mal-entendido da comunicação. E há essa característica da exterioridade, ela é exterior ao sujeito. E a exterioridade permanece mesmo quando o sujeito fala. Se ela é exterior ao sujeito, não é só devido ao fato de que quando nascemos já temos a língua brasileira presente ao nosso redor, é porque a lalíngua que o sujeito fala e com a qual é falado por ela é como o inconsciente se estrutura — o inconsciente como um saber acumulado das possibilidades de jogo com os significantes de lalíngua que proporcionam o gozo ao fala-a-ser, e que constituem sua potência poética.

Trata-se de uma exterioridade íntima, que é o próprio inconsciente, onde se encontra lalíngua, que é interior e exterior ao mesmo tempo. Porque nós falamos e somos falados, nós lalamos e somos lalados. Ao falalar somos também falalados porque você também ouve a sua voz. Tem algo da lalíngua que se repete sem objetivo algum, por puro gozo. A repetição faz parte daquilo que, para cada um, foi traumático em lalíngua.

"Enquanto a linguagem é heterogênea", escreve Saussure, "a língua assim delimitada é de natureza homogênea: constitui-se num sistema de signos onde, de essencial, só existe a união do sentido e da imagem acústica, e onde as duas partes do signo são igualmente psíquicas".[13] Lacan se distingue disso também, na medida em que situa a relação significante e de significado e de produção de sentido dentro da estrutura da linguagem e não na de lalíngua. No que tange à lalíngua, o que Lacan salienta é justo o contrário: é o sem sentido, e a língua falada em seu aspecto sonoro e de gozo sem sentido. Trata-se do "sentido de gozo", *jouis-sens* em falalar, fazer brincadeiras com as palavras e suas possibilidades de equívocos próprios a cada língua.

Continuando com Saussure, ele chama a atenção para algo em que Lacan insiste muito: com lalíngua nós só podemos perceber propriamente o equívoco das palavras quando as escrevemos. Ou seja, há uma função da escrita, que mostra o que é a equivocação que cada língua permite. Por exemplo, quando eu falo, em inglês, o significante que soa como "ai", só vou saber do que se trata se eu escrever, ou se fornecer um contexto, pois tanto pode ser *I*, eu, quanto *eye*, olho. Lacan dá vários exemplos — em *Televisão*, no Seminário 20 e em "A terceira" — se referindo à lalíngua e seus equívocos em francês, por exemplo *deux* e *d'eux*, que têm o mesmo som mas são escritos distintamente: você pode ouvir "dois" e também "deles". Da mesma forma que *non/nom*, não/nome, e *veut/vœux*, quer/

Lição 25. Lalíngua: Lacan e Saussure 267

votos. Só a escrita ou o contexto da frase os distinguem evidentemente. Isso nós encontramos em Saussure também, segundo ele, "os signos da língua são, por assim dizer, tangíveis; a escrita pode fixá-los em imagens convencionais, ao passo que seria impossível fotografar em todos os seus pormenores os atos da fala; a fonação". Temos com a língua as possibilidades de equívoco e a fonação, a maneira como você fala, que é o que coloca de seu ao falar, o acústico, o lá-lá-lá de lalíngua, que não se reduz aos equívocos significantes.

O inconsciente como saber fazer, ou melhor, saber lidar com lalíngua... Lacan insistiu muito sobre o equívoco, mas não é só o equívoco. A enunciação é fundamental. Temos então a equivocação que a escrita resolve, pois decide o sentido e também pela gramática, que depende também de onde eu vou localizar cada palavra ou mesmo fonema numa determinada frase. Tomemos uma mesma frase com o mesmo significante colocado em três posições diferentes: "Ela manga da cor da manga da camisa do rapaz que está chupando manga". Temos três mangas. Isso seria intraduzível em qualquer outra língua. Isso faz parte da nossa lalíngua. Mas eu sei o que quer dizer cada palavra, por sua localização, sua relação com as outras palavras. Quando eu introduzo isso, estou introduzindo uma característica da nossa lalíngua, que é a palavra "manga", no campo da linguagem, onde eu tenho uma característica do significante, que é a distinção.

Um significante só se define por oposição a outro significante. Se eu digo "ela manga" eu já sei que não é a fruta que está em questão, nem a parte da camisa. Se eu coloco "chupar" ao lado de manga, essa manga já terá outro sentido. Estamos dentro da gramática, que é uma parte da língua, e eu posso brincar com a gramática. Eu posso equivocar com a gramática também, diz Lacan no "Aturdito". Mas tem algo para além disso, que é o meu gozo de falar isso, que pode virar até poesia, com a manga sendo deslocada para onde eu decidir pelo simples prazer e a curtição de lalíngua, e a frase vira chistosa. E o que é interessante é que aqui Saussure já indica qual é a unidade mínima, o elemento de lalíngua que é o fonema, sobre o qual ele diz: "Cada imagem acústica não passa, conforme logo veremos, da soma dum número limitado de elementos ou fonemas, suscetíveis, por sua vez, de serem evocados por um número correspondente de signos na escrita".[14]

Em relação a uma língua estrangeira, por exemplo, podemos ouvir e repetir algumas coisas, umas músicas, frases etc. Mas você só realmente começa a ter um domínio dela quando passa a escrever e a associar, de alguma forma, as imagens acústicas com a escrita.

Lalíngua é o que permite que *d'eux* soe da mesma maneira que o *deux*, e *I* soe da mesma maneira que *eye*. Esse "soar" é muito importante nessa nova concepção do inconsciente como saber de lalíngua. Soar e ressoar. O fala-a-ser ressoa em lalíngua. É o corpo falante que está em jogo quando se fala, pois você ressoa não só com a fala, você ressoa com o corpo inteiro. O fala-a-ser não é só garganta e ouvido, como aparece no circuito que podemos ver em Saussure como aquilo que em meu cérebro é elaborado, sai pela minha voz, entra na orelha do outro e chega até o cérebro do outro, como se a questão da fala e da língua se reduzisse a uma questão da voz e do ouvido. Não! Lalíngua toma o corpo inteiro. Trata-se mais de incorporação, ou de possessão, a sonoridade de lalíngua faz do nosso corpo um alto-falante. Temos uma outra concepção da fala e da língua, que não é só a boca, a garganta e o aparelho de fonação. Isso é coisa para o fonoaudiólogo. Penso com meus pés, Lacan já dizia isso, falo com meus cotovelos, joelhos, quadris, pernas e braços. Lalíngua atravessa todo o corpo e temos que pensar isso não só para o analisante como também para o analista. Ambos trazem para a cena analítica o "mistério do corpo falante".[15]

Uma paciente minha teve o seguinte sonho: ela estava na cozinha com três colheres na mão. "Tinha uma de plástico e duas de aço, a de plástico estava no meio das outras duas e havia uma substância grudenta, como um caramelo, que a mantinha grudada às outras duas colheres. Tentei separá-las e não consegui, fiquei com medo da colher de plástico rachar. Fui até a pia e coloquei as três colheres debaixo d'água e consegui desgrudá-las." Final do sonho. Eu perguntei: "Três colheres?". E ela imediatamente respondeu: "Três mulheres". E começou a chorar. E diz: "Quando meus pais se separaram, minha avó veio morar comigo e com minha mãe. Nós

Lição 25. Lalíngua: Lacan e Saussure

éramos inseparáveis. Minha avó morreu e minha mãe também". Efeti-vamente ela ainda estava em trabalho de luto pelo falecimento recente, embora anunciado, da mãe, enferma havia tempos. Eu só comentei: "No sonho você desgrudou as três colheres". Ao que ela respondeu: "Que água milagrosa é essa?". Repeti a pergunta e interrompi a sessão. A partir do equívoco colher/mulher trazido quando o analista citou o texto da anali-sante, ela, nesse sonho bem condensado, faz emergir a elaboração do luto das perdas da avó e da mãe.

Lição 26. Inconsciente: Saber sobre lalíngua

LACAN INVENTA E PROPÕE o conceito de lalíngua para definir o Inconsciente, mas de que lalíngua se trata? Da lalíngua de um grupo, da lalíngua materna ou da lalíngua que é própria de um fala-a-ser?

Na conferência de Lacan em Genebra sobre o sintoma, ele se refere à lalíngua própria do sujeito, que se particulariza como letra de sintoma, diferente do que evoca em "A terceira", onde lalíngua está ligada ao manejo da parte de um grupo.

Do grupo ao sujeito

Tomemos essa frase que é muito importante: lalíngua é aquilo que um grupo utiliza, só que essa lalíngua não é apenas o idioma, e sim sua utilização, a experiência do inconsciente. Porque não há inconsciente sem lalíngua e não há lalíngua sem inconsciente. O conceito de lalíngua é absolutamente vinculado ao inconsciente, tanto que Lacan aponta que ela é a maneira de você saber lidar com o inconsciente, ou seja, a partir dos tropeços, dos lapsos, chistes etc. que se manifestam em lalíngua.

É a partir da *falalação* que esse grupo vai tendo a experiência da lalíngua e a lalíngua — idioma — vai se transformando e se transmitindo. Esse manejo, cada um desse grupo de lalíngua o recebe como uma chuva, como um depósito, uma aluvião, como um traumatismo que cada um recebe da língua que escuta.

Podemos dizer que grupo é esse? Começa com o grupo familiar, o grupo da comunidade em que você vive; o grupo do país, a lalíngua que

Lição 26. Inconsciente: Saber sobre lalíngua

se fala. A lalíngua que se fala no Rio de Janeiro é diferente da que se fala em Salvador, em Curitiba, em Lisboa. Há um uso específico, um manejo particular que começa a ser repetitivo e vira o dialeto daquele grupo. Podemos dizer inclusive que cada grupo de WhatsApp tende a ter uma lalíngua própria.

Voltando à questão da lalíngua como aquilo que é o manejo do grupo e a lalíngua individual. A lalíngua como manejo de parte de um grupo em que você nasce, ela petrifica e ela mata. Ela é a morte do signo e da significação. A lalíngua particular, ao ser apropriada pelo sujeito, é vivificada a partir do gozo. E Lacan chega a dizer que é lalíngua que civiliza, domestica o gozo, na medida em que ela materializa esse gozo sob forma de língua no corpo, a partir do gozo no corpo. É um corpo estruturado por uma lalíngua que goza. Essa civilização promovida por lalíngua é que nos faz ser um corpo *falalante*. Isso é diferente de abordarmos o inconsciente a partir dos discursos.

Os discursos como laços sociais implicam entrar em determinados enunciados primordiais. É a definição do discurso, discurso do mestre, discurso da histérica etc. No inconsciente pensado a partir de lalíngua, o que importa é a enunciação. Lacan chega a dizer que é não só esse recebimento da petrificação da lalíngua que é falada, mas a maneira como ela é escutada. Ele fala, na Conferência de Genebra, que o que nós recebemos de lalíngua, que a nossa lalíngua, não é um patrimônio, podemos até pensar que lalíngua é um patrimônio cultural, mas ele diz que não é um patrimônio, não é uma coisa sua, é algo que você recebe. "Não quero dizer que a lalíngua constitua de modo algum um patrimônio", ele diz. "É totalmente certo que algo pela língua voltará a surgir nos sonhos e toda sorte de tropeços e toda sorte de maneira de dizer, em função da maneira como a lalíngua foi falada e também escutada por tal e qual em sua particularidade".

Nós vemos a diferença do que é a lalíngua falada por um grupo e a lalíngua particularizada. Nesse sentido, temos uma lalíngua que partilhamos, mas há uma lalíngua que não partilhamos. Podemos até transmitir ou afetar o outro com essa lalíngua, mas ela não é comunicável, porque ela é uma lalíngua particular ao sujeito. Ou seja, podemos pensar que há uma lalíngua partilhada e há uma lalíngua particular, e cada um terá a sua lalíngua da maneira como cada um escutou e, como cada um foi bombardeado, molhado, devastado pela lalíngua do Outro até transformá-la em sua lalíngua.

Como diz Manoel de Barros, sua língua é um "manoelês archaico". Mario Quintana também tem um quintanês. Eu tento ter minha própria lalíngua. Tento, não: como todo mundo, cada um com a sua, eu tenho minha própria lalíngua — o "quinetês".

Nós temos também autores, poetas, escritores que constituíram línguas próprias, e Guimarães Rosa é um grande exemplo disso. Esse corpo então, essa lalíngua por um lado é formada pela equivocidade, pelos equívocos, por aquilo que ela permite... pelos seus intraduzíveis, e pela musicalidade, pela sua sonoridade, pela sua *materialité* que é *falalada* e que é *escutalalada* também. Lacan continua em "A terceira": "Lalíngua não deve ser dita viva porque está em uso".[1] As línguas vivas — ele já faz aqui uma diferença, nós chamamos latim de língua morta e português de língua viva. Ele diz que toda língua é morta. Mas podemos dizer que ela só é vivificada na medida em que é falalada. Então há uma petrificação. A língua mortifica, assim como o significante é a morte da Coisa, o que ele já tinha desenvolvido desde o início do seu ensino. Isso ele retoma aqui, de certa forma, mostrando que essa lalíngua mortificada nos petrifica.

O que a lalíngua acarreta é mais a morte do signo. Eu entendo isso como a morte do signo linguístico. Lacan dá agora, com o conceito de lalíngua, toda a importância à materialidade sonora, do som. Aliás, com a morte do signo linguístico, ou seja, relação do significante com o significado, só fica a materialidade do som de lalíngua, sua *materialité*.

Em lalíngua não importa a significação, o que importa é a sua materialidade sonora, do significante puro e seus equívocos. Lalíngua se constitui de gozo, não importa a significação. Ele diz que o inconsciente é um saber que se articula com lalíngua e se articula com o corpo não por ser um saber, mas por gozar. Na articulação do sujeito do significante com o inconsciente estruturado como uma linguagem não era possível fazer uma

Lição 26. Inconsciente: Saber sobre lalíngua 273

articulação com o corpo nem com o gozo propriamente dito. O sujeito é, por definição, um vazio de significantes. E significante é um vazio de gozo, o sujeito é dividido entre um significante e outro, é aquele que está no espaço entre dois significantes.

Ao articular o inconsciente como saber de lalíngua, cujo gozo se articula com o corpo, Lacan chega à formulação no Seminário 20 da definição do fala-a-ser como um corpo falante. Com o inconsciente definido como o saber manejar com lalíngua, ele articula essa lalíngua ao corpo e assim define o fala-a-ser como um corpo falante, no Seminário 20.

A lalíngua será a particularidade de gozar de lalíngua, que vai se depositar no sintoma, como Lacan define o sintoma a partir do real, como a maneira de você gozar do inconsciente. Se o sintoma é a maneira como você goza do inconsciente é porque o sintoma é estruturado como lalíngua. O sintoma é a maneira como você goza como letra, algo que se deposita de lalíngua como sintoma. Colette Soler, no seu comentário sobre "A terceira", chega a dizer que cada um de nós tem um dialeto. O que estou chamando a sua lalíngua própria é um dialeto, que é a sua maneira de falar, a sua maneira de manejar com lalíngua.

Afetos enigmáticos

Os afetos são os efeitos de lalíngua, afetos enigmáticos. Lacan diz o seguinte: "O inconsciente é o testemunho de um saber, no que em grande parte ele escapa ao ser falante. Este ser dá oportunidade de perceber até onde vão os efeitos da lalíngua, pelo seguinte, que ele apresenta toda sorte de afetos que restam enigmáticos".[2]

Então, lalíngua produz determinados afetos enigmáticos. O que é enigmático? É o que você não sabe exatamente; significa algo, mas você não consegue nomear. Trata-se da presentificação do real do gozo, lembrando que o afeto, tal como a angústia, é corporal. Sentimos afeto com o corpo, o afeto às vezes é tão forte que dói no corpo. O afeto não nos deixa esquecer a articulação do inconsciente com o corpo promovido por lalíngua.

O termo enigma designa em grego palavra obscura, como vimos, e que por si só clama uma interpretação. Desde a Grécia antiga, o enigma é aquilo que faz a pessoa querer saber ou interpretar. Não era à toa que todos os oráculos usavam o enigma para deixar a interpretação não do lado do oráculo, mas do lado do sujeito. É o sujeito que interpreta o enigma e consequentemente os afetos enigmáticos produzidos pela interpretação do analista usando lalíngua.

Assim, a interpretação como vinculada à lalíngua convoca afetos enigmáticos. Ao utilizar a lalíngua, ele produz algo que afete o analisante como algo enigmático, para que ele mesmo venha decifrar.

O efeito da interpretação do analista está para além do efeito do insight ou da compreensão ou da construção de um saber. Ela pode afetar no sujeito analisante algo que lhe é enigmático para que ele interprete, deslocando a questão do saber do analista para o sujeito interpretante.

Lalíngua afeta o sujeito pela sua equivocidade e pela sua musicalidade. Lalíngua *não vai sem a fala, pois a fala é como a sua* lalíngua particular se presentifica. É importante saber que a lalíngua falalada por esse ser falante afeta o outro, ela transmite algo de um afeto para além da cognição. Há algo de uma transmissão pela língua que está para além dos significados das palavras, que está na enunciação e não no enunciado. Eis porque Lacan diz que o desejo do analista é sua enunciação, pois é a partir desta que a interpretação advém e com ela a presença do desejo do analista com seu enigma para o sujeito intérprete. Lacan diz: esses afetos enigmáticos. E eu entendo esses enigmáticos de duas formas: uma é para além da significação, mas ao mesmo tempo em que chama, apela para a interpretação.

A enunciação da interpretação veiculada pela fala tem, portanto, um aspecto sonoro, fonemático, ou seja, ela não pode ser desvinculada da voz em sua particularidade, a pulsão invocante. Por ser uma modalidade do objeto *a*, a voz não é nem do sujeito nem do Outro, mas está no entre-dois e assim ela traz uma alteridade que lhe é de estrutura e que cabe ao analista fazer o sujeito escutar, escutar-se em sua interpretação, causando estranheza, enigma. E da mesma forma com a interpretação jogando com lalíngua, para o sujeito se apropriar de seu próprio dialeto da lalíngua que

Lição 26. Inconsciente: Saber sobre lalíngua

lhe é própria. Mas sabemos que o sujeito jamais vai apreendê-la toda. Não se apropria mesmo porque a língua é imensa e não toda. Cada um pega um pedacinho da lalíngua do grupo em que está e vai falalar sua lalíngua própria. Mas a lalíngua é não toda sempre. E está sempre escapando e se reinventando, poetizando, equivocando, enigmatizando.

Podemos dizer que o papel fundamental da interpretação analítica é enigmatizar, sendo com equívocos ou poesia, a qual é feita dos equívocos de lalíngua. E Lacan nos indica que devemos confiar no saber de lalíngua, que não é o saber enunciado. Ele diz: "Esses afetos são o que resulta da presença de lalíngua no que, de saber, ela articula coisas que vão muito mais longe do que aquilo que o ser falante suporta de saber enunciado".[3] Trata-se de um saber próprio à lalíngua como idioma que permite suas rimas particulares, seus equívocos, suas homofonias, seus jogos de palavra, suas piadas e seus trocadilhos próprios àquela língua e que são intraduzíveis. Esse é um saber que está para além de qualquer enunciado de saber. E ele continua: "A linguagem, sem dúvida, é feita de lalíngua. É uma elucubração de saber sobre lalíngua. Mas o inconsciente é um saber, um saber-fazer com lalíngua",[4] *savoir-faire*. Eis a nova definição do inconsciente por Lacan. O que a linguagem faz é tentar estabelecer um saber sobre essa lalíngua falalada, o que foi feito pelos linguistas, e do que Lacan se apropriou para a psicanálise.

A linguagem como um conjunto, o tesouro dos significantes e lalíngua como somatório de equívocos. Os significantes formam um conjunto que pode ser repertoriado num dicionário de uma língua acompanhados de seus significados, como num dicionário. Lalíngua se caracteriza pela equivocidade e pela sua propriedade poética, ela é inesgotável, impossível de se dicionarizar. A tendência da língua social é constituir um dicionário. Não é o caso de lalíngua, porque a sua propriedade poética, que é a sua propriedade de invenção, não se esgota nunca.

Mas o inconsciente, diz Lacan, é um saber, não esse saber que os linguistas perceberam, inclusive que eles se utilizam para falar da metáfora e da metonímia, e sim um *savoir-faire* com lalíngua. A tradução boa seria não saber-fazer, mas saber-lidar com lalíngua. O inconsciente é a lida com a lalíngua. E esta nos afeta por comportar efeitos que são os afetos. E são esses efeitos que constituem o saber de lalíngua. Assim, devemos articular o saber próprio da língua como idioma com os efeitos que lalíngua particular de cada um provoca como afetos próprios em cada um — "os efeitos de lalíngua [...] estão lá como saber [e] vão bem além de tudo que o ser que fala é suscetível de enunciar".[5]

O inconsciente é um saber lidar com lalíngua que a fala não consegue enunciar totalmente, ele está sempre escapando e produzindo enigmas, é inesgotável, tem sempre alguma coisa que não é suscetível de enunciar. Assim, a interpretação analítica lidando com lalíngua aponta para o impossível de apreensão totalizante. O analista tem que estar à altura do inconsciente lalíngua e em seu manejo dos semblantes na transferência deve ter e usar o savoir-faire no jogo poético de suas intervenções. O analista não dará a solução ao problema trazido pelo analisante, mas sustentará na transferência, como o manejo de lalíngua, o enigma que o afeto causa a ser decifrado pelo próprio sujeito desejante.

Assim como o poeta, em relação ao qual o próprio Lacan se dizia aquém, ele deve ter com a interpretação o mesmo escopo que Manoel de Barros, que diz: "Preciso de atrapalhar as significâncias".[6] É o que ele propõe fazer, o "criançamento" das palavras. Trata-se de atrapalhar os sentidos fixados pela fantasia e pelo sintoma e fazer deslizar, errar, viajar, desfazendo os nós de significação. Sabemos o quanto o neurótico se apega às significações fixas e enrijecidas que são os seus sintomas. Podemos dizer no "idioleto manoelês archaico" que a interpretação psicanalítica visa atrapalhar as significâncias.

Lição 27. A música de lalíngua

COM LALÍNGUA, toda a ênfase da interpretação psicanalítica é voltada para o aspecto sonoro, do gozo e dos jogos de palavras e para a musicalidade presentes na enunciação na intervenção do analista, assim como na criação poética. É por onde o analista transmite aquilo que é o operador lógico e ético da análise: o desejo do analista.

Gostaria de diferenciar musicalidade da equivocidade, pois trata-se de duas características diferentes de lalíngua. Lacan acentuou na última parte do seu ensino a equivocidade, a ponto de definir o inconsciente como um equívoco em seu seminário *L'insu que sait de l'une-bévue s'aile à mourre*, ao traduzir o inconsciente freudiano *Unbewusst* por *une-bévue* e afirmar que "a única arma contra o sintoma é o equívoco". Mas ele dá poucas indicações sobre a musicalidade de lalíngua. Ele evoca a voz como um objeto da pulsão invocante, mas não desenvolve tanto como desenvolveu o olhar no livro 11 do Seminário, e muito pouco sobre a musicalidade de lalíngua.

Se o corpo é uma tela da pulsão escópica, ele é também um tambor que vibra. Ele é um tambor da pulsão invocante e a sede da musicalidade de lalíngua que literalmente toma corpo é incorporada e produz a letra do sintoma.

A importância da materialidade sonora da linguagem está presente na primeira tese de Lacan do inconsciente estruturado como uma linguagem ao situar a prevalência do significante sobre o significado. O significante é a materialidade sonora da palavra, que pode levar para vários sentidos e para várias associações. Ele dá toda a atenção para essa materialidade de lalíngua, a ponto de chamar de chuva, aluvião, enxurrada aquilo que o sujeito falante, o fala-a-ser, recebe do Outro de lalíngua.

Falaland

O corpo como tambor da pulsão invocante, da musicalidade de lalíngua, se torna um corpo rítmico, um corpo dançante, que é a música do Outro que você incorpora de lalíngua. Podemos pensar na razão pela qual há pessoas que têm mais facilidade de dançar e outras menos, que não conseguem entrar no ritmo de uma música, se isso não teria relação também com a recepção ou com a rejeição da lalíngua materna.

Então, essa musicalidade da lalíngua que é incorporada no corpo é que faz você tamborilar com o dedo, andar cadenciado. Quando você anda normalmente, a perna direita vai para a frente, o braço esquerdo para trás... esse caminhar tem um ritmo. E percebam como determinados psicóticos, obsessivos também, andam de forma pouco rítmica, parecendo robotizados, sem uma certa harmonia. A presença da musicalidade de lalíngua e da pulsão invocante no corpo vai desde tamborilar os dedos, balançar as pernas, assobiar, cantar até a dança profissional. Alain Didier-Weill, que se debruçou e trabalhou muito sobre a pulsão invocante, nos indica que quando um corpo não é ritmado ele adquire um peso do real do corpo objeto, vira como um saco de batata. O corpo tem um balanço, o balanço do mar, como anda a garota de Ipanema, conforme dizia Vinicius de Moraes. Lalíngua com sua musicalidade está também presente no sotaque, na música do idioma e na musicalidade própria de cada um. Assim como temos o musical *Lalaland*, a psicanálise é uma *Falaland*, a terra musical da fala.

Isso nos remete à proposta de teorização da interpretação analítica por Lacan, quando ele diz que a interpretação, para ter efeito, deve ser poética. Então vocês, por favor, deixem de fazer palavras cruzadas, que era o que Lacan indicava para os analistas para que eles estivessem no manejo da língua, e comecem a ler poesia. Quanto mais você entrar na poesia, ou melhor, deixá-la entrar em você, mais escuta a sua língua e as equivocidades, as rítmicas, e fica esperto e desperto, sem adormecer pelo sentido, para ouvir o analisante. Mas a poesia lida num livro é uma coisa, e a poesia falada é outra. Só falada, a poesia efetivamente ganha vida, adquire tonali-

Lição 27. A música de lalíngua

dades de gozo. Leiam poesia em voz alta para se deixarem sensibilizar por lalíngua. Pois para interpretar é necessário, como diz Lacan, ser poeta ou, pelo menos, usar as palavras à maneira dos poetas.

A interpretação é a forma de passar o desejo do analista que está em sua enunciação, está em seu enunciado. Um analisante diz, ao chegar a uma conclusão para ele inaceitável: "E agora? O que fazer com isso?". Uma interpretação que repita isso com, digamos, uma incitação à busca "O que fazer com isso?" pode ser o suficiente para reabrir a questão para o caminho de outras soluções para o sujeito. Nessa interpretação você não introduziu frase alguma, só mudou a enunciação, a musicalidade, ao citar o próprio analisante.

Uma interpretação nem precisa ter enunciado algum. Aquilo que é considerado caricatural do analista, apenas fazer "Hum... hum...", isso não é bobagem. Pode ser muito. Esse "Hum... hum..." quer dizer: estou aqui, continue, é isso mesmo. Numa interpretação a Hilda Doolittle, após um enunciado da analisante, Freud se levanta e diz: "Muito bem!!! Você acertou hoje!! É isso mesmo. Hoje entramos em águas profundas". Nessa interpretação, Freud passa aquilo que Lacan considera essencial como caraterística do analista: o entusiasmo, o qual é constituinte do desejo do analista. Freud era um entusiasta, cada vez que alguém associava, quando chegava a alguma coisa, ele mesmo ficava entusiasmado e passava esse entusiasmo para o analisante. E isso se transmitia direto em sua interpretação, ou seja, na enunciação que veiculava seu desejo de analista. O analisante chega à conclusão de que está ferrado, mas de repente fica entusiasmado com aquela "sacada" que teve e desdramatiza.

A falalação que passa pela lalíngua e pela enunciação é fundamental nessa questão da lalíngua e o efeito que isso tem no corpo. Vimos a questão dos afetos enigmáticos, mas temos também a constituição do sintoma como um evento de corpo como um efeito de lalíngua. Trata-se do sintoma letra que se deposita da enxurrada de lalíngua à qual se submete o sujeito falante.

O *fort-da* reinventado

O ritmo musical — o modo como as notas e o silêncio se organizam num espaço de tempo — existe em lalíngua antes mesmo do advento da fala propriamente dita, no período de lalação. Um ritmo regular é o que encontramos no chamado "jogo do *fort-da*", descrito por Freud a partir da observação de seu neto.[1] Quando este ficava sozinho no berço, aos dezoito meses de idade, brincava com um carretel amarrado por um barbante. Ao segurar a ponta do barbante ele atirava o carretel para longe de si emitindo uma sequência de notas descendentes, "ooooooo", seguido de um silêncio, para em seguida puxar para si o carretel emitindo uma outra série de notas, dessa vez ascendentes: "aaaAAAA". Esse "hit" do neném foi interpretado por Freud como a enunciação de *"Fort"* (longe) para o som "ooooooo" e de *"Da"* (aqui) para "aaaAAAA". É o que em português chamamos de a brincadeira do esconde-esconde, na qual o adulto fala para o bebê: "Cadêee? Achôôô!". Freud mostra como o neném, com esse jogo, representa as idas e vindas da mãe, a alternância de sua ausência e presença. Trata-se também, nos indica Lacan, de uma experiência de simbolização em que a partir do jogo a criança metaforiza a mãe e pode se separar dela, pois a representa em seu jogo lúdico. Eis uma experiência de criação: de performance e música. É um teatro de marionetes acompanhado de uma musicalidade num ritmo binário. O bebê faz um verdadeiro teatro musical. A lalação desse bebê não tem o intuito de comunicar, mesmo porque ele estava brincando sozinho, e sim de gozar, *geniessen*, com lalíngua representando tragicamente o desaparecimento do Outro. Assim ele goza e, através da catarse, como no teatro, transforma o gozo do sofrimento em fruição artística. Não é à toa que Freud compara exatamente essa experiência para além do princípio do prazer com o gozo do expectador da tragédia grega.

Eu também queria chamar a atenção para o texto de Lacan que se chama "Joyce, o Sintoma", e gostaria que trabalhássemos um trecho em que ele faz a relação do corpo com a lalíngua sem citar, exatamente, que se trata de lalíngua.[2] É aquele em que, numa pequena frase, ele define o

Lição 27. A música de lalíngua

sintoma como um evento, um acontecimento do corpo. Ele diz assim: "Deixemos o sintoma no que ele é: um evento corporal, ligado a que: a gente o tem, a gente tem ares de, a gente areja a partir do a gente o tem. Isso pode até ser cantado, e Joyce não se priva de fazê-lo". Esse trecho é incompreensível se não o lermos em francês em voz alta para se escutar seu cantarolado de lalíngua. "Deixemos o sintoma no que ele é: um evento corporal, ligado a que: *l'on l'a, l'on l'a de l'air, l'on l'aire, de l'on l'a.* Isso pode até ser cantado." É uma frase poética que apresenta o lá-lá-lá da musicalidade de lalíngua.

Podemos interpretar a partir do sentido. *L'on l'a*: o sintoma é ligado ao corpo pelo fato de *l'on l'a*, do "a gente o tem", ou seja, temos o corpo, nosso corpo incorporou o corpo da linguagem e o saber da equivocidade de lalíngua. Ele então diz: *l'on l'a de l'air*, a gente o tem a partir da aparência, dos ares de (*l'air* é a aparência): o corpo está no semblante, ares do grupo familiar. Mas pode ser também a gente areja o corpo que a gente fabrica, ou seja, o corpo não está totalmente submetido à determinação linguageira, você pode arejá-lo. Para além dessa interpretação via sentido, notamos como este escapa e permanece o cantarolado da frase, conforme indica Lacan no final, remetendo a Joyce.[3] Já deu para ver que o sentido escapa, o que fica é o lá-lá-lá. Mas tem algo que se repete (*l'on l'a, l'on l'a*) onde existe o binarismo significante, esses dois tempos, como notas musicais.

Uma amiga francesa, erudita de seu idioma e especialista em música, disse que essa frase remete imediatamente a uma musiquinha que todo neném canta na França, que é *"lálalaire... lalálí lonlair..."*. É uma musiquinha frequente das crianças, um cantarolar que não significa nada. E, sem que eu falasse nada do contexto, minha amiga disse: "Encontramos aí a lalação do bebê". É a lalação da lalíngua francesa que muitas crianças cantam e que faz parte da cultura. Como no Brasil temos "Uni duni tê/ Salamê minguê/ Um sorvete colorê". Se você for buscar sentido para isso... Salamê? Minguê? O que vocês associam? Sala-mê; sa-lamê? Mim-guê. Isso é que é a brincadeira com lalíngua que a criança faz e goza com isso. Não significa nada, é só o exercício do gozo de lalíngua dos bebês brincando com a sonoridade da língua.

A mais clássica lalação da criança francesa, o *lálaire* em francês, remete também a um provérbio francês que tem a ver com os ares de família: *"C'est l'air qui fait la chanson"*. O literal: "É a ária que faz a canção". Mas o que significa: "É o tom que dá o sentido das palavras". Ou ainda: é o que você aparenta, o que você mostra que faz a coisa como tal. É a aparência: o parecer é que é o ser. *C'est l'air qui fait la chanson*. É o tom que você dá, é a enunciação que constitui a canção. Se é o tom que dá o sentido às palavras, o que significa um tom? O sentido escapa ao tom. Você pode ouvir o tom, você pode interpretar o tom, mas não pode fechar um sentido único, ou um sentido apenas, para o tom. Ele tem sempre algo enigmático que escapa ao sentido.

Esse comentário é importante para pensarmos o tom na interpretação psicanalítica e o quanto esse tom da musicalidade de lalíngua toca o corpo e não apenas os ouvidos do analisante.

Música em palavras

A propriedade da musicalidade é intrínseca à poesia, segundo Ezra Pound, que diz que a poesia é uma composição de palavras colocadas em música, ou palavras musicadas. Não é à toa que seu grande livro de poesia se chama *Cantos*, assim como o primeiro livro de James Joyce, que é uma coletânea de poemas, se chama *Música de câmara*. Eis o trecho em que Pound expõe sua concepção de poesia: "A poesia é uma composição de palavras musicadas. A maioria das outras definições é indefensável ou metafísica. A proporção ou qualidade da música pode variar, e varia; mas a poesia murcha e 'seca' quando deixa a música, ou pelo menos uma música imaginada, muito para trás".*

A poesia é feita dessa música das palavras, a prevalência do som sobre o sentido, ela joga com o sentido, suspendendo-o, subvertendo-o, lançan-

---

* No original: *"Poetry is a composition of words set to music. Most other definitions of it are indefensible, or metaphysical. The proportion or quality of the music may, and does, vary; but poetry withers and "dries out" when it leaves music, or at least an imagined music, too far behind it".*

Lição 27. A música de lalíngua

do-nos no não sentido. Segundo Paul Valéry, a poesia é uma "hesitação prolongada entre o som e o sentido".[4] Ela nos desvela a divisão do sujeito, o intervalo significante, o entre-dois da hesitação pela escolha do sentido ao ser capturado não por ele mas pelo som, ou seja, a música das letras, música de lalíngua. Como podemos ler num belo texto de Álvaro Faleiros e Roberto Zular, a "hesitação prolongada é também uma ética do poema, um espaço de mistério que cabe ao leitor construir a partir de sua própria experiência".[5] A ética da interpretação psicanalítica não se distingue aqui da ética do poema, pois ao apontar para o mistério do real deixa espaço para o sujeito ressignificar, "dessignificar", desfazendo os nós dos sentidos fixos que alimentam seu sintoma.

O que seria a interpretação poética do analista? Ele joga não somente com o equívoco do significante, como também com a enunciação que inclui a musicalidade, ou seja, a organização dos silêncios e dos sons; da altura e intensidade da voz; o tom e a mudança de timbre, volume etc. Se o analista muda a entonação de sua voz usando o mesmo significante do analisante, é uma citação, só que, com a voz do analista, o efeito é outro, trazendo afetos enigmáticos e apontando para o mistério inefável do real.

A interpretação-citação pode usar o mesmo procedimento da poesia: transformar uma palavra corriqueira em algo extraordinário. Rubem Alves, numa conversa com Adélia Prado, inspirado por William Blake, diz para ela: "A percepção poética é ser capaz de ver a eternidade num grão de areia". Adélia acrescenta: "Admirar-se daquilo que é absolutamente [...] corriqueiro, é isso que cria a grande pergunta".[6] Podemos dizer que a interpretação-citação é arrancar uma palavra corriqueira de uma fala do analisante e transformá-la por uma operação poética em algo extraordinário. Trata-se de transformar o ordinário em extraordinário. É elevar uma palavra banal à dignidade de uma palavra poética.

Assim, a citação arranca a palavra de seu contexto e lhe dá uma outra dimensão, uma dimensão artística. Nesse sentido podemos usar a homologia que Lacan faz da interpretação analítica com o ready-made, procedimento artístico usado pelos surrealistas que, como Marcel Duchamp, pegavam um objeto corriqueiro e o colocavam numa exposição de arte considerando-o, portanto, um objeto artístico. Segundo Lacan, "a interpretação deve ser sempre [...] o ready-made de Marcel Duchamp. Que pelo menos vocês entendam alguma coisa dele. Nossa interpretação deve visar o essencial no jogo de palavras para não ser aquela que alimenta de sentido os sintomas".[7] Essa referência mostra como a arte surrealista se baseia nos jogos de palavras e na suspensão do sentido, abrindo as palavras e os objetos a outras conexões para além do sentido habitual.

Para compor o ready-made *A fonte*, em 1917 Marcel Duchamp pega um urinol de porcelana branco, um mictório original, lhe confere esse nome e o inscreve na exposição da Associação de Artistas Independentes em Nova York. E assinou a obra com outro nome (com o pseudônimo R. Mutt) para não ser reconhecido pelo júri da exposição. Com esse ato ele revolucionou as artes plásticas, criando a obra de arte que é considerada a mais influente do século xx.

Ele arranca um objeto corriqueiro de seu contexto e o coloca em outro, dando-lhe o nome equívoco de "Fonte". Assim, eleva um objeto banal à dignidade de obra de arte. O espectador olha para aquele objeto que recebe um líquido transformado num outro objeto, que jorra um líquido; passa de um objeto que recebe dejeto, a urina, para o objeto do qual por definição jorra a vida, a água, *fonte* de vida. Como diz Sonia Borges,

> com essa provocação, Lacan não só radicaliza a sua crítica à concepção hermenêutica de interpretação, como ratifica a ideia do equívoco como o seu paradigma: tal qual o ready-made, a interpretação deve apontar para os limites da representação ou da linguagem, para o impossível de se dizer a coisa, para o real.[8]

A interpretação visa a causa do desejo, nos indica Lacan, ou seja, visa o real em jogo na fala do analisante, esse real que se condensa num objeto que por si mesmo é avesso ao sentido, escapa ao sentido, "o objeto *a* é inteiramente alheio à questão do sentido", diz Lacan em "Estou falando com as paredes", e ainda: "O sentido é uma pequena borradela acrescentada a esse objeto *a* com que cada um de vocês tem sua ligação particular".[9]

Lição 27. A música de lalíngua

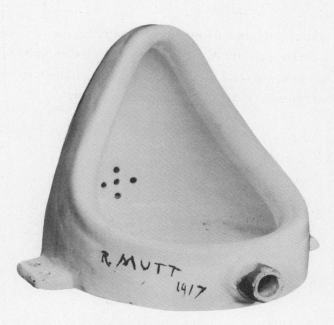

Marcel Duchamp, *A fonte*, 1917.

E logo em seguida ele avança um equívoco em francês bastante significativo, propondo substituir *raison* (razão) por *réson* (ressonância), inspirado pelo poeta Francis Ponge, de quem toma emprestado esse jogo de palavras para apontar que "a razão [...] tem a ver com alguma coisa [...] de ressonante".[10] Trata-se da ressonância do real para além da razão, a ressonância de lalíngua que pode tocar aquilo que, estando nas malhas do simbólico, lhe escapa sempre e, no entanto, causa. É como a interpretação poética deve ser: não fornecer ao analisante a razão de seus sintomas, e sim fazer ressoar o ser no horizonte desabitado da palavra — o fala-a-ser que vibra e pulsa habitando o mistério do corpo falante. Isso nos faz deslocar o *cogito* essencial do ser humano, não mais comandado pela razão e sim pela ressonância. Não mais "Penso, logo existo" e sim "Soo, logo existo".

Não estou negligenciando a decifração inconsciente que o analisante faz ao longo da sua análise, da sua história, da sua construção, das ressignificações que ele faz para apreender, reduzir suas fantasias a uma fantasia fundamental e atravessá-la. Mas, como o músico que interpreta a partitura de uma composição com seu instrumento, o analista interpreta a partir do que ele escuta da partitura da fala do analisante. E ele aponta para aquela música cujo autor não está escutando, ou para as equivocações desse inconsciente chistoso, engraçado: o inconsciente poeta.

Lição 28. Sintoma, letra e lalíngua

A INTERPRETAÇÃO PSICANALÍTICA RELATIVA ao inconsciente como saber da lalíngua é o equívoco, única arma, diz Lacan, contra o sintoma. A interpretação deve visar o saber da lalíngua para reduzir o sintoma, pois a psicanálise é capaz de amansar o sintoma até a parte em que a linguagem lida com o equívoco. A interpretação como equívoco da lalíngua tem por objetivo um deciframento que se resume ao que constitui a cifra do sintoma.[1] Essa cifra é o que faz com que o sintoma seja o que não cessa de se escrever.

Sintoma letra

Lacan propõe escrever essa cifra como função, f (x). E o que é função? O próprio Lacan definiu em outro texto que "função é permitir o ciframento",[2] em que "x" é a letra como cifra da lalíngua — eis o núcleo real do sintoma, aquilo do sintoma que é irredutível. A letra tem a identidade de si para consigo e é da ordem do Um da lalíngua, que pode ser uma palavra, uma frase ou um esquema de pensamento.[3] Portanto, a letra é a escrita como função do sintoma a partir da lalíngua.

A letra é da ordem do Um da lalíngua, a qual fixa o gozo do sintoma. O sintoma letra provém do efeito do simbólico sobre o real, como por exemplo a palavra *Raten* para o Homem dos Ratos, significante equívoco da lalíngua alemã que constitui o núcleo real do sintoma da dívida (*Raten* é prestação) e dos pensamentos obsessivos (*Ratten* é ratos, no plural, significante presente na ideia obsessiva do suplício dos ratos).[4] O sintoma é o resultado da chuva da lalíngua — no caso a língua alemã singularizada para aquele sujeito — que se cristaliza como letra, *Raten/Ratten*. Enquanto o significante traça as vias de circulação do gozo e o caminho da verdade, a letra fixa o real, fazendo do sintoma a maneira de gozar do inconsciente. O sintoma, que não cessa de se escrever, é sustentado, diz Lacan, "pelo jogo de palavras de que lalíngua que me é própria [a de Lacan] preservou de uma outra".[5]

São muitas as expressões idiomáticas que contêm uma parte do corpo para dar sentido metafórico ao que se quer expressar. Por exemplo, em português:

Língua: língua afiada; queimar a língua; língua solta; pagar com a língua; língua de trapo; língua suja.

Pé: pé na estrada; pé-de-boi; dar no pé; pé de atleta; pé-de-cabra; pé na bunda; a teus pés; enfiar o pé na jaca; pé-de-chumbo; ao pé do ouvido; bater o pé; meter os pés pelas mãos; sem pé nem cabeça; jurar de pés juntos; em pé de guerra; ao pé da letra.

Mão: na mão do outro; dar uma mão; mãos atadas; mão na roda; mãos limpas; mão na massa; mãos à obra; dar uma mãozinha; mão forte; mão pesada; mão-de-vaca; mão de alface.

Nariz: nariz em pé; torcer o nariz.

Boca: boca fechada; boca de sacola; fazer caras e bocas.

Cara: cara de pau; cara de tacho; cara dura; ficar com a cara no chão; fazer caras e bocas.

Testa: testa de ferro.

Cabelo: ficar de cabelo em pé; arrancar os cabelos; fazer o cabelo.

Beiço: fazer beicinho; lamber os beiços.

Cu: cu de ferro; nasceu com o cu pra lua.

Braço: braço direito; dar uma de João sem braço; dar o braço a torcer.

Perna: passar a perna; pernas para que te quero; bater perna.

Essas expressões da lalíngua portuguesa servem no discurso do analisante para veicular seus sintomas na lalíngua da qual ele se apropriou como eventos do corpo.

Lição 28. Sintoma, letra e lalíngua

Lacan brinca com as palavras da língua francesa para evocar a diversidade das explicações sobre o corpo, e ironiza a neuropsiquiatria: quando se supõe um pensar secreto, o corpo produz secreções; quando se supõe um pensar concreto, ele produz concreções.[6] Assim, o corpo *lalinguageiro* é o corpo do ser falante, o corpo do fala-a-ser, aquele que está preso e determinado pelos significantes da língua materna que se depositaram para aquele sujeito. É o *corpo falante*, o corpo da *linguisteria*, ou seja, dessa padaria ou marcenaria de língua onde se fabricam os corpos humanos. Portanto, o corpo falante é *linguistérico*, sede de lalíngua que se corporifica no *sintoma* como um acontecimento do corpo.

O sintoma é a marca deixada pela chuva de letras de lalíngua no corpo. Lacan diz, no livro 25 do Seminário, *O momento de concluir*: "O simbólico deixa marcas; aprende-se a falar e isso deixa marcas […], consequências que não são outra coisa senão o sintoma […]. A análise consiste em dar-se conta de por que temos esses sintomas".[7]

Sintoma cifra

Lacan evoca a interpretação como deciframento, termo complicado como o termo interpretação. São dois termos péssimos para falar da interpretação do analista, porque quando você pensa em interpretar, pensa em fornecer um significado dentro de uma hermenêutica. Quando dizemos "decifrar", pensamos numa linguagem que está cifrada, a qual se procura decifrar para entender sua mensagem, seu significado.

Deciframento se refere a fazer aparecer a cifra, e essa cifra é uma cifra de gozo que está no inconsciente de vocês — uma cifra chamada sintoma. Essa cifra se relaciona com o capital de libido investido naquele sintoma, esse capital é um capital do registro do real que cifra alguma coisa no simbólico. Quanto à questão da própria cifra, se pensarmos bem, é a questão de atribuir um valor determinado. O sintoma é de um valor inestimável para o sujeito. Freud dizia que "o neurótico ama seu sintoma como a si mesmo". Isso já ao colocar a cifra, a qual ele define como o que não cessa de se escrever no real, que é a cifra que compõe o sintoma. A cifra é aquilo que dá um determinado valor de gozo a determinados significantes seus, e que é fixado no seu inconsciente. A psicanálise, portanto, é um deciframento que se resume, como diz Lacan, ao que constitui a cifra, isto é, o que faz com que o sintoma seja o que não cessa de se escrever no real, que é a *letra*.

Assim, Lacan aponta o deciframento que se opera em análise não como o deciframento de sentido, e sim a operação de se chegar ao sintoma como uma cifra de gozo que corresponde à letra do sintoma que é o "significante-unidade" ao qual o sintoma pode ser reduzido, que é a letra. (Remeto vocês ao último capítulo de meu livro *A descoberta do inconsciente*.) Segundo Lacan, o deciframento "se resume ao que faz a cifra, ao que faz o sintoma, é algo que, sobretudo, não cessa de se escrever a partir do real".[8] É a esse irredutível da letra que faz parte de lalíngua que deve visar a interpretação analítica. Trata-se de reduzir o sintoma e até mesmo, continua Lacan, "chegar a domesticá-lo até o ponto em que a linguagem possa com ele produzir equivocidade; é por aí que se ganha o terreno que separa o sintoma do gozo fálico". Temos aqui a indicação de que o gozo em questão no sintoma é o gozo fálico que deve ser esvaziado do sintoma para que este possa ser domesticado, ou seja, enxugado, reduzido a uma cifra de gozo marcado pela letra, o irredutível do sintoma. Essa teorização é importante para apreendermos a teoria da interpretação psicanalítica, pois aponta que o sintoma não deve ser nutrido com sentido oferecido pelo analista, mas ao contrário, que o analista com a interpretação jogando com os equívocos de lalíngua e sua propriedade poética deve visar reduzi-lo e assim diminuir o sofrimento que ele causa.

A letra umbigo

Os dois fragmentos clínicos apresentados a seguir ilustram o sintoma letra depositado por lalíngua no corpo. Um paciente estava muito ansioso com a aproximação da data em que deveria entregar seu apartamento alugado. O proprietário nem lhe confirmava que ele poderia permane-

Lição 28. Sintoma, letra e lalíngua

cer nem que ele deveria partir. A angústia relativa à possibilidade de ser desalojado, despejado, cedia lugar a preocupações com o corpo, ou seja, ideias hipocondríacas sem, no entanto, a angústia desaparecer totalmente. Ele havia investido muito naquele apartamento e não queria sair de lá e ter que ficar mudando de um lado para outro. E sua situação, atualizando a questão sobre o lugar no desejo do Outro, transformou-se em acontecimento do corpo, ou seja, um sintoma. Passou a sentir dores nas pernas e ficou imaginando que tinha problemas de circulação e temia não poder mais andar. Seu sintoma no corpo respondeu assim a seu desejo de permanecer e não circular.

Outro paciente apresentou um "medo irracional da gripe suína" e não via à sua volta ninguém com um medo tão exagerado assim. Temia que a gripe suína fosse matá-lo ou matar algum parente próximo. Ao falar em análise que recentemente havia sentido uma intensa dor nas costas ao entrar no avião, lembrou que percebera, com temor, que no aeroporto havia muitas medidas de precaução e alerta contra a gripe suína. Até que fez a associação de gripe suína — porco — lombo — dor lombar, e lembrou uma cena de infância na fazenda em que os porcos eram castrados com um torniquete com o qual os testículos eram arrancados, provocando guinchos insuportáveis de se ouvir. Eram porcos escolhidos para a engorda e, posteriormente, o corte. Ao fazer essa associação, o medo da gripe suína se atenuou e a dor lombar desapareceu. No entanto, vez por outra, esse ponto de dor retorna. Será que o dito "órgão de choque" de cada um não teria relação com o que lalíngua depositou no corpo?

As dores lombares o acometem hoje em dia, principalmente nas férias. Não é coincidência se era nas férias que ele ia para a fazenda e assistia ao ritual da castração suína. E era lá também que comia lombo de porco, ou seja, os leitões castrados e engordados. Recordou-se, então, de sua primeira dor lombar aos quinze anos, diagnosticada de ciática, durante as férias. Por outro lado, sempre teve horror de engordar. "Sempre tive dificuldade de lidar com pessoas gordas: homens e mulheres. Inclusive terminei com minha primeira namorada quando conheci a mãe dela e imaginei que ela iria ficar como ela, gorda." Em outra ocasião, ele fez uma associação entre transar, os movimentos fortes e a dor lombar. "Sexo, então, tinha sentido de imundície, de porcaria, de chafurdar na lama, e depois se transformou em pecado a ser evitado." Ele teme que a dor lombar, diz, "vá me jogar na cama, me internar, me impedir de ter sexo". Seu sintoma lhe parece uma pedra no caminho evocando todas as figuras da castração imaginária. Esse *lombar* é efetivamente irracional por ser uma letra que condensa um gozo e sua história como uma herança a ser transmitida. "Sempre previ um desastre que nunca veio. Por toda a minha vida tive medo disso e deve ser relativo a essa cena em que ouvia os porcos gritando e seus testículos sendo arrancados."

O sintoma como letra é a marca de lalíngua no corpo, marca que, como um umbigo, une o corpo falante ao Outro da linguagem. Esse umbigo, nome do real do inconsciente em Freud, é um mistério — mistério do corpo falante que uma análise não só permite, ao sujeito, dele dar-se conta como também lidar com ele — ao pé da letra. A letra umbigo, o inconsciente ambíguo. A letra o corpo evoca, o inconsciente equivoca.

Lição 29. Equívoco e inconsciente

A PARTIR DA DEFINIÇÃO DO INCONSCIENTE como um saber sobre lalíngua, Lacan dá uma importância cada vez maior ao equívoco não só para a interpretação, como também para definir o inconsciente.

Lalíngua, com efeito, é feita de equívocos:

> o inconsciente, por ser "estruturado *como uma* linguagem", isto é, como a lalíngua que ele habita, está sujeito à equivocidade pela qual cada uma delas [as línguas] se distingue. Uma língua entre outras não é nada além da integral dos equívocos que sua história deixou persistirem nela. É o veio em que o real — o único, para o discurso analítico, a motivar seu resultado, o real de que não existe relação sexual — se depositou ao longo das eras.[1]

Vimos que essa lalíngua constitui a lalíngua própria de cada um, aquilo de que ele se apropria a partir da chuva que recebe da lalíngua transmitida pelo Outro e com a qual se especifica o inconsciente na sua vertente real, pois lalíngua é feita de gozo, e que se manifesta nas formações do inconsciente incluindo o sintoma como letra, como vimos no capítulo anterior.

Lalíngua fundamental

A referência à lalíngua é essencial para a abordagem da interpretação psicanalítica, pois "é unicamente pelo equívoco que a interpretação opera. É preciso que haja alguma coisa no significante que ressoe".[2] Vemos aqui a articulação do ressoar, da materialidade sonora do significante, a *materialité* (de *mot*, "palavra" em francês), com lalíngua apontando mais a importância do ressoar do que do significar. A interpretação deve ressoar e não significar. E se ela ressoa no corpo é porque o corpo lhe é sensível na medida em que o corpo também é estruturado por lalíngua, como veremos mais adiante com alguns exemplos.

Équivoque em francês, de acordo com o *Dicionário Littré*, tem várias acepções que vão no sentido apontado por Lacan para a interpretação:

> O que pode ser interpretado com diferentes sentidos; se diz de tudo aquilo que pode ter diversos julgamentos; [...] rima equívoca, aquela em que o som de uma mesma palavra é usado em diferentes lugares trazendo sentidos diferentes; sentido equívoco, um duplo sentido; jogo de palavras, calembur.

O equivalente a *équivoque* em português não é equivocação, como foi utilizado em algumas traduções oficiais de Lacan, e sim equívoco, que de acordo com o *Dicionário Caldas Aulete* é aquilo "que tem mais de um sentido; que se pode tomar por outra coisa; [...] que se pode entender de diversas maneiras; [...] trocadilho, calembur". Como podemos observar, o equívoco está na língua, ou melhor, em lalíngua, pois ela veicula gozo. Rimos quando um equívoco aparece, achamos divertido; ele suspende nossa *raison* e convoca nossa *réson*, suspende nossa razão e ressoa no corpo. O equívoco é chistoso, gostoso, e o bebê sabe disso, talvez mais do que nós, adultos, presos ao imaginário do sentido, pois o bebê goza e se diverte com a lalíngua em sua lalação. Os equívocos nos atravessam, qualquer um está "ao alcance deles, sem poder reconhecer-se nisso, são eles que jogam conosco. Exceto quando os poetas os calculam e o psicanalista se serve deles onde convém. Onde isso é conveniente para seu objetivo".[3] Assim o analista se aproxima do poeta para jogar com o equívoco e fazer ressoar algo diferente para o analisante visando o real do gozo do sintoma, visando a "fixão" de gozo da fantasia, desfazendo a consistência imaginária do sentido.

Há um saber que é próprio de cada idioma que está em sua inesgotável potência de poetisar, de jogar com as palavras, os trocadilhos e calembures, o que Lacan chama de a "integral dos equívocos", e para cada sujeito

Lição 29. Equívoco e inconsciente

existe a maneira como ele se apropria desse saber de lalíngua, ou, melhor dizendo, como ele constitui a "unidade de copulação do sujeito com o saber" de lalíngua.[4] É esse saber que faz de cada língua única e intraduzível, aquilo que ela tem de real.

De certa forma, todo mundo tem a sua "língua fundamental" — como Schreber designava a língua na qual eram enunciadas suas alucinações —, por mais que ela se combine com a sua língua social, porque cada um tem a sua forma de falar, sua forma de copular o som com o saber de lalíngua, como o "idioleto manoelês archaico" de Manoel de Barros. Isso constitui o estilo de cada um, a propriedade lalinguageira de lidar com o seu inconsciente. Ele está presente nas emergências do objeto *a*, seja na voz, seja no brilho do olhar que comparece na fala e na incorporação de lalíngua no corpo, no sintoma letra. Lacan nos *Escritos* define o estilo a partir do objeto *a* incitando o leitor a colocar algo de si na leitura de seus escritos. Na sequência dos desenvolvimentos a partir do inconsciente como um saber de lalíngua, é aqui na singularidade de cada fala-a-ser que podemos reintroduzir a questão do estilo.

Estilo e o final da análise

O estilo, que por um lado é tributário do objeto *a*, é aquilo que cada um tem de mais individual, assim como sua maneira de lalinguajar. É aquilo que também advém da sua análise a partir do que você percebe, consegue elaborar, a partir do seu objeto, da sua posição como objeto, e com isso você cria algo com lalíngua que vai ser o seu estilo.

Se o objetivo do desejo do analista é o de fazer com que cada um obtenha a sua diferença, como produto de uma análise, trata-se de chegar a um estilo próprio que não advém de identificações e sim da *poieses* própria, ou seja, sua criação. É um absurdo acharem que a psicanálise pode ser adaptativa quando o que estudamos indica que devemos fazer tudo para que a pessoa invente o seu próprio estilo e encontre a sua unicidade, sua "unidade de copulação com o saber" de lalíngua[5] — ser o único, diferente de todos, ou seja, ser uma objeção ao "todos". Cada um na sua individualidade singular, na sua diferença, é uma objeção ao coletivo.

Em relação à lalíngua, trata-se também de você criar na análise, como analista, as condições, as possibilidades para o sujeito encontrar a sua diferença. E poder chegar a algo como inventar um novo desejo e um novo estilo. E, se for o caso, seguir o desejo do analista, para que ele, a partir daquele processo que viveu, possa querer conduzir outros.

Quando o sujeito chega ao final de análise, depara-se com o ponto de inconsistência do Outro, lá onde o Outro não responde, e daí advém o saber de que do Outro não virá qualquer salvação. Queda do Sujeito suposto saber e salvar. Nesse ponto em que o sentido se perde e o apelo se esgota, o sintoma perde também o seu endereçamento ao Outro e aí se reduz a um toco de real, sem o sustento da fantasia. O sujeito suposto saber se desvanece fazendo o Inconsciente aparecer do jeito que ele efetivamente é: um saber sem sujeito. Um saber Outro que não é sustentado pela fantasia e sim o Inconsciente como saber sobre lalíngua. Pode ocorrer então de o sujeito se interessar menos pelo conteúdo de suas sacações do que pela forma de enunciá-las. A travessia da segunda mentira que é a fantasia faz o sujeito se deparar com uma verdade que não mente: a de que o sentido vaza, que não há relação sexual, que o saber é não todo e que a castração é um real da estrutura do fala-a-ser. E por fim, vem a travessia da última mentira para que o analisante possa deixar cair o analista: a queda do semblante de seu analista como objeto causa de seu desejo. Este nada mais era do que o suporte de um "saber vão de um ser que se furta".[6]

E qual o saldo disso tudo? O que se transmitiu ao longo dessas travessias com o analista? O estilo, diz Lacan, "única formação que podemos pretender transmitir àqueles que nos seguem". E quem responde pelo estilo singular daquele que ao final resolve seguir como analista é o objeto *a*. "A esse lugar [...] chamamos de queda desse objeto, reveladora por isolá-lo, ao mesmo tempo, como causa do desejo em que o sujeito se eclipsa e como suporte do sujeito entre verdade e saber."[7]

Para nós, em psicanálise nos interessa o estilo como instrumento de singularização como produto de uma análise: o analista é um estiloso. O

Lição 29. Equívoco e inconsciente

estilo se articula tanto com a verdade quanto com o saber. O estilo passa a verdade daquilo que é a marca de gozo do sujeito e seu saber lidar (*savoir--y-faire*) com seu sinthoma, com lalíngua e com os semblantes.

O analista com seu estilo, próprio a cada um, é o que sustenta o operador lógico da análise, que é o desejo do analista, por meio de sua enunciação. O estilo é a marca não significante que o analista traz na sua tática, ou seja, em seu ato e em sua interpretação.

A emergência de um estilo próprio a cada analista é correlata ao passe clínico, pois ele não se apoia nem na fantasia nem no sintoma. Em relação ao sintoma, o estilo é da ordem do saber lidar. O analista saber lidar com o seu sintoma para conduzir uma análise corresponde a fazer calar o sintoma e operar com o desejo do analista. E o saber que se deposita é um saber lidar com lalíngua. Como? Com seu próprio estilo, saldo do que resultou da análise que possibilita ao analista como fala-a-ser lidar com a letra de seu sintoma. Assim, no final da análise pode emergir um estilo novo, *ex nihilo*, correlato ao desejo novo que é o desejo do analista sustentado pela ética do bem-dizer. O estilo — presente na enunciação, no modo de falar, no de escrever e mesmo no de viver — é o que Lacan propõe, na abertura do "Ato de fundação", para a Escola poder ser o lugar de discutir "o estilo de vida ao qual uma análise leva".

No discurso do analista, sustentando o objeto *a* que encarna o estilo daquele analista, encontramos o saber no lugar da verdade. Esse estilo é marcado pelo saber — saber lidar com aquilo do qual o inconsciente é feito, ou seja, o saber sobre lalíngua. O desejo do analista, que corresponde à sua enunciação, é o desejo veiculado por seu estilo: desejo imiscuído de uma episteme, saber não todo do Inconsciente-lalíngua. O estilo do analista faz aparecer que a verdade provém do real — do real da lalíngua com seus equívocos, chistes, trocadilhos. Como um estilete, *stylus*, ele fura, penetra, corta; ele rompe com a repetição da cadeia significante e, no ato, aparece como um puro dizer.

Uma escola de psicanálise não deve se constituir como um Outro que tenha um estilo próprio e único, mas sim um conjunto que possa acolher a variedade de estilos e reunir os analistas dispersos com seus estilos díspares. Enfim, a escola de psicanalistas é uma reunião de estilosos e estilosas em seu saber lidar com lalíngua.

Inconsciente equívoco

Lacan acabou elevando o equívoco não só como o paradigma da interpretação psicanalítica, como do próprio inconsciente, a ponto de propor renomeá-lo. É o que faz no livro 24 do Seminário, cujo título em francês, vimos, é *L'insu que sait de l'une-bévue s'aile à mourre*, no qual propõe, a partir de um trocadilho translinguístico, a tradução do inconsciente, nomeado por Freud *Unbewusst*, por *une-bévue*, em francês, que é outro termo para designar erro, equivocação, equívoco. Segundo o *Dicionário Littré*, trata-se de "erro cometido por ignorância ou por inadvertência". Evidentemente Lacan escolheu esse significante não apenas por seu significado, mas pela sua ressonância com o termo inconsciente em alemão. Eis como ele se justifica:

> Nada é mais difícil de ser apreendido que esse traço do *une-bévue*, com o qual traduzo o *Unbewusst*, que quer dizer, em alemão, inconsciente. Porém, traduzido por um-equívoco, quer dizer outra coisa — um obstáculo, um tropeço, um deslizamento de palavra a palavra. É bem disso que se trata quando nos enganamos de chave para abrir uma porta que precisamente a chave não abre. Freud se precipita em dizer que pensamos que ela abria essa porta, mas nos enganamos. *Bévue* é bem o único sentido que nos resta para essa consciência. A consciência não tem outro suporte a não ser o de permitir um equívoco.[8]

O título desse seminário já é em si toda uma lição. Temos a definição do inconsciente como "O insabido sabido de um-equívoco", tradução do título escrito *L'insu que sait de l'une-bévue* que aponta para o paradoxo do saber que não se sabe como a característica do saber do inconsciente, que é um saber inscrito em lalíngua onde pululam os equívocos e sobre os quais

Lição 29. Equívoco e inconsciente

não sabemos, não ouvimos, pois somos adormecidos, surdos, entorpecidos pelo sentido que não nos deixa soar a poesia de lalíngua. Mas *L'insu que sait* apresenta um equívoco homofônico com *L'insuccès* que significa falha, insucesso, fracasso. E qual é o fracasso do inconsciente? É o amor. *C'est l'amour* que é homofônico com *s'aile à mourre*. Assim temos aí outra tese inscrita no título do seminário: o amor é uma falha de Inconsciente. Como entendê-la? Primeira coisa, o amor é uma falha no saber do inconsciente, tanto no sentido daquilo que não está inscrito — determinação significante — quanto como aquilo que escapa ao saber sobre lalíngua. E o que é *s'aile a mourre*? *Ailer* é "dar asas a", portanto *s'aile* é "se dá asas, deixa-se ir, entrega-se", mas a quê? A um jogo de salão chamado *la mourre*, que é um jogo do tipo "par ou ímpar" no qual se contam os dedos das mãos, mas tem uma aposta falada. Trata-se de um jogo no qual duas pessoas mostram uma para a outra rápida e simultaneamente alguns dedos das mãos e falam ao mesmo tempo um número, e quem acertar o total da soma dos dedos mostrados de ambos os jogadores ganha o jogo. É, portanto, um jogo que conta com o acaso. É uma proposta então de Lacan, nos deixarmos levar e nos entregarmos ao acaso do inconsciente com seus erros e equívocos que fazem aparecer os jogos de palavras dos quais nada somos além de seu joguete. Assim, vemos que Lacan eleva o equívoco não apenas como o paradigma da interpretação como o nome do próprio inconsciente.

Lição 30. Modalidades do equívoco

É NO TEXTO "O ATURDITO", ao se referir à interpretação psicanalítica, que Lacan nos propõe três tipos de equívocos. Em pouquíssimas páginas[1] encontramos várias teses sobre a interpretação e sua relação com o inconsciente e a equivocidade de lalíngua. Ele começa, inclusive, criticando o termo "interpretação", pois advém de "campos tão dispersos quanto o oráculo e o fora-do-discurso da psicose" referindo-se aos oráculos que encontramos da Grécia antiga, como os pronunciados, por exemplo, pela pitonisa em Delfos e a interpretação delirante na paranoia. Ele prefere a expressão o "dizer da análise", a qual "realiza o apofântico, que, por sua simples ex-sistência, distingue-se da proposição". Só aí já encontramos uma tese paradoxal, pois apofântico refere-se à propriedade de uma proposição ser verdadeira (V) ou falsa (F) ou se a proposição é adequada ao caso em questão, ou seja, trata-se do julgamento de uma proposição cuja veracidade deve ser verificada. Mas Lacan diz que esse apofântico da interpretação analítica não se refere à proposição, ao enunciado, ao texto do analista. Não se trata de saber se o conteúdo da interpretação (a proposição que a sustenta, as palavras proferidas) composto pelos ditos do analista é verdadeiro ou falso. Por quê? Porque a "função proposicional [...] supre o ab-senso da relação sexual". Aqui com o equívoco na língua francesa entre *absence* (ausência) e *ab-sens* (sem sentido), Lacan nos indica que a interpretação, ao apontar para o sem sentido, toca na ausência da relação sexual (a que não pode ser escrita), ou seja, no furo da estrutura que é recoberta pelas proposições. Essas compõem a frase da fantasia que é sempre encobridora do furo e da ausência da relação sexual. Se a interpretação realiza um apofântico que nada tem a ver com a veracidade, com o sentido e nem com a proposição,

Lição 30. Modalidades do equívoco

de que se trata? Ao recorrermos à etimologia, encontramos *apo* (de baixo, por baixo) e *fanos* (luz) e assim podemos dizer que a interpretação psicanalítica ilumina, aponta, lança luz, clareia, esclarece. E isso não pelo fato de sua proposição ser verdadeira ou falsa, mas por sua "ex-sistência", pelo fato do dizer do analista existir para além dos ditos. Esse dizer do analista, continua Lacan, provém do fato de o inconsciente lalíngua estar "sujeito à equivocidade". E logo em seguida nos indica que "uma língua entre outras não é nada além da integral dos equívocos que sua história deixou persistirem nela". E ainda há mais outra tese: é o "veio em que o real [...] se depositou ao longo de eras". E de que real se trata? O "real de que não existe relação sexual". Temos aí então que os equívocos de lalíngua, dos quais é feito o inconsciente, são o veio do real. Daí podermos dizer que o inconsciente-lalíngua é o inconsciente real, mas sabendo que isso condensa toda uma tese vinculada ao sem sentido e à inexistência da relação sexual (*ab-sense*). Eis o que a interpretação analítica deve iluminar.

A interpretação psicanalítica é uma enunciação *à côté* que usa os equívocos de lalíngua, nos diz em seguida Lacan ao introduzir as três modalidades de equívoco. Esse *à côté* quer dizer que ao invés de você fazer ou dizer uma coisa diretamente, você o faz pelas beiradas, pela tangente, de soslaio. Foi traduzido por "lateral", o que não corresponde ao *à côté* da interpretação. Então, a resposta do analista é uma pararresposta. É um termo que os psiquiatras usavam na psiquiatria clássica. Como no caso do esquizofrênico, quando você pergunta: "Que horas são?" e ele responde: "A porta está fechada". Podemos aproximá-la até do procedimento surrealista, como o encontro improvável entre um guarda-chuva e uma máquina de costura. Prefiro traduzir a interpretação *à côté* daquilo que o analisante diz por uma *interpretação pela tangente,* ou, de uma forma mais poética, uma *interpretação de soslaio.*

"Os equívocos pelos quais se inscreve o *à côté* de uma enunciação concentram-se em três pontos nodais", que são as modalidades da interpretação-equívoco: a homofonia, a gramática e a lógica. Sobre essas três modalidades, Barbara Cassin, em seu comentário de "O aturdito",[2] propõe que elas equivalem respectivamente à interpretação incidindo na palavra, na frase e no raciocínio. A homofonia corresponde ao trabalho com lalíngua, a gramática à linguagem e o equívoco baseado na lógica corresponde a uma lógica não proposicional, não aristotélica, a uma lógica que inclua a contradição e o paradoxo.

Homofonia e inconsciente equívoco

Lacan começa com a homofonia, à qual ele dará toda a ênfase em seu ensino como o paradigma da interpretação equívoca e do inconsciente *Une-Bévue*, insistindo como ela é tributária da ortografia, ou seja, da escrita, dando como exemplos *deux* e *d'eux, semblant* e *s'emblant* e *paraître* e *parêtre*, sendo esses dois últimos invenções dele. É Lacan poetizando, equivocando, joyceando. O equívoco da homofonia traz a ambiguidade do sentido que só se resolve pela grafia dita correta, a orto-grafia, pois o som é exatamente o mesmo como diz seu nome *homo* (mesmo) *fonia* (som), como, por exemplo, em português, a vez passada e a vespa assada, quem te viu e quente viu, amanhecer e a mãe é ser, alienada e ali é nada, almoço e ao moço, ela foi-se e ela foice, aquilo e a quilo, pé de caju e pede caju, a versão e aversão, adversidade e a diversidade. Lalíngua como a soma de seus equívocos que são portadores de gozo. Eis uma definição bem distinta da língua que encontramos no dicionário e no estudo dos linguistas.

Se o analista ficar ligado totalmente no sentido, o analisante está falando e ele não escuta os equívocos de lalíngua. A indicação de Freud da atenção flutuante para o analista é para poder se desligar do sentido e poder ouvir Outra Coisa. Abstenham-se de compreender! Se você fica tentando entender, não escuta o que o paciente está dizendo. Quando Freud propõe a atenção livre para o analista como contraponto à associação livre do analisante, não é para o analista ficar pouco se lixando para o que aquele está falando, não é isso. É para poder escutar uma outra coisa, por exemplo, que no sonho do al*moço* tinha ali algum moço que causava um embaraço, ou o lugar de nada no relato de Natal sobre a raba*nada* e assim por diante.

Lição 30. Modalidades do equívoco

Em relação à interpretação usando o equívoco da homofonia, diz Lacan: "Afirmo que todos os lances são permitidos aí, em razão de que, estando qualquer um ao alcance deles, sem poder reconhecer-se nisso, são eles [os equívocos] que jogam conosco. Exceto quando os poetas os calculam e o psicanalista se serve deles onde convém".[3] Essa afirmação faz eco com o que ele já dizia em 1958 no texto "A direção do tratamento", sobre o analista ser livre em relação às palavras que usa em sua interpretação, menos livre no manejo da transferência e ainda menos livre na política da falta-a-ser. Aqui, em 1972, o analista é livre no manejo de lalíngua, mas dentro da estratégia do semblante e da política do mais-de-gozar, ou nesse "com-texto" (que é o texto de "O aturdito"), trata-se da política da não relação sexual.

Ao ouvir essa Outra Coisa no equívoco de lalíngua, o que faz o analista em sua interpretação? Aí cabe a ele usar todos os lances, todas as técnicas já evocadas da interpretação: pontuar, cortar, aludir, citar, repetir, enigmatizar, enfim, colocar sua enunciação — veículo do desejo do analista — para iluminar o equívoco de lalíngua e "re-cindir o sujeito", apontar o furo do absenso e da não relação sexual, evocar sua hesitação entre o som e o sentido, em suma, conclamá-lo como poeta. Não só é o analista poetizando, mas também iluminando o inconsciente poeta que fala pela boca do analisante.

Se o analista usa de lalíngua como os poetas, como estes ele também faz um cálculo a partir do saber que sustenta o ato analítico, ou seja, a partir do saber que dá suporte a seu semblante de objeto *a* equivocando em sua interpretação. O "não se reconhecer nisso" mostra que o inconsciente é um saber não sabido que joga com os sujeitos sem que eles se reconheçam, como uma alteridade, uma "outridade", e cabe ao analista fazer os analisantes reconhecerem-se nisso que joga com eles, ou seja, os equívocos de lalíngua. Mas os poetas calculam e o sujeito pode se reconhecer poeta ao se apropriar e usar, calcular e brincar com os jogos de lalíngua. "O analisante fala, faz poesia quando chega — é pouco frequente, mas isso é arte."[4] Isso me faz lembrar de uma espirituosa analisante brasileira, que mora num país de língua inglesa e faz pouco uso da língua portuguesa em sua vida cotidiana e sua análise é em português. O inconsciente poeta e piadista parece tirar bastante proveito disso e ela faz muitos atos falhos e jogos de palavras em sua análise. Numa sessão, ela comenta como sua mãe vive reclamando de dinheiro, que não a ajuda em nada, mas sustenta a irmã e paga para ela "contas gastronômicas". O analista apenas a citou: "Gastronômicas?". Ela, rindo, trouxe várias lembranças da infância de sua relação com a mãe que não a deixava comer para mantê-la magra. E continuou dizendo que a mãe impunha um "regimento alimentar" muito severo em casa. O analista perguntou: "Regime ou regimento?" — o que a fez rir muito e dar um passo a mais para fora de sua alienação a uma mãe devastadora.

A psicanálise permite a você passar de joguete a jogador, pois o inconsciente é poeta — posso até dizer, equivocando analisante: é *poe-tábom?*

Assim a interpretação por equívoco pela homofonia se refere ao inconsciente poeta estruturado como um saber sobre lalíngua. Eis o que faz de ambos um poeta — cada um na sua função, analista e analisante. Vejamos um outro exemplo clínico. Uma mulher em análise se dá conta, com tristeza, que não podia mais ficar esperando que seu parceiro correspondesse àquilo que ela esperava de um "verdadeiro" marido, que não adiantava cobrar o que ele não podia dar, pois a cobrança só gerava conflitos e brigas do casal. Tentava se conformar com a situação, mas isso a deixava triste e desesperançada. O analista então diz: "Você vai ter que fazer o *luxo* desse marido". Essa interpretação foi um enigma para a analisante, que logo teve como efeito o esvaziamento da queixa e da reivindicação, provocou o riso, causou um alívio e ela acabou se dando conta de que, na verdade, era um luxo ter em sua companhia um parceiro que estava ali a seu lado, com sua presença, amoroso, sendo simplesmente ele mesmo com sua diferença, sua singularidade e suas prioridades. Eis um exemplo de interpretação baseada no equívoco por homofonia. A análise permite não só a elaboração das perdas e o trabalho de luto como também a transformação dos afetos enigmáticos veiculados por lalíngua, nesse caso, da tristeza ao riso, do luto ao luxo.

Equívoco gramatical

Sobre o equívoco da gramática, que referimos à interpretação-frase, Lacan diz "a interpretação [...] é secundada pela gramática". À qual "Freud não se priva de recorrer" e alude ao caso do Homem dos Ratos. Podemos supor que se trata da gramática das pulsões, no caso a pulsão anal. Sabemos como Freud recorre à gramática para abordar a circularidade da pulsão, como fica claro em relação à pulsão escópica em "A pulsão e seus destinos": eu olho, sou olhado, eu me olho. A interpretação equivocando com a gramática pode jogar com a voz ativa e a voz passiva das pulsões, assim como a gramática da fantasia, basta ver o que Freud trabalha a partir da frase "bate-se numa criança".

Você pode equivocar também mudando a pontuação da fala do analisante com a sua enunciação, por exemplo, citando-o com uma pontuação diferente. Ao usar uma vírgula, você está evidentemente usando a gramática. Se o analisante disser "Não fui eu", você pode citá-lo e dizer "Não, fui eu"; ou fazer como Freud, que retira o "não" da frase "Não é minha mãe", justificando essa interpretação com o fato de o inconsciente não permitir a negação e admitir proposições contraditórias que apontam a divisão do sujeito. Trata-se de uma pontuação de leitura no texto do analisante para "rescindi-lo". Pois é na pontuação do texto que passa a enunciação do escritor. Assim, a enunciação do analista é sua interpretação ao equivocar o texto do sujeito com uma nova pontuação. É a expressão do desejo do analista. Eis uma forma de usar o equívoco sem ser pela homofonia ou lalíngua, e sim pela gramática e pela linguagem.

Ainda no quesito equívoco, pela gramática Lacan traz o que ele chama de o "mínimo da intervenção interpretativa", que seria: "Não sou eu que te faço dizê-lo", frase que "descortina o equívoco entre 'Você o disse' e "Tenho tão pouca responsabilidade por isso que não lhe mandei dizer por ninguém".[5] O que importa é menos o conteúdo da interpretação, aliás bem genérica, do que apontar a divisão do sujeito a partir da operação de equivocação. Assim, aqui vale também qualquer lance gramatical de alguma frase que traga a ambiguidade de sentido. O que importa é a ênfase em mostrar ao analisante que ele — e não o analista — é o autor de suas formulações, e que se essas formulações provêm desse Outro que é o inconsciente, que ele saiba se apropriar desse saber até então não sabido.

Equívoco lógico: O paradoxo

A terceira modalidade de equívoco, que se refere ao raciocínio, provém da lógica cujo modelo é o paradoxo, que etimologicamente significa contra (*para*) a opinião (*doxa*). A interpretação analítica através do paradoxo é uma forma do que já evoquei como uma "pararresposta". A interpretação paradoxal vai contra o senso comum, a opinião, os sentidos admitidos para fazer aparecer a contradição própria ao inconsciente onde num par de opostos nenhum elemento exclui o outro. Segundo Lacan, a lógica dos paradoxos deu "banho de juventude" aos matemas. No paradoxo não há certo ou errado. É apenas paradoxal, como por exemplo na sentença "Esta frase é uma mentira": se ela é verdadeira é porque é mentirosa, se é mentirosa é porque diz a verdade. Assim também "Quem nasceu primeiro, o ovo ou a galinha?" e o famoso paradoxo do mentiroso do cretense Epimênides: "Todos os cretenses são mentirosos" — quando eu afirmo isso, afinal estou dizendo a verdade ou estou mentindo? Assim, o paradoxo é um tipo de equívoco que divide o sujeito e é indecidível, daí sua eficácia como interpretação cuja meta é a divisão do sujeito e apontar para *ab-sens*, promovendo assim um esvaziamento do sentido e a redução do sintoma.

As referências do equívoco lógico com base nos paradoxos de Lacan em "O aturdito" são Cantor e Russell, lógicos matemáticos que estabeleceram, cada um em sua época, a teoria dos conjuntos.[6] Esse tema mereceria um longo desenvolvimento, no entanto só colocarei aqui algumas indicações que nos permitem pensar a interpretação utilizando o equívoco lógico. Georg Cantor, de origem russa, e tendo vivido na Alemanha, é conhecido por ter desenvolvido a moderna teoria dos conjuntos e nomeado o "número transfinito", que é uma categoria da matemática que nomeia a contagem dos elementos dos conjuntos infinitos, como o conjunto dos números inteiros e dos números reais (que inclui os números inteiros ou racionais, como também os irracionais). Exemplos de números irracionais são raiz quadrada de 2, a constante π, a proporção áurea (número de outro). O conjunto de números reais pode ser pensado como os pontos de uma reta infinita. Ele mostra que entre um número inteiro e outro há um conjunto infinito de números. O conjunto de números reais engloba os números inteiros, fracionários, positivos, negativos e irracionais. Ele é, portanto, não enumerável, é infinito.

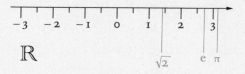

A partir daí, Cantor afirmou que há um número infinito de números infinitos. O paradoxo é: será que o conjunto dos números infinitos inclui-se a si mesmo? Mas em "O aturdito", Lacan se refere ao equívoco lógico utilizando o conceito de transfinito para o que seria uma interpretação da demanda. Ele escreve esta frase complexa: "E, quanto ao transfinito da demanda, isto é, à re-petição, caber-me-á voltar ao fato de ela não ter outro horizonte senão dar corpo a que o dois não seja menos inacessível do que ela, simplesmente por partir do um, que não seria o do conjunto vazio?" Aqui, a meu ver, ele aponta que a demanda em sua estrutura é mais do que infinita, o conjunto de todas as demandas do sujeito é transfinita, assim não há como se responder à demanda. O que o analista pode é, com seu equívoco, apontar isso para o analisante: que sua demanda é impossível de responder e que é o desejo que deve ser visado. Outra coisa que ele indica é que a "re-petição" do 1 da demanda, sempre demanda de amor, não atingirá o 2. Aqui podemos pensar no dois do par, no dois da relação sexual, no dois da complementariedade do sentido. Mas ao nos referirmos a Cantor e os paradoxos, sabemos que entre o 1 e o 2 há um infinito. Aqui se encontra implícito também o paradoxo de Aquiles e a tartaruga e o da flecha parada propostos pelo filósofo Zenão de Eleia (século v a.C.) para mostrar a "imobilidade" do movimento. No primeiro, Aquiles, ao disputar uma corrida com a tartaruga, lhe deixa sair na frente, assim ele sairia atrás dela. Segundo Zenão, por mais que Aquiles caminhe ou corra, a tartaruga sempre estará à sua frente por já ter percorrido essa distância. E isso se repete infinitamente. Aqui não importa a velocidade, mas essa anterioridade da tartaruga em relação a Aquiles. Zenão queria contestar a naturalidade do movimento. E sobre a flecha parada no ar, o paradoxo que Zenão propõe é que "uma flecha lançada jamais atinge seu alvo", pois como mostra Cantor, a trajetória considerada como uma linha reta pode ser infinitamente divisível em trechos menores e assim, ao se focar, analisar cada um desses trechos, ela está imóvel. É levando em consideração o paradoxo lógico da infinitização da cadeia de significantes da demanda que o analista deve formular sua interpretação equívoca.

Bertrand Russell revolucionou a teoria dos conjuntos com seus *Princípios matemáticos* articulando lógica, matemática e filosofia, livro que traz o famoso paradoxo de Russell, simplificado por ele mesmo como o paradoxo do barbeiro. Num vilarejo, há um barbeiro que faz a barba de todos aqueles que não se barbeiam a si mesmos, mas ele mesmo não se barbeia. Quem faz a barba do barbeiro? Assim, ele não pode fazer a própria barba e não pode ficar com barba. Russell apresentou seu famoso paradoxo sobre a teoria dos conjuntos para apontar o paradoxo ao estudar os conjuntos que se incluem a si mesmos. Se você listar num catálogo todos os livros de uma biblioteca, você incluiria esse catálogo nessa lista? Eis o exemplo de um conjunto (o catálogo) que se inclui a si mesmo. Lacan utiliza em "O aturdito" essa referência para dizer que o catálogo das pulsões como aquelas que não estão contidas em si mesmas tem sua causalidade no Outro, mas no que concerne à interpretação Lacan é bem claro em insistir que só há um "catálogo" que interessa: trata-se da "coletânea do que todo o mundo, tanto quanto eu e eles [os analistas], pode ouvir da própria boca dos analisandos".[7] Isto para nos lembrar que o analista deve trabalhar somente e tão somente aquilo que o analisante diz e interpretar a partir de sua fala e de preferência sem colocar significantes seus. Isso seria equivalente a um

Lição 30. Modalidades do equívoco

"dizer silencioso", pois o analista não diz nada com suas palavras próprias a não ser interpretar com as diversas modalidades de equívoco o que sai pela boca do analisante.

Em suma, não podemos trabalhar com a lógica aristotélica das proposições falsas e verdadeiras, pois não é disso que se trata, e sim iluminar a ex-sistência do dizer do analisante e sua expressão lalinguageira e tampouco usar a lógica da não contradição, pois o inconsciente não só admite a contradição, a antinomia, os antônimos, mas sobretudo o inconsciente, como tal, é paradoxal, pois não está desvinculado da divisão do sujeito que nada mais é do que sua equivocidade estrutural. O sujeito é um equívoco.

Outra forma de paradoxo é o oximoro. Em psicanálise, as oposições significantes equivalem à divisão subjetiva, homem/mulher, vivo/morto, dia/noite, preto/branco etc. E o sujeito está no entre-dois, não é uma coisa ou outra, mas uma coisa e outra. Não há o "ou" exclusivo e sim o "ou" inclusivo. O "ou" no inconsciente equivale a um "e", como vemos nas expressões chamadas de oximoros. O oximoro é uma figura de retórica em que se combinam palavras que parecem se contradizer, palavras com sentidos opostos. Exemplos: uma calma agitada, um silêncio barulhento, uma quentura fria, uma claridade obscura, uma luminosa escuridão, ouvinte surdo, cego que vê, segredo público. O oximoro é um paradoxo da retórica, que como tal desvela a complexidade do fala-a-ser e suas equivocidades.

Vou trazer um exemplo da minha clínica que ilustra o paradoxo do inconsciente. Uma histérica bem dedicada ao trabalho analítico, que tem uma formação científica e procura entender os seus sonhos e encontrar uma lógica dos seus sonhos. Mas como todo mundo, ela tem sonhos absurdos. No momento de sua análise, insatisfeita com o namorado, ela diz que queria mais de um namorado, pois gosta dele, mas queria mais um. Ela tem então um sonho que a deixou totalmente perplexa e que ela resume assim: "meu namorado terminava comigo para preservar nossa relação." O analista em sua interpretação só repetiu para ela essa frase frisando o "para" no sentido de apontar o conector equivalente a um "e" dessa frase paradoxal. Temos aqui duas proposições: Terminar comigo e preservar a relação. Essas duas proposições são verdadeiras e são a expressão de dois desejos que entram em conflito, ambos estão presentes e se contradizem, eis como se manifesta a divisão do sujeito, tão comum nas relações amorosas. Essa divisão também aparece de forma paradigmática nos versos de Torquato Neto em "Cantiga": "Meu bem, eu te amo tanto/ Que vou te dizer/ Daria minha vida/ Pra não te perder". Esse paradoxo levanta tantos sentidos, mas no final das contas aponta para a ausência de sentido, a ausência da relação sexual de complementariedade e de solução para o paradoxo do amor e do desejo.

Lição 31. Poesia, a medida do homem

"CHEIO DE MÉRITOS, mas poeticamente/ o homem habita esta terra." Eis a famosa frase de um poema de Hölderlin que mereceu um artigo de Heidegger em que este desenvolve filosoficamente essa temática.[1] Heidegger começa esse texto mostrando a disparidade entre o que seria a habitação e a poesia. Habitação é uma questão concreta, a casa, a arquitetura, o lugar que é efetivo, onde você vive com todas as questões imobiliárias de decoração, infiltração, chateação. E por outro lado há o poeta, que é tido por fantasista e sonhador. Qual a relação? Ele aponta que a indicação de Hölderlin, de habitar como poeta, não é feita a partir de divagações, de viagens fantasísticas. Ele diz que se trata de você fazer poesia com os pés na terra. Então tiramos a ideia de que, se você fica divagando, está sonhando. Não! É acordado, atento, pronto para dar um pulo, que você faz poesia.

Entre o céu e a terra

Retomemos: "Cheio de méritos, mas poeticamente/ o homem habita esta terra/ [...] Existe sobre a terra uma medida?". Então ele introduz a questão do mérito e da medida. A qual o homem busca, segundo Heidegger, numa situação de pesar. Quando aparece algum infortúnio para o homem, ele se dirige ao céu, ao Outro divino, a Deus. Até ateus, quando a coisa aperta, começam a rezar. Foi inclusive daí que Lacan extraiu, logo no início dos anos 1950, a noção do Grande Outro, que o sujeito invoca quando a coisa aperta.[2] Então Heidegger diz que, diante da situação de pesar, o homem se dirige ao céu e implora a esse Outro alguma coisa, mas ele se pergunta:

"O que eu fiz para merecer isso?". O outro não responde. Volta-se para ele mesmo: "O que eu fiz, meu Deus, para o senhor me castigar dessa maneira? Por que o senhor está agindo assim comigo?". E Deus não responde. "Será que não mereço coisa melhor?" Desdobramento da pergunta: "Será que eu errei? Será que eu exagerei em alguma coisa?". Ou seja, onde eu gozei que não devia? Será que fui desmedido? O céu não responde. Ao olhar para o céu, o sujeito vê o infinito e tem o vazio como resposta. É por ser infinito, incognoscível e ilimitado que fazemos o Outro divino morar no céu. "Será que fui além da minha medida?" Nada de resposta.

Seguindo o pensamento do filósofo, o homem encontra seu eco, justamente, na imensidão do céu, cujo azul faz transparecer sua profundeza, o ilimitado, a dimensão do incomensurável. Com isso estamos começando a saber quem é o homem, pela resposta de Heidegger. Pés na terra, surge o pesar, pergunto para o céu, o ilimitado. "Esse levantar os olhos mede o entre céu e terra. Esse entre possui uma medida comedida e ajustada ao habitar do homem."

O homem vive entre a terra e o céu. Entre aquilo que ele vê, na sua medida, do seu limite, onde ele está pisando, bem desperto, e a imensidão do céu. O homem habita entre o limite da terra e o infinito do céu. Essa é a medida do homem e é aí que ele, realmente, habita, entre o limite e o ilimitado. É aí que mora o homem como poeta. Essa medida, ela não é, evidentemente, uma medida numérica, nem geométrica, nem geográfica. Mas está sempre enganosamente tentando jogar sua medida nos números, no dinheiro, na balança, na contabilidade.

A medida apropriada ao *entre-dois* do céu e da terra, entre o cognoscível e o incognoscível, é a poesia. Eis a proposta de Hölderlin retomada por Heidegger. Então, o que é esse medir? Como você mede? A poesia é o ato de medir o *entre-dois*: entre a terra, onde a pergunta é jogada, lançada, e o céu que não responde.

Nesse sentido, a poesia é a medida do ser do homem. A poesia, diz Heidegger, é o ato fundamental da medida. Ao ser poeta, o homem recebe a medida que convém a toda extensão do seu ser. Se a poesia é a medida do ser, esta não é da ordem do *métron*, que é conhecida. É uma medida que

Lição 31. Poesia, a medida do homem 313

permanece misteriosa porque é incomensurável. A medida efetuada por aparelhos que dão números e laudos do que se quer conhecer não é adequada para medir o ser. Essa medida com que se afere algo, como nível de açúcar no sangue, ou a pressão arterial, ou a quantidade de hormônio, não serve.

A poesia como medida não é uma aferição e sim um deixar vir aquilo que nos mede, o que é muito próximo da associação livre, a qual nos permite fazer poesia. Mas para isso o analista tem que estar em posição de escutar a poesia que o analisante fala. A associação livre nos permite fazer poesia. É a associação livre que permite fazer aparecer que o poeta não é você, mas sim o inconsciente.

Assim, a medida humana, diz Heidegger, "tem o modo essencial do céu. O céu não é, contudo, mera luz. O brilho de seu alto é, nele mesmo, a obscuridade dessa sua vastidão tudo abrangente". Podemos aproximar isso do que Lacan diz da interpretação tendo como visada "o horizonte desabitado do ser". Lacan se refere ao ser desabitado pela linguagem, lá onde está algo do real, ou seja, do incognoscível, do incomensurável, daquilo que não se encontra no significante. Podemos dizer que com o significante (e paradigmaticamente com o significante fálico) vamos medir, pesar, classificar, geografar alguma coisa, em suma, localizar com o significante. Mas não é só de significante que vive o homem, porque há o real, o gozo e sua causação fundamental.

É esse algo ilimitado, infinito que encontramos em Heidegger e em Lacan, tendo o céu como metáfora do ilimitado, insondável, misterioso e sempre incognoscível e a poesia como sua medida. O ilimitado dessa medida que é a poesia faz Lacan dizer, como vimos, "não sou suficientemente poeta". Eu diria: você nunca é suficientemente poeta. Você é poeta naquele momento, para aquela circunstância, mas está aberto para ser mais poeta e mais e mais. Nunca se é o suficiente, porque tem algo que é da ordem do ilimitado na poesia como habitat do fala-a-ser.

Como medida do ser do homem, a poesia constitui sua habitação na terra e leva a habitação do homem a seu ser como potência de cada língua e suas metáforas, seus jogos de palavras, trocadilhos, equívocos, ambiguidades, rimas e sua melopeia (*melos* = música), a musicalidade das palavras.

Heidegger diz que a poesia é a potência fundamental da habitação humana. É uma coisa para cada um se perguntar. Será que estou, efetivamente, habitando esta terra como poeta? Será que se eu ficar só me preocupando com essas questões materiais, de comer, de habitar, imobiliária, eu não estou habitando verdadeiramente a terra com o meu ser? O que estou criando como lar para o meu ser?

Podemos perguntar: o que nos impede de sermos poetas? Para responder a essa pergunta, Heidegger dá o exemplo do cego que pode ser cego porque falta visão, mas há o cego que é por excesso. Ele diz: é possível a habitação sem poesia, ou seja, a impotência em tomar a poesia como medida. Isso, talvez, provenha de um estranho excesso, de um furor da medida e do cálculo. E aí ele comenta a frase do poema de Hölderlin, que diz que Édipo talvez tivesse um olho a mais. Ele foi muito pelo cálculo, ou seja, ao usar o olho do conhecimento demonstrativo ele optou em detrimento do saber, que contém a poesia como medida do ser. Quando você vai muito pela medida e pelo cálculo, deixa de ser poeta e, portanto, de habitar a terra como um ser humano. Trata-se de construir sua habitação como um ser-para-a-poesia que é fundamentalmente a estrutura do fala-a-ser.

Os erros de Édipo

Qual foi o erro trágico de Édipo? O mais importante é evidente: ele matou o pai e transou com a mãe. Mas, no que concerne a ele como sujeito responsável, o que o levou a cometer esses crimes foi a paixão da ignorância. Ele não quis saber de sua herança simbólica e, para desvendar o enigma de sua origem, o da Esfinge e o da Peste, usou a compreensão e o sentido comum, e não o saber poético de lalíngua. Ele não quis saber da maldição herdada e do crime do pai, ou seja, não quis saber por que seu pai, antes mesmo de ele nascer, já tinha recebido do oráculo: "Se você tiver um filho, ele o matará". E quando Édipo nasceu, tudo isso já estava escrito em seu inconsciente. Sua paixão da ignorância o fez ignorar que a linguagem não

Lição 31. Poesia, a medida do homem

é para se compreender, pois é feita de mal-entendidos, e sim para se fazer poesia. Ele não sabia que o inconsciente é poeta.

Há dois métodos de interpretação: ou você *entende* o que o paciente está dizendo, ou seja, dando sentido ao que ele está dizendo, ou tenta escutar a poesia que ele está falando, o saber não sabido do inconsciente veiculado por lalíngua. São duas coisas diferentes. Ao ficar com excesso de entendimento, você perde a medida do homem. Eis o que Lacan desde cedo apontava para seus seguidores: abstenham-se de compreender! O analista tem que se situar em outro registro que não seja o da compreensão. Trata-se da dimensão poética da linguagem.

Édipo escolheu o caminho do excesso de cálculo em detrimento da dimensão poética do ser, que por essência é misteriosa, obscura e enigmática. Escolheu o raciocínio lógico desprezando o poético da linguagem. O primeiro erro foi quando ele consultou o oráculo. Estava em Corinto e ouviu uma pessoa dizer: você não é filho de seus pais, e então foi falar com os pais. Os pais disseram que isso não era verdade. Só que essa mentira dos pais não calou a pergunta, que segundo Freud é a pergunta crucial de todos nós. A pergunta sobre a origem: "Quem sou eu? De onde vim? Qual é o meu lugar no desejo do Outro?".

Édipo foi para Delfos e perguntou ao oráculo: "Quem são meus pais?". E não é à toa que Lacan toma a palavra oracular como paradigma da interpretação do analista, que responde sempre pela tangente, com uma pararresposta, nunca diretamente, porque a palavra oracular é sempre enigmática. Então, o oráculo responde: "Matarás teu pai e casarás com tua mãe". Édipo deveria ter dito: "Ok, mas quem são meus pais?". Porém não o fez e, como já vimos, julgou erroneamente, a partir do entendimento do senso comum, que o oráculo recaía sobre Pólibo e Mérope, seus pais adotivos, com o que foge de Corinto e se dirige a Tebas, iniciando assim o cumprimento da profecia.

O segundo erro é o enigma da Esfinge, que ele solucionou também pelo excesso de cálculo ao responder ao conteúdo: é o homem. E ele não escutou o que ela estava falando. O que é uma criatura que tem quatro pés de manhã, dois pés durante o dia e três pés durante a noite? Na verdade, a pergunta é bem mais complexa. Ele dá a resposta: é o homem, quando criança anda de quatro, adulto com dois pés e o velho anda com três pés, auxiliado por um bastão.

Mas o que a Esfinge dizia? Tratava-se, antes de mais nada, de um enigma sobre pés. E a característica dele é ser aquele que tem os pés inchados. Esse pé também significa *oidipous*, o "pé que sabe", que vem de *oida* = saber. Édipo é aquele que tem um saber escrito no nome e no pé. Ele não ouviu o uso de lalíngua pela Esfinge, que lhe falou: *tripous, dipous, tetrapous, oidipous*. Ele não ouviu a aliteração do *dipous*. Ele não ouviu que a Esfinge estava falando dele. Foi ele que, criança, adulto e velho, misturou três gerações. Ao ser filho da própria mãe, ele é igual aos seus próprios filhos, que andam de quatro, porque ele é irmão dos seus filhos. E é igual ao seu velho pai, porque ele frequentou sexualmente a mesma mulher que seu pai. Era ele quem estava em questão no enigma da Esfinge. Ao interpretar o conteúdo pela via do entendimento e do sentido e não o saber de lalíngua com sua poesia, ele diz: "É o homem". Mas quem era o homem? O homem era ele. Mas isso ele não pôde ouvir, por excesso de cálculo. O raciocínio do conteúdo fez menosprezar a poesia da forma. Na tragédia, a Esfinge enunciava o enigma dos pés e equivocava com seu nome *tetrapous, dipous, tripous*, disse ela para *Óidipous*, o qual, ao responder como respondeu, "acaba suprimindo o suspense [...] da verdade", como diz Lacan.[3]

O terceiro erro do Édipo, já na peça do Sófocles, é quando Tirésias acaba revelando que ele é o assassino de Laio. O que acontece? Édipo tem um surto paranoico. Ele acha que foram Tirésias e Creonte que o mataram no passado remoto e que agora fizeram um complô para conspirarem sua morte e pegar o trono. Ele manda Tirésias embora e ordena que Creonte seja exilado. Esse surto se desvanece quando Édipo percebe que ele mesmo é o assassino que procura, e em seguida que Laios era seu pai e Jocasta sua mãe, mas em nenhum momento ele procurou saber por que seu pai recebera do oráculo que seria assassinado por seu filho e que, portanto, isso já estava inscrito em sua herança simbólica. Ele não quis saber do crime do pai que lhe fez merecedor de tal profecia.[4]

Lição 31. Poesia, a medida do homem

Faltou poesia

Édipo ignora que seu nome é uma letra que cifra um gozo, o gozo do Outro paterno: o "x" da função do sinthoma, ou seja, uma escrita do gozo do Inconsciente. Óidipous, Pé inchado, é o signo do gozo do Pai que desejou matá-lo e do qual ele não quis saber; Óidipous, Pé que sabe, é a letra que confere a marca do saber do real, saber do crime do pai, da origem da *até* (desgraça familiar) dos Labdácidas — móvel do filicídio que faz de Édipo o objeto rejeitado do Outro — é o selo de seu ser de objeto. Óidipous não acredita em seu ser de sintoma letra, não acredita que seja capaz de um dizer, pois ele não quer saber que se trata aí de uma cifra de gozo. Eis por que erra em sua ignorância e fica escravizado pelo gozo do Pai, servo do destino. Édipo está preso à ignorância. O crime do pai real como gozo desmedido é transmitido como erro trágico que o filho carrega como Óidipous, o seu sintoma no pé.

Por um lado, encontramos a herança da castração que se transmite de pai para filho: Lábdaco, o manco, Laio, o torto, e Édipo, pé inchado. Por outro lado, há a transmissão da maldição que Édipo herda como lote do gozo do pai inscrito em seu nome e em seu corpo. Essa letra é o nome do gozo do pai real. O nome que condensa o gozo inscrito no enigma da Esfinge que Óidipous não ouviu. No lugar do pai real existe, diz Lacan, a ordem da ignorância real. Édipo, ao ser tomado pela paixão da ignorância sobre a letra de seu sintoma, ou seja, aquilo que lalíngua depositou em seu corpo, encontra-se para sempre na *ignoerrância*. Faltou poesia e a tragédia se realizou. O analista é advertido pelo saber de lalíngua e pelo inconsciente poeta. Com sua interpretação e semblante pode levar os analisantes a caminharem com seus próprios pés. E assim os sujeitos levarão para suas vidas um saber que os faz pensar com os pés, ouvir os pés e andar com os pés. Sabendo onde estão pisando.

Notas

Apresentação [p. 11-6]

1. C. von Clausewitz, *De la guerra*.
2. Ibid., p. 9.
3. Ibid., p. 66.
4. Ibid., p. 147.
5. Proponho essa atualização da clássica tríade que Lacan desenvolveu para o campo da linguagem transpondo-a para o campo do gozo. Cf. meu livro *A política do psicanalista*.
6. Cf. M. Heidegger, *Ensaios e conferências*.

Preâmbulo: TNT! [pp. 17-24]

1. J. Lacan, *O Seminário*, Livro 8, *A transferência*, p. 73.
2. S. Freud, "Recordar, repetir e elaborar".
3. Cf. *O banquete*, de Platão.
4. J. Lacan. "Radiofonia", p. 436.
5. Cf. Aristóteles, *Física I-II*, capítulos 4 e 5 em que ele trata das causas acidentais *tykhe* e *automaton*.
6. Desenvolvi esse ponto em meu livro *Édipo ao pé da letra*.
7. S. Freud, "Tipos de adoecimento neurótico".
8. S. Freud, "Recordar, repetir e elaborar".

Lição 1 [pp. 27-37]

1. O próprio Lacan contestou o título desse seminário, dizendo que não é bem assim, pois todo discurso é da ordem do semblante.
2. A. Quinet, *Psicose e laço social*, p. 47.
3. J. Lacan, "A ciência e a verdade", p. 892.

Lição 2 [pp. 38-43]

1. Fernando Pessoa, "Autopsicografia". Publicado originalmente em *Presença*, n. 36 (Coimbra: nov. 1932).

Lição 3 [pp. 44-54]

1. William Shakespeare, *Como gostais*, Ato II, Cena VII. Citado em tradução de Carlos Alberto Nunes para W. Shakespeare, *Teatro completo: Comédias* (Rio de Janeiro: Agir, 2008, p. 364).
2. J. Lacan, *O Seminário*, livro 18, *De um discurso que não fosse semblante*, p. 13.
3. Desenvolveremos mais as relações da interpretação analítica com o oráculo e o enigma na segunda parte deste livro.
4. J. Lacan, *O Seminário*, livro 18, p. 13.
5. J. Lacan, "Prefácio à edição inglesa do *Seminário 11*", p. 568.
6. J. Lacan, *O Seminário*, livro 18, p. 14.
7. Ibid.
8. Ibid.
9. Cf. M. Heidegger, "Alétheia".
10. J. Lacan, "A coisa freudiana ou Sentido do retorno a Freud em psicanálise", p. 409.
11. Ibid.
12. Ibid.
13. Ibid., p. 410.
14. Ibid., p. 411.
15. J. Lacan., *O Seminário*, livro 18, p. 14.
16. Ibid.
17. J. Lacan, "Prefácio à edição inglesa do *Seminário 11*", p. 567.
18. Ibid., p. 569.

Lição 4 [pp. 55-66]

1. Entrevista com Augusto Boal, compartilhada no Instagram @maschereatelie. Disponível em: <www.instagram.com/p/C5BOPbVLC4t/>.
2. S. Freud, "Os chistes e a sua relação com o inconsciente", p. 136.
3. J. Lacan, *O Seminário*, livro 11, *Os quatro conceitos fundamentais da psicanálise*, p. 104.
4. S. Ferenczi, "Contraindicações da técnica ativa".
5. J. Lacan, *O saber do psicanalista*.
6. A. Quinet, *Psicose e laço social*, p. 56.
7. Em nenhum discurso a verdade vai se mostrar inteiramente, ela está escondida, meio velada, meio desvelada, porém ela sustenta o seu semblante.
8. J. Lacan, *O Seminário*, livro 1, *Os escritos técnicos de Freud*, p. 63.
9. J. Lacan, "Conférences et entretiens dans des universités nord-américaines".
10. J. Lacan, *O Seminário*, livro 19, *... ou pior*, p. 165.
11. Ibid.

Notas

Lição 5 [pp. 67-75]

1. J. Lacan, *O Seminário*, livro 18, *De um discurso que não fosse semblante*, p. 18.
2. J. Lacan, *O Seminário*, livro 17, *O avesso da psicanálise*, p. 109.
3. J. Lacan, *O Seminário*, livro 20, *Mais, ainda*, p. 121.
4. Ver a apostila de meu seminário Ato e Semblante, 2º semestre de 2011.
5. J. Lacan, *O Seminário*, livro 18, p. 33.
6. Ver a apostila de meu seminário Ato e Semblante, 2º semestre de 2011.
7. Cf. H. Deutsch, "Über einen Typus der Pseudoaffektivität (‹Als ob›)", artigo de 1934 no qual a autora descreve a vida e as relações afetivas de determinados sujeitos que dão a impressão de uma falta de autenticidade em sua forma de viver afetivamente nos laços sociais.
8. Trata-se do Caso Charles que descrevo em meu livro *Teoria e clínica da psicose*.
9. Cf. meu livro *Psicose e laço social*.

Lição 6 [pp. 76-81]

1. J. Lacan, *O Seminário*, livro 18, *De um discurso que não fosse semblante*, p. 15.
2. Ibid.
3. Ibid.
4. Ibid.
5. J. Lacan, "Função e campo da fala e da linguagem em psicanálise", pp. 323-4.
6. Ibid., p. 324.
7. J. Lacan, *O Seminário*, livro 18, p. 15.
8. Ibid.
9. S. Freud, "Luto e melancolia".

Lição 7 [pp. 82-9]

1. J. Lacan, *O Seminário*, livro 18, *De um discurso que não fosse semblante*, p. 16.
2. Ibid., p.26.
3. Ibid., p.43.
4. Ibid.
5. Ibid.
6. Ibid., p.46.
7. Ibid., p.49.
8. Ibid.
9. J. Lacan, *O Seminário*, livro 22, *R.S.I.*, lição de 18 fev. 1975.

Lição 8 [pp. 90-100]

1. J. Lacan, "A terceira", p. 21.
2. Ibid., pp. 21-2.
3. Ibid., p. 22.
4. Ibid.
5. Ibid., p. 23.
6. Ibid.
7. Ibid., p. 25, todas as citações neste parágrafo.
8. J. Lacan, "A direção do tratamento e os princípios de seu poder", p. 648.
9. J. Lacan, "Conférences et entretiens dans les universités nord-américaines", p. 35.
10. J. Lacan, "O aturdito".
11. J. Lacan, *O Seminário*, livro 17, *O avesso da psicanálise*.

Lição 9 [pp. 101-8]

1. Cf. A. Quinet, "Homensexual e heteridade".
2. J. Lacan, "Diretrizes para um Congresso sobre a sexualidade feminina", p. 745.
3. Cf. Maria Anita Carneiro Ribeiro, "A lógica da homossexualidade feminina".

Lição 10 [pp. 109-21]

1. A. Quinet, *A lição de Charcot*, p. 95.
2. Ibid., pp. 95-6.
3. Ibid., p. 96.
4. Ibid., p. 97.
5. J. Lacan, *O Seminário*, livro 4, *A relação de objeto*, p. 259.
6. Vejam meus desenvolvimentos sobre isso em minhas obras *O inconsciente teatral*, *Psicose e laço social* e *A lição de Charcot*.
7. Ver a lição III, "Do cosmo à *Unheimlichkeit*", de *O Seminário*, Livro 10, *A angústia*, p. 38.
8. J. Lacan, *O Seminário*, livro 19, *... ou pior*, p. 165.

Lição 11 [pp. 122-34]

1. Sobre Ernst Kris ver J. Adam, "Ernst Kris, 1900-1950: Da arte ao ego".
2. J. Lacan, "Resposta ao comentário de Jean Hyppolite sobre a 'Verneinung' de Freud", p. 399.

Notas

Lição 12 [pp. 135-47]

1. Uma das principais sistematizações de procedimentos para a interpretação dramática, sendo muito utilizado no cinema. Desenvolvido pelo teatrólogo, diretor e ator russo Constantin Stanislavski no final do século XIX e início do XX.
2. Cf. C. Stanislavski, *A preparação do ator*, pp. 11-3.
3. Ibid., pp. 45-6.
4. Ibid., p. 99.
5. Ibid., pp. 73-4.
6. Ibid., pp. 78-9.
7. Isso serve tanto para a análise dita presencial quanto para a dita virtual, mas de fato em uma análise sempre há a presença do analista, que se manifesta por seu ato. Mesmo na análise online está em jogo o corpo, por meio dos objetos escópico e invocante, olhar e voz, assim como a enunciação corporal do analisante e sua movimentação, e principalmente por ambos estarem "ao vivo". Cf. meu livro *Análise online: Na pandemia e depois*.
8. Cf. C. Stanislavski, *A preparação do ator*, p. 52.
9. C. Stanislavski, *A construção da personagem*, pp. 148-9.
10. Cf. C. Stanislavski, *A preparação do ator*, pp. 295-311.

Lição 13 [pp. 148-53]

1. J. Lacan, "O aturdito".
2. Ibid., p. 491.
3. Ibid.
4. J. Lacan, "L'étourdit", tradução minha.
5. J. Lacan, "O aturdito", p. 491.
6. Ibid.
7. J. Lacan, *O Seminário*, livro 23, *O sinthoma*, p. 120.

Lição 14 [pp. 157-67]

1. J. Lacan, *O Seminário*, livro 24, *L'insu que sait de l'une-bévue*, lição de 16 nov. 1976.
2. J. Lacan, *O Seminário*, livro 7, *A ética da psicanálise*, p. 373.
3. I. Kant, *Crítica da razão prática*, p. 47.
4. J. Lacan, "Kant com Sade", p. 780.
5. J. Lacan, *O Seminário*, livro 7, p. 359.
6. Ibid., p. 352.
7. Cf. meu livro *O desejo do analista: Final de análise e passe*.
8. J. Lacan, "A direção do tratamento e os princípios de seu poder", p. 594.
9. J. Lacan, *O Seminário*, livro 7, p. 352.

Lição 15 [pp. 168-79]

1. J. Lacan, "A direção do tratamento e os princípios de seu poder", p. 592.
2. Ibid., p. 599.
3. A. Quinet, *As 4 + 1 condições da análise*, p. 27.
4. J. Lacan, "A direção do tratamento e os princípios de seu poder", p. 601.
5. Ibid., p. 621.
6. Ibid., p. 622.
7. Ibid., p. 638.
8. Ibid., p. 640.
9. Ibid.
10. Ibid.

Lição 16 [pp. 180-7]

1. J. Lacan, "A direção do tratamento e os princípios de seu poder", p. 646.
2. Ibid., p. 647.
3. Ibid., p. 648.
4. Ibid.
5. Cf. o capítulo "Delírio de observação" do meu livro *Um olhar a mais*.
6. Esse conceito é desenvolvido no livro *Um olhar a mais*, na parte de delírios de observação, fazendo a diferença entre significação pessoal e o delírio de observação.

Lição 17 [pp. 188-95]

1. J. Lacan, "A direção do tratamento e os princípios de seu poder", p. 594.
2. Conforme ele explicita em "Introdução à edição alemã de um primeiro volume dos *Escritos*", p. 555.
3. J. Lacan, "O aturdito", p. 492.
4. J. Lacan, "A direção do tratamento e os princípios de seu poder", p. 594.
5. Ibid.
6. Ibid.
7. Ibid.
8. Ibid., p. 593.
9. Ibid.
10. Ibid.
11. Ibid., p. 599.
12. Ibid.
13. Ibid., p. 601.

Notas   325

Lição 18 [pp. 196-208]

1. J. Lacan, "A instância da letra no inconsciente ou A razão desde Freud" (1957), p. 496.
2. Ibid., p. 498.
3. Ibid.
4. Ibid.
5. Ibid., p. 515
6. Ibid., p. 519.
7. Ibid., p. 500.
8. Ibid., p. 503.
9. Ibid.
10. Ibid.
11. Ibid., p. 504.
12. Ibid., pp. 504-5.
13. Ibid., p. 505.
14. Ibid.
15. Ibid., p. 506.
16. J. Lacan, "Introdução teórica às funções da psicanálise em criminologia", p. 130.

Lição 19 [pp. 209-16]

1. J. Lacan, *O Seminário*, livro 25, *O momento de concluir*, lição de 20 dez. 1977. Citado em tradução de Jairo Gerbase.
2. J. Lacan, *O Seminário*, livro 24, *L'insu que sait de l'une-bévue*, lição de 19 abr. 1977.
3. Ibid., lição de 10 maio 1977.
4. J. Lacan, *Estou falando com as paredes*, p. 93.
5. Na primeira parte do livro, identifiquei o "ser-para-a mimesis" aristotélico com o ser-para-o-semblante de Lacan, que por sua vez identifiquei com a definição do homem como um "ser-para-o-teatro". Nenhuma dessas definições exclui a outra, pois todas essas interpretações podem ser subsumidas pela definição do homem como um ser-para-a-poesia, que guarda em si a raiz da criatividade, a *poiesis*.
6. J. Lacan, *O Seminário*, livro 24, lição de 10 maio 1977.
7. P. Leminski, "Travelling life".
8. G. Stein, "Sacred Emily", in *Geography and Plays* (Boston, Four Seasons Co., 1922).
9. Cf. J. Lacan, *O Seminário*, livro 17, O avesso *da psicanálise*.

Lição 20 [pp. 217-28]

1. J. Lacan, "A instância da letra no inconsciente ou A razão desde Freud", p. 507.
2. Ibid.

3. Ibid., p. 519.
4. Ibid., p. 507.
5. Ibid.
6. Ibid.
7. Ibid.
8. No meu livro *O inconsciente teatral* desenvolvo a caraterística musical do inconsciente, no capítulo XII, pp. 203-18.
9. J. Lacan, "A instância da letra no inconsciente ou A razão desde Freud", p. 508.
10. Cf. meu artigo "Transmissão em cena", na coletânea *Hímeros, o brilho do desejo*.
11. J. Lacan, "A instância da letra no inconsciente ou A razão desde Freud", p. 508.
12. Ibid.
13. Ibid., p. 509.
14. Ibid., p. 510.
15. Ibid.
16. Ibid.
17. Ibid.
18. Ibid.
19. Ibid., p. 512.
20. Ibid.
21. Ibid.
22. J. Lacan, "A instância da letra no inconsciente ou A razão desde Freud", pp. 506-7.

Lição 21 [pp. 229-36]

1. J. Lacan, "A instância da letra no inconsciente ou A razão desde Freud", p. 511.
2. Ibid
3. Ibid.
4. Ibid.
5. Ibid., pp. 511-2.
6. Ibid., p. 512.

Lição 22 [pp. 237-43]

1. Lacan afirma que a ciência foraclui a verdade do sujeito do inconsciente. Cf. J. Lacan, "A ciência e a verdade".
2. J. Lacan, "Apêndice II: A metáfora do sujeito", p. 905.
3. Ibid., p. 906.
4. Ibid.
5. Ibid., p.907.
6. J. Lacan, "De uma questão preliminar a todo tratamento possível da psicose", p. 563.
7. Ibid., p. 572.

Notas 327

Lição 23 [pp. 244-53]

1. J. Lacan, *O Seminário*, livro 17, *O avesso da psicanálise*, p. 34.
2. Ibid., p. 35.
3. Ibid., p. 34.

Lição 24 [pp. 254-9]

1. Cf. C. Stanislavski, *A construção da personagem*, pp. 247-51.
2. Desenvolvo mais o tema da enunciação corporal no meu livro *O inconsciente teatral*. Vale lembrar sua relevância também na análise online e, para tal, é importante que o analisante esteja com a câmera aberta, para o analista acompanhar sua enunciação corporal.
3. Cf. C. Stanislavski, *A construção da personagem*, pp. 106-7.
4. Cf. A. Quinet, *O inconsciente teatral psicanálise e teatro*.
5. Cf. C. Stanislavsky, *A construção da personagem*, p. 107.

Lição 25 [pp. 260-9]

1. J. Lacan, "A terceira", p. 33.
2. Ibid., p. 34.
3. Ibid., p. 33.
4. J. Lacan, "Conferencia en Ginebra sobre el sintoma", p. 125.
5. Cf. "Conférence donnée au Centre culturel français le 30 mars 1974".
6. J. Lacan, "A terceira", p. 55.
7. J. Lacan, *O Seminário*, livro 20, *Mais, ainda*, pp. 189-90.
8. J. Lacan, "A terceira", p. 70.
9. J. Lacan, *O Seminário*, livro 20, *Mais, ainda* pp. 189-90.
10. J. Lacan, *O Seminário*, livro 24, *L'insu que sait de l'une bévue*, lição de 19 abr. 1977.
11. F. de Saussure, *Curso de linguística geral*, p. 17.
12. Ibid., p.21.
13. Ibid., p. 23.
14. Ibid.
15. J. Lacan, *O Seminário*, livro 20, *Mais, ainda*, p. 178.

Lição 26 [pp. 270-6]

1. J. Lacan, "A terceira", p. 34.
2. J. Lacan, *O Seminário*, livro 20, p. 190.

3. Ibid.
4. Ibid.
5. Ibid.
6. M. de Barros, *Livro sobre nada*, p. 36.

Lição 27 [pp. 277-86]

1. S. Freud, "Além do princípio do prazer".
2. J. Lacan, "Joyce, o Sintoma", p. 565.
3. Proponho ao leitor que leia o capítulo "Teatro musical do inconsciente" no meu livro *O inconsciente teatral*, em que dou alguns exemplos do uso que Joyce faz desse cantarolado de língua.
4. P. Valéry, *Oeuvres II*, p. 637.
5. A. Faleiros; R. Zular, "Nos passos de Valéry", p. 23.
6. Conversa entre Rubem Alves e Adélia Prado, 23 nov. 1990. Disponível em: <www.youtube.com/watch?v=5z3nHRqFlTY&list=PLWYzeDRJEODO-02fp4Or55RPfsc5k9Yi6d>.
7. J. Lacan, "A terceira", p. 42.
8. S. Borges, *Psicanálise entre artes*, pp. 66-7.
9. J. Lacan, *Estou falando com as paredes*, p. 85.
10. Ibid., p. 86.

Lição 28 [pp. 287-92]

1. J. Lacan, "A terceira", p. 43.
2. J. Lacan, "Introdução à edição alemã de um primeiro volume dos *Escritos*", p. 556.
3. J. Lacan, *O Seminário*, livro 20, *Mais, ainda*, p. 196.
4. Cf. A. Quinet, "O homem das letras-ratos" em *Freud e o Homem dos Ratos em cena*.
5. J. Lacan, "Introdução à edição alemã de um primeiro volume dos *Escritos*", p. 556.
6. J. Lacan, *O Seminário*, livro 20, p. 150.
7. J. Lacan, *O Seminário*, livro 25, *O momento de concluir*, lição de 10 de janeiro de 1978.
8. J. Lacan, "A terceira", p. 43.

Lição 29 [pp. 293-9]

1. J. Lacan, "O aturdito", p. 492.
2. J. Lacan, *O Seminário*, livro 23, *O sinthoma*, p. 18.
3. J. Lacan, "O aturdito", p. 493.
4. J. Lacan, *O Seminário*, livro 20, *Mais, ainda*, p. 196.

Notas

5. Ibid.
6. J. Lacan, "Proposição de 9 de outubro sobre o psicanalista da Escola", p. 260.
7. J. Lacan, "Abertura desta coletânea", p. 11.
8. J. Lacan, *O Seminário*, livro 24, lição de 10 maio 1977.

Lição 30 [pp. 300-10]

1. J. Lacan, "O aturdito", pp. 491-4.
2. Ibid., p. 493.
3. Ibid.
4. J. Lacan, *O Seminário*, livro 25, *O momento de concluir*, lição de 20 dez.1977.
5. J. Lacan, "O aturdito", p. 494.
6. Recomendo a leitura do artigo simples e didático "Cantor e a teoria dos conjuntos", de Geraldo Ávila, na *Revista do Professor de Matemática* (Goiânia, n.43, p.6-14, 2000. Disponível em: www.educadores.diaadia.pr.gov.br/arquivos/File/2010/veiculos_de_comunicacao/RPM/RPM43/RPM43_02.PDF).
7. J. Lacan, "O aturdito", p. 495.

Lição 31 [pp. 311-7]

1. M. Heidegger, *Ensaios e conferências*, pp. 165-81.
2. Cf. A. Quinet, *Os outros em Lacan*.
3. J. Lacan, *O Seminário*, livro 17, *O avesso da psicanálise*, p.113.
4. Cf. meu livro *Édipo ao pé da letra*. Trata-se do crime contra a hospitalidade, pois Laio, quando jovem, sequestrou seu meio-irmão Crísipo e feriu as leis da hospitalidade, e então seu pai adotivo Pélope lançou a maldição: "Se tiveres um filho, ele te matará". Os deuses do Olimpo validaram a profecia.

Referências bibliográficas

Adam, Jacques. "Ernst Kris, 1900-1957: Da arte ao ego". *Falo, Revista Brasileira do Campo Freudiano*, v. 1., pp. 135-7, 1987.

Aristóteles. *Arte retórica e Arte poética*. Rio de Janeiro: Ediouro, [n.d.].

_____. *Ética a Nicômaco*. 3. ed. Trad. de Pietro Nassetti. São Paulo: Martin Claret, 2008.

_____. *Física I-II*. Trad. de Lucas Angioni. São Paulo: Editora Unicamp, 2009.

_____. *Poética*. 2. ed. Ed. bilíngue. Trad. de Paulo Pinheiro. São Paulo: Editora 34, 2017.

Ávila, Geraldo. "Cantor e a teoria dos conjuntos". *Revista do Professor de Matemática*, Goiânia, v. 43, pp. 6-14, 2000. Disponível em: <www.educadores.diaadia.pr.gov. br/arquivos/File/2010/veiculos_de_comunicacao/RPM/RPM43/RPM43_02.PDF>.

Badiou, Alain; Cassin, Barbara. *Não há relação sexual: Duas lições sobre "O aturdito" de Lacan*. Trad. de Claudia Berliner. Rio de Janeiro: Zahar, 2013.

Barros, Manoel de. *Livro sobre nada*. Rio de Janeiro: Alfaguara, 2016.

Borges, Sonia. *Psicanálise entre artes*. Rio de Janeiro: Azougue, 2017.

Deutsch, Hélène. "Über einen Typus der Pseudoaffektivität ('Als ob')". *Internationale Zeitschrift für Psychoanalyse*, v. 20, n. 3, pp. 323-35, 1934.

Didier-Weill, Alain; Safouan, Moustapha (Orgs.). *Trabalhando com Lacan: Na análise, na supervisão, nos seminários*. Rio de Janeiro: Zahar, 2009.

Doolittle, Hilda. *Por amor a Freud*. Trad. de Pedro Maia. Rio de Janeiro: Zahar, 2012.

Faleiros, Álvaro; Zular, Roberto. "Nos passos de Valéry". *Revista TB*, v. 197, pp. 19-32, 2014.

Ferenczi, Sándor. "Contraindicações da técnica ativa". In: *Obras completas*. 2. ed. São Paulo: Martins Fontes, 2011. V. 3.

Freud, Sigmund. "Construções em análise" (1937). In: *Obras psicológicas completas de Sigmund Freud*. Rio de Janeiro: Imago, 1975. V. 23.

_____. "Carta 52" (1892-9). In: *Obras psicológicas completas de Sigmund Freud*. Rio de Janeiro: Imago, 1977. V. 1.

_____. "Os chistes e a sua relação com o inconsciente" (1905). In: *Obras psicológicas completas de Sigmund Freud*. Rio de Janeiro: Imago, 1977. V. 8.

_____. "Tipos de adoecimento neurótico" (1912). In: *Obras completas*. São Paulo: Companhia das Letras, 2010. V. 10.

_____. "Recordar, repetir e elaborar: Novas recomendações sobre a técnica da psicanálise II" (1914). In: *Obras completas*. São Paulo: Companhia das Letras, 2010. V. 10.

_____. "Introdução ao narcisismo" (1914). In: *Obras completas*. São Paulo: Companhia das Letras, 2010. v. 12.

Freud, Sigmund. "Luto e melancolia" (1917[1915]). In: *Obras completas*. São Paulo: Companhia das Letras, 2010. V. 12.

_____. "Além do princípio do prazer" (1920). In: *Obras completas*. São Paulo: Companhia das Letras, 2010. V. 14.

_____. "Psicologia das massas e análise do eu e outros textos" (1921). In: *Obras completas*. São Paulo: Companhia das Letras, 2011. V. 15.

_____. "Estudos sobre histeria" (1893-5). In: *Obras completas*. São Paulo: Companhia das Letras, 2016. V. 2.

_____. "Análise terminável e interminável" (1937). In: *Obras completas*. São Paulo: Companhia das Letras, 2018. V. 19.

_____. "As pulsões e seus destinos" (1915). In: *Obras incompletas de Sigmund Freud*. Belo Horizonte: Autêntica Editora, 2019.

Heidegger, Martin. "Alétheia". In: *Heráclito de Éfeso*. São Paulo: Abril Cultural, 1984.

_____. *Ensaios e conferências*. Petrópolis: Vozes, 2002.

Janet, Pierre. *Névroses et idées fixes*. Paris: Félix Alcan, 1898.

Kant, Immanuel. *Crítica da razão prática* (1788). Ed. bilíngue. Trad., intr. e notas de Valerio Rohden. São Paulo: Martins Fontes, 2003.

Lacan, Jacques. "Conférences et entretiens dans des universités nord-américaines" (1975). *Scilicet*, v. 6/7, pp. 7-62, 1976.

_____. "Conférence donnée au Centre culturel français le 30 mars 1974". In: *Lacan in Italia 1953-1978/ En Italie Lacan*. Milão: La Salamandra, 1978. Disponível em: <http://aejcpp.free.fr/lacan/1974-03-30.htm>.

_____. *O Seminário, livro 11, Os quatro conceitos fundamentais da psicanálise* (1964). 2. ed. Rio de Janeiro: Zahar, 1985.

_____. *O Seminário, livro 20, Mais, ainda* (1972-3). Rio de Janeiro: Zahar, 1985.

_____. *O Seminário, livro 1, Os escritos técnicos de Freud* (1953-4). 3. ed. Rio de Janeiro: Zahar, 1986.

_____. *O Seminário, livro 3, As psicoses* (1955-6). 2. ed. Rio de Janeiro: Zahar, 1988.

_____. *O Seminário, livro 7, A ética da psicanálise* (1959-60). Rio de Janeiro: Zahar, 1988.

_____. "La tercera" (1974). In: *Intervenciones y textos 2*. Buenos Aires: Manantial, 1988.

_____. "A terceira (Roma, 1974)". Trad. de Analucia Teixeira Ribeiro. Escola Letra Freudiana. Publicação para circulação interna. Disponível em: <https://drive.google.com/file/d/1GtS2m-SHuKNJfVgsMnSuev-MzL5BBeqH/view>.

_____. "Conferencia en Ginebra sobre el sintoma" (1975). In: *Intervenciones y textos 2*. Buenos Aires: Manantial, 1988.

_____. *O Seminário, livro 17, O avesso da psicanálise* (1969-70). Rio de Janeiro: Zahar, 1992.

_____. *O Seminário, livro 4, A relação de objeto* (1956-7). Rio de Janeiro: Zahar, 1995.

_____. "Resposta ao comentário de Jean Hyppolite sobre a 'Verneinung' de Freud". In: *Escritos*. Rio de Janeiro: Zahar, 1998.

_____. "Introdução teórica às funções da psicanálise em criminologia" (1950). In: *Escritos*. Rio de Janeiro: Zahar, 1998.

Referências bibliográficas

Lacan, Jacques. "Função e campo da fala e da linguagem em psicanálise" (1953). In: *Escritos*. Rio de Janeiro: Zahar, 1998.

_____. "A coisa freudiana ou Sentido do retorno a Freud em psicanálise" (1955). In: *Escritos*. Rio de Janeiro: Zahar, 1998.

_____. "A instância da letra no inconsciente ou A razão desde Freud" (1957). In: *Escritos*. Rio de Janeiro: Zahar, 1998.

_____. "De uma questão preliminar a todo tratamento possível da psicose" (1957-8). In: *Escritos*. Rio de Janeiro: Zahar, 1998.

_____. "A direção do tratamento e os princípios de seu poder" (1958). In: *Escritos*. Rio de Janeiro: Zahar, 1998.

_____. "Diretrizes para um Congresso sobre a sexualidade feminina" (1960). In: *Escritos*. Rio de Janeiro: Zahar, 1998.

_____. "Apêndice II: A metáfora do sujeito" (1961). In: *Escritos*. Rio de Janeiro: Zahar, 1998.

_____. "Kant com Sade" (1962). In: *Escritos*. Rio de Janeiro: Zahar, 1998.

_____. "A ciência e a verdade" (1965-6). In: *Escritos*. Rio de Janeiro: Zahar, 1998.

_____. "Abertura desta coletânea" (1966). In: *Escritos*. Rio de Janeiro: Zahar, 1998.

_____. *O saber do psicanalista* (1971-2). Recife: Centro de Estudos Freudianos do Recife, 2000-1. Publicação para circulação interna.

_____. "L'étourdit" (1972). In : *Autres écrits*. Paris: Seuil, 2001.

_____. "Joyce, o Sintoma". In: *Outros escritos*. Rio de Janeiro: Zahar, 2003.

_____. "Proposição de 9 de outubro de 1967 sobre o psicanalista da Escola" (1967). In: *Outros escritos*. Rio de Janeiro: Zahar, 2003.

_____. "Televisão". In: *Outros escritos*. Rio de Janeiro: Zahar, 2003.

_____. "Discurso de Roma" (1953). In: *Outros escritos*. Rio de Janeiro: Zahar, 2003.

_____. "Radiofonia" (1970). In: *Outros escritos*. Rio de Janeiro: Zahar, 2003.

_____. "O aturdito" (1972). In: *Outros escritos*. Rio de Janeiro: Zahar, 2003.

_____. "Introdução à edição alemã de um primeiro volume dos *Escritos*" (1973). In: *Outros escritos*. Rio de Janeiro: Zahar, 2003.

_____. "Prefácio à edição inglesa do *Seminário 11*" (1976). In: *Outros escritos*. Rio de Janeiro: Zahar, 2003.

_____. *O Seminário*, livro 10, *A angústia* (1962-3). Rio de Janeiro: Zahar, 2005.

_____. *O Seminário*, livro 23, *O sinthoma* (1975-6). Rio de Janeiro: Zahar, 2007.

_____. *O Seminário*, livro 18, *De um discurso que não fosse semblante* (1971). Rio de Janeiro: Zahar, 2009.

_____. *O Seminário*, livro 8, *A transferência* (1960-1). 2. ed. Rio de Janeiro: Zahar, 2010.

_____. *Estou falando com as paredes*. Trad. de Vera Ribeiro. Rio de Janeiro: Zahar, 2011.

_____. *O Seminário*, livro 19, *... ou pior* (1971-2). Rio de Janeiro: Zahar, 2012.

_____. "A terceira" (1974). In: Lacan, Jacques; Miller, Jacques-Alain. *A terceira*; *Teoria de lalíngua*. Rio de Janeiro: Zahar, 2022.

_____. *O Seminário*, livro 14, *A lógica do fantasma* (1966-7). Rio de Janeiro: Zahar, 2024.

Lacan, Jacques. *O Seminário*, livro 22, *R.S.I.* (1974-5). Inédito.

_____. *O Seminário*, livro 24, *L'insu que sait de l'une-bévue* (1976-7). Inédito.

_____. *O Seminário*, livro 25, *O momento de concluir* (1977-8). Inédito.

Leminski, Paulo. "Travelling life". In: *Toda poesia*. São Paulo: Companhia das Letras, 2013.

Pessoa, Fernando. *O poeta fingidor*. 2. ed. Porto Alegre: Globo, 2011.

Platão. *O banquete*. Rio de Janeiro: PUC-Rio, 2021.

Quinet, Antonio. "Uma citação particular: O contexto da interpretação". *Falo, Revista Brasileira do Campo Freudiano*, v. 3, n. 3, pp. 81-7, 1988.

_____. *Um olhar a mais: Ver e ser visto na psicanálise*. Rio de Janeiro: Zahar, 2002.

_____. *A descoberta do inconsciente: Do desejo ao sintoma*. 2. ed. Rio de Janeiro: Zahar, 2003.

_____. *A lição de Charcot*. Rio de Janeiro: Zahar, 2005.

_____. *Artorquato: Dramaturgia baseada na obra de Torquato Neto*. Rio de Janeiro: 7Letras, 2006.

_____. *A estranheza da psicanálise: A Escola de Lacan e seus analistas*. Rio de Janeiro: Zahar, 2009.

_____. *Seminário de fundamentos: Ato e semblante*. Rio de Janeiro: FCCL, 2011. Apostila de curso.

_____. *Teoria e clínica da psicose*. 5. ed. Rio de Janeiro: Forense Universitária, 2011.

_____. *As 4 + 1 condições da análise*. 12ª reimp. Rio de Janeiro: Zahar, 2012.

_____. *Os outros em Lacan*. Rio de Janeiro: Zahar, 2012.

_____. *Édipo ao pé da letra: Fragmentos de tragédia e psicanálise*. Rio de Janeiro: Zahar, 2015.

_____. *Óidipous filho de Laios — a história de Édipo Rei pelo avesso: Uma introdução*. São Paulo: Giostri, 2015.

_____. "Homensexual e heteridade". *Stylus Revista de Psicanálise*, n. 31, pp. 97-101, out. 2015.

_____. *O inconsciente teatral, psicanálise e teatro: Homologias*. Rio de Janeiro: Atos e Divãs Edições, 2019.

_____. *A política do psicanalista*. Rio de Janeiro: Atos e Divãs Edições, 2021.

_____. *Análise online: Na pandemia e depois*. Rio de Janeiro: Atos e Divãs Edições, 2021.

_____. *O desejo do analista: Final de análise e passe*. Rio de Janeiro: Atos e Divãs Edições, 2022.

_____. "Transmissão em cena". In: Quinet, Antonio. (Org.), *Hímeros, o brilho do desejo: Arte e psicanálise*. Rio de Janeiro: Atos e Divãs Edições, 2022.

_____. *Psicose e laço social: Esquizofrenia e paranoia na cidade dos discursos*. 2. ed. Rio de Janeiro: Atos e Divãs Edições, 2023.

_____. *Freud e o Homem dos Ratos em cena*. São Paulo: Giostri, 2024.

Ribeiro, Maria Anita Carneiro. "A lógica da homossexualidade feminina" (2013). In: Quinet, Antonio; Coutinho Jorge, Marco Antonio (Orgs.). *As homossexualidades na psicanálise*. 2. ed. Rio de Janeiro: Atos e Divãs Edições, 2020.

Saussure, Ferdinand de. *Curso de linguística geral*. 27. ed. São Paulo: Cultrix, 2006.
Soler, Colette. *A psicanálise na civilização*. Rio de Janeiro: Contra Capa, 1997.
Stanislavski, Constantin. *A construção da personagem*. Rio de Janeiro: Civilização Brasileira, 1986.
_____. *A preparação do ator*. Rio de Janeiro: Civilização Brasileira, 1986.
_____. *Minha vida na arte*. Rio de Janeiro: Civilização Brasileira, 1989.
_____. *A criação de um papel*. 25. ed. Rio de Janeiro: Civilização Brasileira, 1995.
Stein, Gertrude. "Sacred Emily". In: *Geography and Plays*. Boston: Four Seasons Co.,1922.
Valéry, Paul. *Oeuvres II*. Paris: Gallimard, 1960.
Vernant, Jean Pierre. *A morte nos olhos: Figuração do outro na Grécia Antiga, Ártemis e Gorgó*. Rio de Janeiro: Zahar, 1991.
Von Clausewitz, Carl. *De la guerra*. Buenos Aires: Ediciones Solar, 1983.

ESTA OBRA FOI COMPOSTA POR MARI TABOADA EM DANTE PRO E
IMPRESSA EM OFSETE PELA LIS GRÁFICA SOBRE PAPEL PÓLEN NATURAL
DA SUZANO S.A. PARA A EDITORA SCHWARCZ EM JULHO DE 2025

A marca FSC® é a garantia de que a madeira utilizada na fabricação do papel deste livro provém de florestas que foram gerenciadas de maneira ambientalmente correta, socialmente justa e economicamente viável, além de outras fontes de origem controlada.